一部研究公司治理的经典论著

公司治理

制度系统的发展与实践

◎韩 晶／著

CORPORATE GOVERNANCE

时事出版社

图书在版编目（CIP）数据

公司治理：制度系统的发展与实践/韩晶著．—北京：时事出版社，2010.5
ISBN 978-7-80232-328-5

Ⅰ.①公…　Ⅱ.①韩…　Ⅲ.①公司—企业管理　Ⅳ.①F276.6

中国版本图书馆 CIP 数据核字（2010）第 077173 号

出 版 发 行：时事出版社
地　　　址：北京市海淀区万寿寺甲 2 号
邮　　　编：100081
发 行 热 线：（010）88547590　88547591
读者服务部：（010）88547595
传　　　真：（010）68418647
电 子 邮 箱：shishichubanshe@sina. com
网　　　址：www. shshishe. com
印　　　刷：北京昌平百善印刷厂

开本：787×1092　1/16　印张：18.25　字数：270 千字
2010 年 5 月第 1 版　2010 年 5 月第 1 次印刷
定价：48.00 元

序

公司治理问题的产生与现代经济社会的发展密切相关。企业制度的演进，所有权和经营权的进一步分离，使得代理问题变得很普遍。同时，也使得公司治理问题变得日益重要。长期以来，对于公司治理的研究集中在如何建立一套行之有效的制度以解决公司两权分离后所有者与经营者的利益冲突的问题上。为了提高公司治理效率，我国也从西方国家引进了一系列治理机制，比如独立董事制度、股票期权制度等等。然而，人们发现，在西方国家行之有效的治理机制来到中国后就经常变得“水土不服”了。到底什么样的公司治理机制才是有效的公司治理机制？韩晶副教授的新作《公司治理：制度系统的发展与实践》从一个新的角度给予了这个问题很好的解释。

韩晶副教授从系统论的角度展开对公司治理问题的研究，从而分析了中国公司治理为何低效。作者认为，我们可以引进西方的公司治理机制，但无法引进西方公司治理制度系统中的其他因素。按照系统论的基本原理，一个系统中必然存在着要素的协同现象和冲突现象，当整个制度系统的制度安排之间有序性高，也就是说制度安排之间耦合性好的时候，这个制度系统就是有效率的；当整个制度系统的制度安排之间无序性高，也就是说制度冲突和制度真空特征明显时，这个制度系统就是缺乏效率的。从世界范围来看，中国企业的竞争力弱，不仅仅是治理机制的问题，更是公司治理制度系统中各种制度安排之间的协调性问题。

作者进一步提出了公司治理制度系统效率提高的系统性改进方略。从文化、所有制、法律和资本市场四个方面提出了很多具体的建设性意见，令人耳目一新。她借助于比较文化研究者们的观点，即中国文化传统的核心是儒教或儒家思想体系，而西方文化传统的核心部分则是基督教，并且两种文化体系的很多差异都与此有关。如帕森斯写道，西方“在文化方面，最重要的遗产之一显然是基督教”。清末的刘廷琛说：“欧美宗耶教，故重平等，我国宗孔孟，故重纲常。”梁漱溟也曾说：“西方之路开于基督，中国之路开于周孔，而以宗教问题为中西文化的分水岭。”中国文化的基本特征是以集体主义为核心的价值观，具有专制主义传统，人与人之间的关系以血缘特殊主义为基本特征。而美国文化的基本特征是以个人主义为价值观念的核心，人与人之间的关系以普遍主义为基本特征。日本文化则是标准的学习型文化，团队精神和集体本位主义是其最典型的特征。但一个显著的事实是，文化传统深深地存在于公司治理之中：美国式市场控制型的治理模式源于美国的个人主义文化理念，每个人都追求自身利益的最大化而不是集团利益的最大化，没有人愿意单独为公司的监管负责，所以美国式的治理依赖于市场的有效性；日本关系控制型的治理模式源于强烈的团体主义精神，对于团队的“忠”使得日本企业紧密联系起来，从而形成了网状的互助循环关系，使得日本企业经常会出现“一荣俱荣、一损俱损”的现象；中国的公司治理模式则是美国材料、中国文化制造的结果。文化传统与公司治理模式的耦合性低，这就使得公司治理制度系统的无序性增大。由于文化变迁的渐进性、长期性和艰巨性使得各国公司治理制度系统之间即使在开放的系统中也差异显著。

本书落脚于中国公司治理模式的建立。作者提出了一个具有后发优势的中国公司治理模式，即吸收英美模式、日德模式以及其他各种模式的优点，优先强化自身比较薄弱的机制，将公司治理制度系统处于开放的状态下，与文化、所有制、法律和资本市场制度等协调耦合，不断调整与完善，最终服务于公司竞争力的提升。

书中观点颇具新意，我仅为简评，还是要请本专业的行家与读者们来评析。是为序。

2010年3月

目录

前言

公司治理与企业核心竞争力密切相关，这个问题日益引起学术界和企业界的广泛关注。当前关于公司治理方面的论著颇丰，但就我们的涉猎来看，对公司治理的研究普遍集中在结果上，即集中在对现存公司治理结构及其发展方向的研究上，而对于为什么会出现这样的治理结构研究得并不十分充分，尤其是从制度系统论角度研究公司治理的论著十分欠缺。国内对于改进公司治理更多的关注是治理机制的引进，但是我们从西方国家引进的许多治理机制在中国并没有产生预期效果，关键就在于公司治理是一个系统性的问题，对系统内其他要素的忽视必然导致引进的公司治理机制的效能很难实现。

本书首先提出了制度系统论的概念，即所谓的制度系统就是：由若干相互联系和作用的具体制度安排连接而成的具有特定功能和效用的制度整体。公司治理制度系统就是由文化、所有制、法律、资本市场及公司治理机制组成的。我们引进的是西方先进的公司治理机制，但是我们可以很容易引进西方先进的治理机制，却很难将西方公司治理制度系统中的其他因素全部移植过来。而任何一种公司治理机制发挥作用绝对不会是孤军奋战，其需要与制度系统内的其他因素配合，产生合力。而我们公司治理机制是西方的，但是系统内的很多制度要素还是传统的，这样一来公司治理机制与系统内的其他制度要素就产生了制度冲突，制度系统无序性增大，公司治理制度系统效率低下。

这些制度因素之间是非线性关系，每种制度因素的变化都会对其他制度因素产生影响。但是唯物主义告诉我们，分析事物时要抓住主要矛盾，这些诸多制度因素之间还是存在着一条连接的主线。本书梳理出了诸多制度因素之间的关系：

文化→所有制→法律→资本市场→公司治理模式

文化是最本源的，文化决定着主体地位的产权制度的选择，公有制为主体的产权形态只能存在于集体主义文化思想深厚的国度中，在个人主义至上的英美国家是不可能出现的。不同的主体产权制度影响着法律保护的倾向。传统公有制国家立法主旨在于保护无产者的利益；而私有制国家立法主旨则保证私有财产神圣不可侵犯。并且，公有制国家的法律带有很强的行政性色彩，法律的弹性很大；私有制国家的法律规范比较严格，在执行法律中比较能够做到"法律面前人人平等"。对于同样的所有制而言，文化对法律有着重要的影响。法律是一种文化现象，法律与文化有着紧密的联系。当前对法源的最重要的两种分类就是普通法系和大陆法系。在英美民族独特的个人主义传统下，英美民族的普通法在发展过程中较少受到当时政府的干预，是在与国家对立过程中发展起来的，法律在发展过程中也主要是保护私有产权不受君权的侵犯，因而一般说来更倾向于保护出资者的利益，法律实施的效率也较高。反观大陆法系的代表国家——德国，其重要的文化特征就是权力等级差别，集体主义精神强于英美，法律形成过程中政府起了重要作用，法庭依赖于政府，而不是像普通法那样与政府对立，因此大陆法系对投资者的利益保护较少，法律实施的效率也较低。法律对资本市场的影响则更加直接，法律规制直接决定了资本市场的发展方向。Demirguc-Kunt 和 Levine 研究了不同法律体系下金融结构的差异，结果他们发现两者确实存在类似的关联：实行以普通法为基础的法律体系的国家或地区，其金融体系以（证券）市场为基础；而金融体系不发达的国家或地区较多实行的是以法国民法为源起的法律体系。实行普通法的国家或地区对小股东的保护力度很强，会计体系以决策会计为主，要求公司财务信息公开，并且执法力度比较强，因而投资者愿意在这样的资本市场投资，资本市场发达，资本市场参与公司治理的能力就强，因而形成了市场导向型的治理模式；相反，强调对贷款人的权利进行保护的德国式民法体系有助于银行中介机构的发展，而不注重对中小投资者的保护，中小投资者也并不愿意在资本市场投资，在这些国家资本市场的规模相对来说小一些，资本市场参与公司治理的重要性就弱于普通法系的国家，作为补充，大陆法系的国家形成了银行主导型的公司治理模式。

本书也提出了不同于主流学派的公司治理模式趋同论的观点，认为公司治理模式在可以看到的未来是不会趋同的。公司治理制度系统是耗散结构，具有自稳定和自组织机制，所以公司治理制度能够随着环境的变化而演进，但是自稳定机制的存在又决定了这种演进是带有历史痕迹的演进。正是由于作为耗散结构的公司治理制度系统具有开放性的特点，随着全球化的发展，公司治理制度系统也要随之改变，这是保持系统有序性的重要条件。所以，我们就能看到大多数学者提到的所谓“治理模式趋同”现象。在我们看来，这谈不上“趋同”，只是各种公司治理模式随着环境的变化所进行的一些“微调”而已。这种“微调”是以不与原有制度系统的制度要素发生明显冲突为基准的。公司治理制度系统的原有制度要素使得公司治理制度演进具有路径依赖的特点。

本书的另一大亮点是构筑了具有后发优势的中国公司治理模式。我们可以汲取英美模式、日德模式以及其他各种模式的优点，但更需要透彻理解各种模式生存的土壤环境，刻意去模仿甚至照搬某种模式是非常危险的。我们需要进一步规范证券市场，需要进行金融体制改革，需要引进机构投资者，需要培育并购市场，但这并不意味着我们需要选择英美模式。相反，从我国企业外部市场的发育程度、我国银行与企业的关系、我国的立法传统与社会文化习俗、转轨经济的路径依赖程度等维度来看，日本和德国的利益相关者模式也许能够给我们更多的启示。具体来说，就是要完善公司治理的内部控制；大力发展机构投资者；发挥银行和资本市场在公司治理中的合力作用；建立复合型的激励机制。

公司治理制度系统只有在开放性的条件下才能保持有序性，公司治理制度系统的诸制度要素也是在不断变化的，公司治理模式同样也是不断变化的。公司治理效率的提高是一个系统性的工程，需要我们从文化、所有制、法律与资本市场多头推进。固守一种治理模式是不明智的，但是不加选择地盲目引进同样是不可取的。张春霖等多位世界银行专家认为，这样的机制应该优先关注：在一个国家的公司治理武器库中尚不存在的或相对而言比较薄弱的机制，同时能够与现有的机制产生很强合力的机制。[①] 以上我们勾画出的具有后发优势的中国公司治理模式就是这样的。

作者

2010 年 1 月

① 斯道延·坦尼夫、张春霖、路·白瑞福特：“建立现代市场制度：中国的公司治理与企业改革”，《经济社会体制比较》2002 年第 4 期。

第一章
公司治理的理论发展

公司治理问题的产生与现代经济社会的发展密切相关。企业制度的演进，所有权和经营权的进一步分离，使得代理问题变得普遍，同时也使得公司治理问题变得日益重要。本章主要是从总体上对公司治理理论进行梳理，具体研究企业形态的演进，公司治理问题的产生，公司治理的内涵及公司治理模式的差异。

第一节 企业形态的演进

企业制度的演变是一个渐进过程，从古典企业转变为现代企业是渐进的，现代企业制度的建立同样是渐进的。这是一个客观的历史事实。股份公司从其偶然性、临时性产生到获得稳定性资格，大约经历了 300 年之久（16 世纪—19 世纪），而股份公司的建立也经历了很长一段时间。在美国，经法律的频繁调节达到制度大体稳定，也有一个多世纪的时间。[①] 之所以如此，是有其深刻原因的。

① A. 伯利，G. 米恩斯著：《现代股份公司与私有财产》，台湾银行经济研究室，1981 年版，第 129 页。

一、从业主制到股份制

从古典企业到现代企业制度最重要的转变是产权制度的转变，即由集中的产权制度走向了高度分散的产权制度。其具体形式是由业主制变成了股份制。

古典企业一开始就是建立在私有制基础上，并且以追求利润为动力的。但是，这种私有产权仅仅是个人产权，即使由业主制发展为合伙制，其产权数量和规模依然很小。古典企业这种产权规模狭小性、有限性同利润追求的无限性之间一开始就是矛盾的。当市场环境特别有利，即市场需求大量增加时，这一矛盾就会非常突出地表现出来：一方面是市场中巨大的潜在利润的诱惑，另一方面是企业生产规模因受产权规模的限制而不能满足市场需求。要解决这一矛盾，就必须迅速加大资本投资。然而，仅仅依靠古典企业自身的积累，将是一个相当漫长的过程；而如果采用股份制，则是解决上述矛盾的最好途径。

15 世纪末之后，由于新大陆的发现和新航路的开通刺激了远洋贸易，欧洲商人活动的领域从地中海周围扩展到了大西洋，东西半球各地的贸易额大幅度增长。远洋贸易的经营肯定有大利可获，这对许多欧洲商人来说，具有极大的诱惑力。但是，远洋贸易的经营与发展，需要大量的资金。而股份公司正是从社会上迅速筹集大量资金的最好形式，于是随着远洋贸易的发展，欧洲各国远洋贸易公司纷纷出现。如果说中世纪以前海外贸易大国主要是在南欧，那么它此时已经转向北欧，例如英国、荷兰、西班牙、葡萄牙等国。在英国，1553—1568 年，有 49 个远洋贸易公司相继成立。它们从国王那里获得特许权，并且限定在某一地区经营海外贸易。例如：1553 年成立的莫斯科公司，享有在俄罗斯、高加索、中亚和波斯的贸易特权，该公司发行股份 240 股，集资 6000 英镑；1568 年成立的东陆公司，获准与斯堪的纳维亚、波兰、巴尔干东岸贸易的权利；1581 年成立的远东公司，享有与土耳其、叙利亚同上的权利；1588 年成立的几内亚公司，享有在塞内加尔、冈比亚等地区从事贸易的权利。尤其值得一提的是东印度公司，无论就其规模、地位、影响和获利程度来说，都是相当重要的。1599年，东印度公司从近东公司中分离出来，并于1600年获英王伊丽莎白一世的特许，定名为“伦敦商人对印度贸易公司”。它最初只是一种临时性的松散的组织，并不具有稳定性，因为“贸易特许状”的有效期很短，到期后尚需申请延期。1601年，该公司的第一个协议的有效期，仅仅持续了商船一次航行那样短的时间。这年2月，按股份制原则筹资6.8373万英镑，股东为100个商人，航行结束后所获利润率是500%—1500%，公司按股金分配利润，并将股本退还给投资者本人。可见，股份公司的盈利水平大大高于业主制企业。1613年，该公司又筹集42.9万英镑，供4次航行使用；1617年，筹资增至170万英镑，供7次航行使用。这时，公司已拥有36条船、934名股东。东印度公司最初的12次航行表明，它虽然盈利率极高，股东人数急剧增加，资本规模也在迅速扩大，但并没有制度化、稳定化，仍然是一个临时性组织。东印度公司成立120年后，即1720年，向国王要求“永久特许状”，但未获准，只是允许将有效期延至1733年，并规定发行债券额不得超过500万英镑，1744年又允许增至600万英镑。英国股份公司产生后的几十年都没有永久生存权，只有荷兰是例外，荷兰于1602年成立的东印度公司是一个永久性公司。

股份公司在欧洲、美洲和全世界的扩展虽然相当迅速，但最初只是停留在商业领域。要使人们认识到它在生产领域的优越性并在其中推广却要复杂得多，因为生产领域从投资到获利所经历的周期长，市场多变，风险更多，其制度的构建难度也大。但只要股份公司没有进入并在生产领域推广开来，就不能说完成了从古典到现代企业制度的转变。而这一转变是漫长的，直到19世纪下半期，股份公司制度才在各个产业，特别是制造业得到大规模推广。例如在美国，直到1840年以前，可以说还不存在今天我们称之为“现代企业”的企业。规范的现代企业制度在工商领域的出现与成长是1840年以后的事情。[①]

二、股份公司制度的演进

股份公司制度从产生到确立，是一个逐步演进的过程。这个过程的实质就是公司利益相关者之间（主要是股东与经理之间）权力与利益的均衡过程。它的发生部分地由当事人自发调整，部分地由法律的变动使其得以调整。贝利与米恩斯在他们1932年出版的《现代公司与私有财产》一书中，运用大量的材料对这一过程作了详细描述与分析。

（一）所有者联合管理阶段

最初的股份公司是由政府严密监督下的所有者即股东来管理的。这个阶段的法律和制度特别注意保护股东的权益，对经营者则有诸多限制。

18世纪，股份公司被认为是一种特权，它的设立必须获得国家的许可。在英国，许可证由王权颁发；在美国，许可证的获得与各地州政府有关。国家授予公司的真正特权包括如下内容：公司实体有权以公司本身的名义经营事业；为了本身的利益而起诉或被诉，而与构成公司的个人无关；它具有永久的存续性，即构成公司的人虽已变动，而此实体仍应继续。同时，在授予特权文件中载明合伙人的处理概要。许可证规定股票发行总数及代表公司直接经营的代理人的职位；这些代理人由谁选出，用何种办法选出；而且在证书中载明各种条款，指出企业如何经营、利润如何分配、最后解散时资产应该如何处置。可见，每一个公司的许可证等于是国家、全体合伙人（股东）和代理合伙人自身三方协商的产物。

19世纪前半期，由于特别重视股份公司机构的可行性，美国各地州政府创设了许多保护措施，虽然当时股东们被认为是有能力保护自己的资本家，但是立法同样重视保护股东的利益。典型的保护措施主要有：

---

① ［美］小艾尔弗雷德·钱德勒：《看得见的手》，商务印书馆，1987年版，第3页。

(1) 要求企业公开目的，并严格限制其业务范围。这一措施是对公司经营者的抑制，对于股东来说，目的是让其了解企业的详情。

(2) 资本的筹集受到严格的监督。若股份公司已支付股份数额未达某一标准，则公司不得营业，并且股款的缴付必须用现金。对于股东来说，这一规定的目的在于防止股东权益受损。因为每一股东都被要求缴付不少于所持股份额面的资本，这就使得自由股票或不属于最低投资额的股票难以发行，从而确保股东权益。

(3) 建立严格的资本结构。股票分为优先股和普通股，但其比例应该在许可证内载明，而且要经过立法机关的许可。

(4) 最终支配权完全掌握在全体股东或特定部分股东手中。企业的经营通常是依据契约，委托董事会决定。但是，任何资本结构或企业本质的变化，以及对于处理上的某种修正，必须经由股东们的承认。

(5) 普通法主张股东对于企业具有增加投资的独占权。此法在使公司增加发行股票的时候，赋予每一股东有优先承购权。

(6) 只有剩余利润才能支付股息。这种做法可以有效地防止用股东资本给股东支付股息，保持资本的完整性，从而维持公司良好的财务状态。

股份公司发展的初期基本上是所有者联合管理公司的阶段，这时股东将企业的某些经营权委托他人，在政府与法律的规范下保护自身的财产权，经营者的权力则受到相当大的限制。但是，随着股份公司的发展，这种情况逐渐发生了变化，通常是朝着授予经营者或者一少部分所有者较广泛权力的方向进行。

(二) 股东权利的弱化阶段

19 世纪末和 20 世纪初，随着公司制的普及和公司规模的扩大，股东人数日益增多，公司的支配权越来越集中在经营者手中，而股东自身的权利在渐渐削弱。法律在很大程度上促成了这一变化，主要表现为：

1. 发起人独立起草许可证，大多数股东缺乏信息

上述法律和制度对股东保护的所有条款很快发生了显著的变化。“许可证”已经不像股份公司刚刚开始创立时那样难以获得。1837 年，康涅

狄格州承认“一切合法事业”为法人组织。自1837年开始，经过长期的法律过程，到19世纪末，一般公司设立法大体完成，并成为创立股份公司许可证的工具。新的法令指出，“除了某些阶级，对于所有合法事业，在事实上都赋予法人资格”。过去，提出申请许可证的人需要就其许可证内的每一条款对局外人说明理由，企业的发起人必须着眼于全体股东的利益。而随着公司法的出现，那种对全体股东的自动保护效果就减弱了。这时，公司法已经允许发起人集团以极为宽松的条款，自行起草许可证，从而使大多数股东成为不知情者。而公司创设者集团所代表的利益，通常是在公司创设后企图控制该公司的那些人（董事会）的利益。尽管两类股东的权限与权力都应该在许可证中加以规定，但控制两类股东权利的契约只由发起人集团起草，另一个集团——不知情的大部分股东，不但没有参加契约的协商，甚至连契约的内容都不知道。其结果必然是：经营者尽可能掌握完全的自由，并承担极少的责任，从而使其自身的利益尽可能得到保障，并对于企业的各种制度安排拥有极大的权利；相反，对于未来的大多数股东，则尽量使其权利缩小，并只有极少的发言权。

2. 委托投票权的行使

随着股份公司的成长，股东日益分散，大多数股东显然无法出席股东大会。为此，几乎所有公司的规则中都规定有委托投票权，以便利缺席的股东。由于委托书的方便使用，委托投票权迅速扩大，这就使股东投票权变成了以自己的投票权委托他人投票的一种权利。在此基础上，19世纪后半期又出现了永久委托投票权，即股东们的全部支配权可以或多或少永久地委托他人。这样，委托书成为这样的工具：它使股东与他所拥有的权力脱离，并成为经营者、支配者或者想掌握支配权者必然采用的手段。

3. 股东无权自由更换董事

美国19世纪末的《公司法》规定，董事们一旦就职，除非在许可证上含有董事卸任的特别权限，他可以在任期中一直服务下去，直至下任改选，不受股东们的干涉。可见，董事们在其任期中是至高无上的。并且，董事们在其任期内对公司事务几乎完全具有自由处理之权。过去董事会必须获得股东们的一致同意才能去经营某个项目，现在的公司法却修改为多数决定有效，通常是 2/3 决定，有的比 2/3 还要少。有的公司甚至认为，只要董事会决定了就有效，因为公司许可证的起草人在契约中已经加以说明，公司容许他们执行任何事务。

4. 部分股东的决策权被剥夺

完全没有投票权的股票的出现，明显剥夺了相当多股东的投票权；不仅如此，公司还授权过半数的股东，可以出租或者租赁整个公司的财产。这样，不需全体一致投票同意，部分股东就可以轻易地把整个企业转移给另一经营者，而原先参加公司的人们却无法控制。

5. 消除州政府对于资本投资的监督

如上所述，19 世纪初，股份公司在其已支付股份数额未达某一标准之前，不得营业，并且股款的缴付必须用现金。这就可以避免由于给予非出资者股份，而使真正的投资者的股票份额与出资不符，防止股东权益受损。但 1856 年美国法院的一项判决表明：股票可以因财产的提供，视同提供现金一样，而准予发行，即赋予公司以直接基于财产发行股票的权力，这就扩大了经营者的权力。现金之外的其他财物的评价经常会发生问题，而一旦出现了溢估，只要董事们并非“故意溢估”，则股票仍可依法发行，因此损失最大的还是股东。

此外，又普遍出现了无面值股票。这种股票没有固定的最低出资额，完全按照董事们的倾向对不同的人索取不同的购买价格。可见，固定出资额原则已经发生了变化，已由“坚持每一股东必须按照其持有股份的面值，付出现金”，改变为“在表面上，法律并不要求最低的出资额，每位股东无需提供相等的资金”。

6. 部分收回股东的优先承购权

1807 年，法律曾经规定，每一位股东对于公司增加发行的股票，可按其持有股份对股票发行总额的比率，有优先承购权。也就是说，当新股票发行时，每位股东只有按其持有股份比率购买新发行的股票，才能维持其原有的地位。如果股东无力购买新股，他可以出让或者转卖购买新股的权利。但是这种股东权利，已经受到越来越多的限制。如在新泽西州，基于财产所发行的股票不受优先承购权的限制。在特拉华州，许多公司在许可证中加入某些条款，事先限制或者要求股东放弃其优先承购权。

7. 股东的资本金成为股息的一个来源

上面提到，在股份公司发展初期，只准用企业经营所生产的剩余利润向股东支付股息。但此之后，这一制度也悄悄地发生了变化。许多公司发行股票只以股东所付股款的一部分设定为资本，而其余股款则设定为已缴付盈余。即在股票具有面额价值的时候，诱导股东支付超过面额价值的股款，超过部分则被设为已缴付盈余，它可以用来支付股息。显然，股东因此而获得的这种股息，实际上是付还他们以前所缴付的股票发行价格，并非代表企业经营所生的任何真正利润。有些法律条款，特别是在特拉华州，即使资本因公司亏损减少，也仍然容许公司支付股息。即使在企业全无利润，或企业在分发股息时仍然亏损，它也可对股东支付股息。

8. 股票购买权证的出现

股票购买权证是对于企业的股票，按一定价格自由认购的权利。此种自由认购权的结果，是赋予持有者以一定价格对公司的未发行股票要求发行的权利。显然，在公司成长而其净值增大的时候，此种权利证的持有者可以要求以一定价格承购因财产增值发行股票的一部分，而这种价格远低于股票的实际价格。也就是说，公司的股东并没有获得公司财产增值的全部，相当一部分增值被权利证的持有者占有。

股东权利弱化就意味着经营者权力的强化，它是一个渐进的过程。随着这一进程的发展，相当一部分企业支配权逐渐被完全不拥有企业股份的支薪经理所掌握，从而使所有权与支配权的分离程度进一步加深，支配者（经理）侵犯所有者（股东）利益的可能性加大，代理问题就此产生。如何保护股东权益，就成为公司治理要解决的突出问题。

第二节　现代公司中的代理问题

公司治理问题产生的条件有两个：一是代理问题，确切地说是组织成员（可能是所有者、管理者、工人或消费者）之间存在利益冲突；二是交易费用之大使得代理问题不可能通过合约解决。在没有代理问题的情况下，公司中所有个人可以被指挥去追求利润或企业的净市场价值最大化，或者去追求最小成本。个人因为对公司活动的结果毫不关心而只管执行命令，每个人的努力和其他各种成本可以直接得到补偿，因此不需要激励机制调动人们的积极性，也不需要治理结构解决争端，因为没有争端可言。哈特认为，当交易费用存在的时候，所有当事人将不能签订完全的合同，而只能签订不完全的合同。也就是说合同有缺口，并遗漏了一些条款，即某些未来活动，只部分地在合同中得到设定，有些情况根本就未提到。在合同不完全的情况下（代理问题也将出现），治理结构的作用开始显现。公司治理实际上是用来处理代理问题的。[①]

现代公司的经济重要性在于它将许多分散的资本加以集中，并聘用具有专业知识的职业经理人来运作企业。所有权与经营权的分离使得公司制相对于合伙或独资企业而言，集聚了更充裕的资本，所以公司制企业在寻求项目投资和生产营运时具有较强的规模效应。在实现上述利益的同时，公司所有者也将资产的营运权赋予了职业经理人。当股东将经营权赋予经理人员时，经济意义上的委托—代理关系便出现了。作为代理人的经理人员负责制定决策以增加股东的财富。股东将公司视为一种投资工具，他们期望经理人员努力工作以实现股东财富最大化的目标。经理们利用自身的人力资本为股东创造价值，他们将公司视为获取报酬以及自我价值实现的源泉，他们为了达到自身的目标，有时会以牺牲股东财富为代价制定决策从而使自身利益最大化。对股东来讲，防止经理人员做出自身利益最大化决策的唯一办法是设计有效的雇佣合约，指明在所有可能的情况下经理人员应该采取的特定行为。在信息完全的情况下股东能合理地设计上述合约，但是现实世界的信息是不对称的，股东并不完全了解企业的管理活动与投资机会，作为代理人的经理阶层比作为委托人的所有者更了解企业生产、收益和成本等方面的信息，因此在这种情况下，经理阶层就可能采取

---

① Sheifer and Vishny, "Asurvey of Corporate Governance," *The Journal of Finance*2, 1997.

偏离股东财富最大化的决策而使自身利益最大化，同时股东也就必须承受由经理人员最大化自身利益行为所引致的代理成本，这种情况通常被称为代理问题。代理问题会直接影响公司的投资、营运与财务政策，代理行为的“弱无效”有可能导致股东价值的显著减损。对于不同类型的公司而言，不同种类的代理问题对其造成影响的程度不同，我们将代理问题归纳为以下四类：

一、努力程度问题

劳动经济学家指出工人通常会偏好闲暇所带来的利益，直至闲暇所带来的边际利益等于丧失收入所带来的边际成本为止。对于经理人员而言，上述理论同样适用，因为他们也是受薪雇员，也同样会产生以努力程度为基础的代理问题。詹森和迈克林（1976）的研究证明，经理人员拥有的公司股份越少，他们在工作中偷懒的动机就越大。对于给定水平的偷懒程度而言，经理人员自身遭受的成本会随持股权份额的增大而增加。所以，持有更少的股权可能使经理人员偷懒的动机更强，这可能会使股东价值遭受更大的潜在损失。偷懒程度是不能直接加以量化的，因此该领域中的实证研究集中于观察经理人员的可见行为并以此作为偷懒问题发生的证据。研究者们检验了经理人员的外部行为是出于最大化股东财富的考虑，还是因为经理人员对收入、特权或个人名誉的追求。沃特（1994）发现，当一个公司的经理人员被聘为另一个公司董事的消息发布时，公司的股价趋于下降。上述证据与“经理人员有时会为个人利益而制定决策，此类行为会使他们所管理公司的价值遭到减损”的观点相一致。

二、任期问题

一般来讲，经理人员都有一定的任期。相对于经理人员的任期来说，公司有更长的生命期间，股东们关心的是未来期间的现金流。而经理人员在任职期间的要求权在很大程度上取决于当期的现金流。当经理人员接近退休时，他们任期的有限性与股东持股期的无限性（如不将股票抛出的话）之间的矛盾所带来的代理问题将变得更加严重。比如，经理人员可能偏好投资于具有较低成本和能够更快取得成效的项目，而放弃更具获利性但是成本较高且需长期见效的项目。公司应投资多少研究发展费的决策就是此类问题的一个例子，研发费的支出削减了会计收益从而减少了经理人员的当期报酬。因此，临近退休的经理人员可能会承受研发费的成本而未能享受其所带来的利益。经验表明，当经理人员接近退休时，研发费的支出随之减少。当资本市场需要花费较长的时间确认公司新项目的价值时，经理任期问题将变得更加严重。Deangelo（1983）指出，如果项目初期对于资本市场表现得无利润，经理人员可能拒绝有吸引力的项目，因为他们害怕由敌意收购所带来的职位丧失。

三、不同风险偏好问题

资产组合理论指出，持有资产的多样化有效地分散了公司特定风险，但是不能消除系统风险对于公司股价的影响。所以，具有多样化投资的投资者主要关心的是系统性风险。一般而言，经理人员并没有很好地多样化自身资产，他们财富中的很大比例与他们所在公司的成败息息相关。当报酬中很大一部分由固定工资组成时，经理人员的风险偏好可能更接近于债权人，而不是股东。财务危机或破产的发生通过对经理人员的名誉造成影响会极大地减少经理人员的净价值，增加了他们另谋职位的难度。经理人员可以有效地应对威胁公司生存的事件，但当情况发生好转时，他们报酬的增加却有上限，奖金数目经常为工资的特定百分比或是一个固定数目。研究者们发现，美国上市公司经理人员所拥有的小额股权对于激励他们最大化股东财富发挥了有限的作用。比如，詹森（1990）发现，平均而言，CEO 报酬（包括选择权）对公司价值变化的敏感性是 0.00325。也就是说，公司价值每增长 1000 美元，CEO 的报酬仅增长 3.25 美元。经理人员的处境更接近于债权人，当公司陷入财务危机时，他们会失去更多，但是当公司收益上升时，获得的利益却很少。因此相对于股东而言，他们具有更小的风险偏好性。为了获得他们的风险偏好，经理人员会利用公司的投资与财务政策减少公司所面临的全部风险。比如，他们可以选择扩张已存的生产线，利用已知的技术等具有更小风险的行为，而不是投资于具有开创性的产品、科技与市场。经理人员也可能寻求购并扩展公司的产品生产线，或扩张进入另一个行业，这样可以减少他们所在行业（或公司）的特定风险。在一个多样化经营的公司中，一个分部的较差绩效可以由其他分部的较好绩效所抵减。如果这些抵减效应减少了公司现金流的变动性，可以减少他们失去工作的可能性。近来对美国市场的实证研究表明，在相同的行业中，多样化经营公司的股东收益小于非多样化经营公司的收益。这些研究表明，经理人员可能做出自身利益最大化并以牺牲股东利益为代价的投资决策，他们可以从公司多样化战略中获取较多的利益。经理人员也能利用财务政策去影响公司现金流的变动性与财务危机发生的可能性。因为杠杆作用放大了经营绩效的波动性，相对于股东偏好而言，经理人员可能使用更少的负债融资，对于他们来说，债务融资的成本超出了利益。最后，处于成熟期公司的经理人员可能选择低股利支付政策，这能使公司利用内部融资，类似的政策不仅可以使杠杆作用较低，而且还可以避免债权人的过多干涉。

四、资产使用问题

公司资产的不正确使用与用于个人消费也会带来代理成本。在职消费可以使公司吸引具有丰富经验的经理人员。然而，如果津贴过度，则会使股东财富遭到减损。经理人员仅仅负担此类支出成本的一部分，但是却获得了全部的利益，所以他们有强烈的动机进行比股东所希望的更多的在职消费。经理人员也有动机进行无利润的投资以增大公司的规模，从而增大了他们的报酬与特权。来自一些对美国公司 CEO 报酬的研究发现，对于样本 CEO 报酬而言，公司规模（用销售额表示）比经营绩效具有更高的解释力。詹森（1986）指出，经理人员具有过度投资的动机是非常明显的，通过此种方式他们可以获取超额现金流，詹森将超额现金流定义为公司所有具有正净现值的可投资项目所产生的现金流与需要投入到其中现金流之间的差额，他还指出最可能产生超额自由现金流的公司是具有有限增长机会的盈利公司。

在所有权分散的现代公司中同所有权与控制权分离相关的所有问题，最终都与代理问题有关。代理问题的通则是促使代理人采取使委托人福利最大化的行为。靠什么阻止经营者追求他们自己的目标？这就是公司治理的监督制衡机制要解决的问题。

第三节　关于公司治理的基本问题

尽管公司治理（Corporate Governance）一词只是近二十多年才出现在英语之中，但关于公司治理问题的探讨却不仅在学术文献中占有极为重要的地位，而且还导致了公共政策的争论。因此公司治理的内涵到底是什么，公司治理的目标是什么，有无最佳的治理模式，如何才能建立有效的监督制衡机制，这一系列问题成为公司治理理论研究的焦点问题，而几乎所有的争论都集中在对这些问题的回答上。

一、公司治理的内涵之争

英国是全球现代公司治理运动的主要发源地。以三个相继成立的非官方委员会的主席名字命名的研究报告，即《凯德伯瑞报告》、《格林博瑞报告》和《汉姆玻勒报告》，成为迄今为止英国现代公司治理改革过程的三部曲。它们为建立制度化的、自律基础上的现代公司治理机制奠定了初步基础。1992 年 12 月，《凯德伯瑞报告》强调公司的财务治理，同时强调“公司治理结构是一个公司被指引和控制的体系”。随后，董事的薪酬问题又成为争论的焦点，1996 年 7 月，《格林博瑞报告》提供了董事薪酬的规范。这两个报告都将公司治理结构的焦点集中在董事会的体制和结构上，这一体制和结构必须保证董事的利益与股东利益的一致。于是，责任问题又成为治理结构的核心，这又导致了一个更普遍的争论——董事会应对谁负责任？1998年，《汉姆玻勒报告》认为，公司治理结构的一个比较适当的起点或许就是董事会的作用，并强调董事会与股东之间的关系不同于与相关利益者之间的关系。股东挑选董事，董事对股东负有义务，对相关利益者负有责任。

在美国，关于公司治理结构的定义，较早可以追溯到20世纪80年代美国公司董事协会所做的界定：公司治理结构是确保企业长期战略目标和计划得以确定，确保整个管理机构能够按部就班地实现这些目标和计划的制度安排。这一定义将公司治理结构的争论聚焦在公司目标，而非董事会。法玛和詹森认为公司治理研究的是所有权与经营权分离情况下的代理人问题，如何降低代理成本是公司治理要解决的中心问题。1995年，美国学者布莱尔从狭义和广义两方面给公司治理结构作了定义。布莱尔认为：狭义地讲，公司治理结构是指有关公司董事会的功能、结构和股东权利等方面的制度安排；广义地讲，公司治理结构是指公司剩余控制权和剩余索取权分配的一套法律、文化和制度安排，它决定着公司目标，谁在什么状态下实施控制，如何进行控制，风险与收益，如何在不同成员之间分配的问题。费方域认为公司治理是一种关系合同，是一套制度安排，它给出公司各相关利益者之间的关系框架，对公司目标、总的原则、遇到情况时的决策办法、谁拥有剩余决策权和剩余索取权等下规则，用于代表和服务于出资者（或利益相关者）利益，其主要内容是设计控制内部人控制的机制。经济学家钱颖一具体提出：公司治理结构是用以处理不同利益相关者即股东、贷款人、管理人员和职工之间关系，以实现经济目标的一整套制度安排。它包括：（1）如何配置和行使控制权；（2）如何监督和评价董事会、经理人员和职工；（3）如何设计和实施激励机制。

中国学者林毅夫则指出，所谓的公司治理结构，是指所有者对一个企业的经营管理和绩效进行监督和控制的一整套安排。他们认为通常人们所关注的公司治理结构，实际指的是公司的直接控制或内部治理结构。对公司而言，更重要的应该是通过竞争的市场所实现的间接控制或外部治理。因而他们是从内、外两个角度来界定公司治理的，同时内外两个角度的中心是所有者对经营管理与绩效的监督与控制。张维迎认为公司治理结构是这样一种解决股份公司内部各种代理问题的机制：它规定着企业内部不同要素所有者的关系，特别是通过显性和隐性合同对剩余索取权和控制权进行分配，从而影响企业家和资本家的关系。

由上文我们可以发现，目前公司治理的内涵之争并没有结束，有的学者主张注重所有者（一般情况下为股东）的利益，如斯密、《凯德伯瑞报告》、《格林博瑞报告》、《汉姆玻勒报告》、法玛和詹森、林毅夫等；有的学者主张股东与其他利益相关者并重进行考虑，如布莱尔、费方域、张维迎、钱颖一等。

我们认为无论哪种内涵都具有一定的道理，因为股东和其他利益相关者都与公司存在一定的利益关系，究竟选择股东主导型还是利益相关者主导型，要具体看各国的制度体系给予不同主体的参与空间有多大。下面，我们将研究与公司利益最密切相关的四种群体如何参与公司治理及参与公司治理的有效性问题。

二、利益相关者群体如何参与公司治理

Tirole（2001）提出了一个生产过程的组织模型以分析控制权的分配对利益相关者团体总体福利水平的影响。假设有多个部门需要同一种投入品，这种投入品由第三方生产。它的控制权有三种不同模式：由独立于需求方的参与者控制，称为结构性分离（Structure Separation）；由需求方中的一员控制，称为垂直性整体（Vertical Integration）；由一个具有特殊目的的主体（该主体控制权由需求方共同分享）控制，称为合资企业或联合体（Joint Venture or Association）。

联合体的组织形式可以被视为利益相关者团体共同分享控制权的一个特例。Hansnan（1996）和其他一些相关的实证研究表明了控制权的分散化所带来的问题——由不同利益相关者之间利益的冲突所导致的效率损失：相互之间的不信任、猜忌以及由此引发的决策制定时的僵持局面。这些问题主要源于利益相关者之间信息的不对称，也关系到对部分参与者的

有限的补偿能力。因此，Coase 定理在此失去了效力。Rey 和 Tirole（1999）利用一个多委托人（一个共同的代理人，即 Common Agency）的道德风险模型证明了：在委托人之间存在利益冲突时，他们获取信息以改进效率的激励将被减弱。相比之下，垂直型整体的组织形式并不具有分散的控制权结构，并且具有控制权的一方可以有效地进行决策制定。具有控制权的参与者不必与他人进行讨价还价，因此他可以从其监管活动中充分获益。一言以蔽之，控制权集中的组织形式有利于监管和决策制定，但这种决策可能是有偏的，偏离于其他无控制权利益相关者的利益，控制权的集中可能导致对部分利益相关者的负的外部性。实际上，“股东至上”还是“利益相关者至上”在某种意义上说是“效率”和“公平”的关系。

相关文献论述的利益相关者大概有 30 多类，让这么多相关者共同治理无疑将导致效率低下。所以，我们认为与公司关系最密切的利益相关者应该是四类。第一类是股东，股东在公司中处于举足轻重的地位，没有股东就不存在公司。第二类是债权人，债权人与公司也存在代理关系，只不过这种代理关系的成本相对于股东与经理的代理成本比较小罢了。第三类是管理者阶层，公司的日常事务都由其管理，所以控制权不可能不分配给他们。第四类是雇工，他们的收入水平与公司业绩密不可分，让他们参与公司治理，能够有效抑止经理阶层的败德行为。

下面我们将具体分析当企业出现经营危机时，利益相关者的具体利益情况变化。张维迎对非正常状态下（即当企业出现经营危机时）企业参与者的既得利益状态进行了分析。此时企业的每个利益相关者从自身利益出发，一旦预期收益受损，就会相机地取得企业的控制权。用 x 代表企业的总收益，w 为工人的合同工资，r 为债权人的收入（一般是固定合同收入），π 为股东的最低预期收益，则企业所有权状态依存性可以用下列不等式描述：（1）$w+r<x\leqslant w+r+\pi$ 时，股东在企业的治理结构中居支配地位；（2）$w\leqslant x<w+r$ 时，债权人处于支配地位（这里假定工人的合同工资优先债权人的收益）；（3）$x<w$ 时，工人处于支配地位；（4）$x\geqslant w+r+\pi$ 时，即企业经营的正常状态时，经理处于实际支配者的地位。在企业出现经营危机时股东、债权人和职工都会参与公司治理。但是，我们

主要关心的还是在企业正常经营时，各种利益相关者是如何使代理问题减轻的。

(一) 股东与公司治理

股东参与公司治理主要有三种方式：行使投票权；代理权竞争；接管机制。行使投票权就是股东凭其持有的股份在公司的决策过程中拥有发言权。但是，由于上市公司股东众多，股东对上市公司的监督是“公共产品”或巴泽尔意义上的“公共域”，股东对上市公司行使监督权必须全方位搜集信息，这需要付出成本，但是一个股东对上市公司的监督所带来的利益会为所有的股东集体分享，因此单个股东并没有足够的动力来履行监督权。股东作为产权主体恪守“用脚投票”是“消极自由”，行使监督权是股东的“积极自由”，由于监督的公共产品性质，中小股东监督上市公司的成本太高，因此中小股东除了消极地“用脚投票”外实际上别无选择，这一部分权利基本上被无条件地放弃了，投资者更多地行使消极自由是理性选择。真正积极行使投票权的是大股东。大股东的搭便车概率比较小，大股东会从对经理人员的监控中得到更大的利益，并且会超出他们的成本。而且，大股东经常是职业投资者，他们在评价公司绩效时是更专业化的，他们的监控成本比单个持股者更低。

大股东在公司治理中的作用不仅体现在行使投票权上，而且在另一重要的公司治理机制——代理权竞争中发挥着重要的作用。代理权竞争是指股东中的持异议集团争夺公司控制权的企图。尽管从技术上讲，代理权竞争大多并不成功，但总体上是利于公司股东的，因为这样可以在一定程度上约束目前的经营管理者，使其更加努力地为股东利润最大化服务。公司的大股东倡导代理权竞争，由于其拥有公司的控制权份额较大，更换经营管理层则会更容易一些，这样就可以彻底改组公司的控制层治理体系。

詹森指出，当公司内部治理结构无效时，公司控制权市场能够用于缓和代理冲突。上述理论基于市值已经反映了预期代理成本的观点，即当投资者预见到经理人员的无效管理时，公司的股价下降。市值的下降吸引了潜在“公司猎户”的关注，公司猎户相信他们能通过收购公司、改变其战略、改进其运作效率或消除公司无意义的行为获取利润。如果公司猎户接管成功，往往会对经营管理层进行“大换血”。这种威胁足以使担心被解雇的经营管理者把所有者的利益放在首位，否则他们可能会失业，在其履历表上加上不光彩的一页，从而使其在经营者市场上贬值，影响其预期收益。一般而言，接管会带来目标公司业绩的提高，有利于社会的整体效益。但公司猎户在接管过程中会受到经营管理层的种种抵制行为。他们主要采取以下三种方式：一是“毒丸”（poison pill），即给予目标公司的现有股东一定的股权，这些股权在平时不发挥作用，而是在公司有重大变动如被恶意接管时发生其“毒效”，增大公司猎户的收购成本，从而在一定程度上阻止公司猎户的收购行为。二是“绿色邮件”（green mail），即以高于市场价的溢价购回重要股东的股票，并通常还需签署停滞协议，在这个协议中明确规定被购回股票的股东同意将来不再企图接管公司。三是“金色降落伞”（golden parachutes），即给予现任管理者在接管发生之后被解雇时享受大额赔偿的权利。除了经营管理层的反接管策略外，目标公司小股东的搭便车行为也在一定程度上阻止了公司猎户的收购。在公司被接管时，他们一般不愿意出售股票，而是期望股票能随着接管更值钱（因为一般情况下接管之后的股票价格都是攀升的）。目标公司中大股东的存在可以在一定程度上促进接管活动的发生和增大接管成功的概率。目标公司大股东持有的股份越多，接管溢价（付给收购股东的超过市场价格的价格）就越低，但因大股东拥有较多的股份，即使利润增加的幅度很小，他们也愿意被接管。也就是说，随着大股东的出现和他们持有公司股票的比重上升，接管发生的可能性会更大。同时，大股东本身也可以自己充当收购者。所以，尽管目标公司的经营管理层可能会抵制收购，但由于大股东在接管中起着决定性的作用，他们本质上无力阻止目标公司被公司猎户所接管。大量的实证研究表明：大股东在公司治理中发挥着积极的作用。大股东对公司经营管理层的更替有着密切的关系，有大股东的公司比没有大股东的公司更有可能被接管。

（二）债权人与公司治理

债务可以构成对经营管理层的硬性约束。（1）詹森和迈克林（1976）在代理理论的经典性论文《企业理论：管理行为、代理成本和资本结构》中指出，由于债务需公司付出现金，这就减少了经理可用于福利目标的现金流量。詹森（1987）指出，债权所包含的破产权力将迫使经营者偿还债务本金和利息，减少经营者所能掌握的剩余资金，从而减少由经营者对剩余资金的不当利用所产生的代理成本。（2）格罗斯曼和哈特在委托—代理理论的框架下，分析了“破产威胁”在股权分散的股份有限公司中对经营者经营质量的控制作用。由于债务是必须归还的，如发生违约，将引发债权人对公司资产的清算，如公司资不抵债时，破产就将作为对债权人的最终补偿机制，不仅经营者一无所获，而且公司资产也不能得到保证。（3）代蒙（Diamond）、赫内弗（Hirshleifer）和萨科（Thakor）的研究表明，经理本身有从声誉出发考虑而追求相对安全投资项目的动机。他们假定一个经理可以选择相对安全的投资项目，也可选择风险型投资项目，每种选择有两个结果：成功和失败。由于对经营者管理的评定只有两个标准：成功和失败。经理偏好成功可能性应最大化（从自身荣誉出发），否则就会影响其在经营者市场的价值，从而损害其预期收益。（4）债务对公司经理的强硬约束还表现在债权人行动的独立性上。公司的责任是对每一个债权人负责，一旦违约或不能支付债务，债权人可单独行动而不必采取联合行动而要求公司偿还其债务，来维护自己的利益。

总之，债权对企业经营者是一种“硬约束”，它对企业经营者的不当经营行为具有制约作用，也使经理人员面临更多的市场力的监控。在一个无债务或低债务的公司，懒惰的经理层可以减少持股者的收益而不影响经理人员的福利与职位。当债务水平升高时，经理层、较低的利润与现金流会使企业不能偿付到期债务，从而陷入财务危机，这时债权人会在治理结构中发挥作用，替换绩效较差的经理人员。

如果说股东对经营者是一种匿名的软约束，债权人对经营者则是看得见的硬约束，股权是座垫，债务是针毡。

(三) 经营管理层与公司治理

美国经济学家法玛（1980）认为，一个企业内部经理人员之间以及上下级之间存在相互监督的动机，但由于等级制并未赋予这些经理人员制约其他经理人员和撤换最高层管理层的权力，因而监督乏力。此时，董事会作为制衡最高层的有效机制的作用尤为突出。一般来讲，董事会的主要职责包括批准或同意主要的管理决策，并监控这些决策的执行、聘用和解雇经理人员以及为他们制定报酬水平。但是，如果董事会所有成员由股东担任，也不是一个好办法，因为股东所持股份仅占公司总股本的一个很小的比重时，股东与企业的利益关系并不密切。可行的办法是由执行董事组成董事会，但除非管理者劳动市场是充分竞争的，否则管理层一旦取得董事会的控制权，便可能结党营私、谋取私利。为此，他认为，由于外部市场竞争和声誉可以确保外部董事独立、公正和客观地监督、评价执行董事的行为，因此可以考虑在董事会中引入外部董事，其任务是降低经理人员之间共谋的可能性。

一些研究者指出，当董事会中外部董事的比例增加时，股东与董事会的利益协调更容易进行。Weisbach（1988）指出，相对于外部董事来说，内部董事很少会对 CEO 提出异议，因为 CEO 对他们的职务有重大的影响。进一步而言，内部董事（包括 CEO）有动机维护超过市场水平的报酬或超额在职消费。在一些情况下，外部董事可能不比内部董事更有效。Mace（1986）指出，美国公司的 CEO 经常决定着董事的提名过程，这样 CEO 就可以提名支持自己决策的外部董事。公司之间相互兼任的董事关系也会减少外部董事的独立性。如果 CEO 兼任公司董事，外部董事可能害怕报复而决定不去弹劾 CEO。外部董事与内部董事谁能更好地代表股东利益是一个实证性的问题。Black（1997）发现，来自美国证券市场的数据并不支持独立外部董事影响未来公司绩效的观点。然而其他的一些实证证据表明，外部董事能更好地维护股东利益。比如，沃特（1988）指出，在美国公司中外部董事是基于股东利益而被提名的，当公司任命外部董事时股价表现出显著的上升反应，这表明市场预期股东将从外部董事的任命中获益。Hermelin 发现，在公司绩效下降之后，相对于内部董事的任命而言，外部董事的任命数增长，这表明外部董事被认为更可能接受提高公司绩效的挑战。关于董事会决策的股价反映的实证研究表明，美国市场对外部董事比例占优势董事会的决策反应更好，市场对内部人控制董事会的决策表示怀疑。比如，Byrd（1992）发现当决策更可能是由外部董事比例占优势的董事会做出时，在收购竞价公告日前后的非正常竞价收益的数额是非常大的。类似的结果也被经理层收购和采纳毒丸计划的研究所证实，研究者们发现当外部董事对董事会有投票控制权时，这些情况下的非正常收益非常大。

（四）职工与公司治理

职工与公司存在一定的利益关系，这就为他们参与或影响公司治理提供了可能。我们主要从职工在监事会和董事会两种公司治理机制中的作用，来阐述职工与公司治理的关系。

公司治理制度的设计应给予职工充分的地位，为其合法权益的保护提供制度保障。公司董事会应允许职工代表进入董事会，设立职工董事，并使之制度化。职工董事在董事会议中独立行使其权利，有权否决损害职工利益的董事会议的决议，对公司所有重大事项都享有参与决策的权利。职工董事的做法主要体现于德国和日本公司的董事会中。在德国的共同治理公司中有明文规定，职工与股东以相同的比例进入董事会，但也视企业规模的大小而有所不同。在日本公司中，长期以来已经约定俗成，职工通过内部晋升的竞争来加入董事会。英美公司目前也通过职工持股的做法，使公司的职工成为股东，为其参与董事会议奠定基础。

关于职工监事，其应对公司经营进行全面的监督，有权列席董事会议，对公司经营中损害职工利益的行为，有权向董事会提出质询，或提议召开特别股东大会，追究董事会的责任。我国现行《公司法》规定：“股份有限公司设监事会，其成员不得少于 3 人。监事会由股东代表和适当比例的职工代表组成，监事会中的职工代表由公司职工代表大会选举产生。”这为职工通过监事会参与公司治理提供了法律保证。监事会是公司治理中唯一的独立监督机构，是公司监督机制的核心。而在我国目前的公司治理研究中，对怎样健全股东大会、董事会对管理层机制的讨论较多，关于监事会对管理监督机制的内容却较少。

理论上说，各种利益相关者都具有参与公司治理的动力，而实际上，是股东至上，还是利益相关者至上，要看公司治理制度系统的具体制度组成要素的特点。与股东至上理论相近的是英美模式，与利益相关者至上相近的是日德模式。

三、公司治理模式的分类

市场主导型的英美模式与银行导向型的日德模式是西方公司治理结构的两种典型模式，二者形成和发展于不同的制度环境中，并因此呈现鲜明的导向差异。前者基于公司股权的高度分散与股票的流通顺畅，强调通过股东“用脚投票”机制和活跃的公司控制权市场从而实现对公司行为的约束与对代理人的选择及监控；后者则由于股票市场的有限融资与股票流通困难，呈现以银行为主的金融机构和基于相互持股的法人组织对公司及其代理人实施长期的内在控制。

（一）市场导向型的英美模式

市场主导型的公司治理结构模式信奉股东财富最大化的经营导向，在英、美、加拿大与澳大利亚等盎格鲁萨克逊（Anglo-Saxon）诸国盛行，英美模式是其中的典型。追根溯源，英美公司治理结构模式根植于18世纪末，其时，两国证券市场业已非常发达，大量企业以股份公司的形式存在，其股权高度分散并容易流通。公司股东依托庞大且发达的自由资本市场，根据公司股票的涨落，在通过股票买卖的方式抑或“用脚投票”的机制而实现其对公司影响的同时，促进公司控制权市场的活跃，并以此对代理人形成间接约束。外部发达的资本市场及其作用机制无疑是英美公司治理结构模式得以根植并在发展中得到强化的根源力量。尽管美国公司的机构持股力量在最近的20余年增长明显，但银行、保险公司及互助基金等机构持股势力的膨胀却受到了系列相关法律与法规的抑制，其在公司治理结构中的地位与作用亦因此依旧弱小。

（二）银行导向型的日德模式

组织控制型的公司治理结构模式在德国、瑞士、奥地利与荷兰等诸多欧陆国家和东亚日本得到了极好的发展，组织内在控制是日德模式的典型特征：其一，银行等金融机构通过持有公司巨额股份或给公司贷以巨款而对公司及代理人进行实际控制；其二，公司及代理人决策受到基于公司之间环形持股的法人组织的支配。在日本，银行基于特殊的主银行制度，依其对公司的长期贷款与直接持股而实现对公司重大决策的参与，公司之间的相互交叉持股则抑制公司的独立决策，而公司之间与主银行之间相互交叉持股则又挡住了资本市场对其各自的压力；在德国，银行等金融机构同样主导公司融资及公司控制，大银行常依其在公司的巨额持股与对小股东投票权行使的代理而主宰公司的重要决策机构监事会，并以此对代理人施压与激励，同时大银行尚以其对公司巨额投资的长期化限制公司股票交易的数量。显然，日本的主银行制度、公司之间和银行之间的相互交叉持股及德国的监事会，作为不同的制度安排，实质上都已经成为某种形式与程度上的组织控制。另外，日德模式对公司长期利益与集体主义的信奉，亦使其组织控制机制得到了强化。尽管世界金融市场的介入与主银行制度自身的局限性对公司主银行造成了巨大的冲击，但制度变迁的“路径依赖”（path-depend）性一时难以使主银行制度的核心作用很快消褪。

（三）政府主导的转轨经济模式

这种模式主要存在于苏联、中东欧和中国等转轨经济国家。在这些国家，经济体制、法律制度都处于转轨时期，经济中存在数量众多、规模庞大的需要通过资本运营实现所有制形式改变和活力再现的国有企业，公司治理的矛盾问题表现为内部人控制问题，即在法律体系缺乏和执行力度微弱的情况下，经理层利用计划经济解体后留下的真空对企业实行强有力的控制，在某种程度上成为实际的企业所有者，国有股权虚置。本书对转轨经济模式的分析将主要就中国公司治理的具体问题进行研究。

关于三种公司治理模式的比较见表 1.1、表 1.2。

表 1.1　金融体系与公司治理机制的国家间比较

	美国	英国	日本	法国	德国
证券市场	最重要	最重要	发达	相对不重要	不重要
银行业竞争性集中度	由弱到强 →				
主要治理机制	法律保护和公司控制权市场		大投资者（大股东和大债权人，主银行系统）监管		

表 1.2　不同公司治理模式及其关键问题

治理模式	关键问题
英美市场导向型	强管理者、弱所有者
日德银行导向型	利益相关者的利益组合
转轨经济模式	内部人控制

第二章

制度系统论

系统科学的主要思想是将所研究的对象看作是一个系统来加以研究，分析其中各个要素之间的关系和系统与环境之间的关系，并从整体的角度来协调这种关系，以使所研究的对象能在既定条件下发挥最大功能。系统科学的思想和方法完全可以为社会科学特别是经济学借鉴。本章试图通过借鉴系统科学的主要概念、思想和方法，与制度研究相结合，提出制度系统论——即制度是一个复杂的系统；制度的耦合性对制度系统效率的实现有重要影响；同时，制度系统的开放性是决定制度系统结构是否合理有序的重要因素。

第一节　系统的要素、结构及其演进机制

系统（system）是由两个以上的具有区别性和相互联系性的要素为了达到一定目的而形成的整体。对系统概念的认识是建立在以下核心基础上的：首先，系统是由两个或者两个以上的要素耦合而成的；其次，所谓要素和系统都是相对的概念，即系统具有层级性，要素本身就是一个系统，而要素构成的系统也是更高一级系统的组成要素；再次，系统要素在各自的边界上有不同的界定，边界以外的范围则为系统环境；最后，要素结合是为了通过相互功能的耦合而达到某种目的，系统要素之间的关系并非时刻协同，在系统发展的特定时期，要素间也存在着矛盾和冲突，这些矛盾和冲突的解决致使系统的稳定性和适应性获得增长。

按照系统的内容和数学特征可以对其进行不同的分类。根据系统的实际内容可以将系统分为一般系统和具体系统。一般系统（General system）是不考虑系统的特定种类的通用性理论，它是从各种现实系统中抽取共性而总结出的抽象系统，它适用于各种科学，从而建立了研究不同领域科学的一种思维范式；具体系统（Specific system）则是依照其具体内容和具体组成要素而建立的特定领域的系统。从系统的数学特征角度的不同可以将系统区分为以下几类对应系统：第一，封闭系统和开放系统。开放系统是指与系统环境在边界上进行信息和能量交换的系统，否则该系统为封闭系统。第二，静态系统和动态系统。如果系统在任何一个时刻的输出只与该时刻的输入有关，而与其前后时刻的输入无关，那么这个系统就是静态系统，也称为无记忆系统。否则该系统就具有动态特征，成为动态系统，也就是记忆系统。第三，线性系统和非线性系统。线性系统的特征是当系统的输入和初始状态线性迭加时，其输出也为线性迭加。若不存在这种特征，系统为非线性系统。第四，连续系统和离散系统。当系统的状态 X、输入集 U 和输出集 Y 是离散集时，该系统为离散系统；当 X、U、Y 在其范围区间（实数）内取任意开集时，该系统为连续系统。第五，确定性系统和不确定性系统。如果系统的实时输入和由其决定的状态能唯一确定下一个状态及实时输出，该系统为确定性系统；而被确定的下一个状态和输出集缺乏唯一性的系统则为不确定性系统。

系统要素也称系统元素或系统元，它是构成系统的基本单位。系统是由不同的要素所组成，这些要素是通过相互联系而形成一定的功能，用以实现系统的目的性。因而，系统体现为有序性和整体性的特征。即 $R=f(Q_1, Q_2 \cdots Q_n)$，系统 R 是独立变量（系统要素）Q_i（i＝1，2，…n）的联合函数。系统作为一个有序整体，是其构成要素的非加合整体。对于要素的简单加合（或称堆合）所形成的整体并不能称之为一个系统，只有要素通过相互联系将其功能进行耦合的状态下，其整体才能体现出各组成要素所不具备的性质和功能。用数学表示，系统作为独立元素的非加合体为：

$$\begin{cases} \frac{\partial Q_1}{\partial t}=f_1(Q_1, Q_2\cdots Q_n) \\ \frac{\partial Q_2}{\partial t}=f_2(Q_1, Q_2\cdots Q_n) \\ \cdots\cdots\cdots\cdots\cdots\cdots\cdots\cdots \\ \frac{\partial Q_n}{\partial t}=f_n(Q_1, Q_2\cdots Q_n) \end{cases} \quad (2.1)$$

在这个联立方程中，任何 Q_i（i=1，2，…n）的变化都会影响其他方程，从而影响整个方程组。

系统的演进是以两种系统控制论为条件的：第一种系统控制论是维纳总结的以减小误差为结果的负反馈方式，它对于自稳定机制具有控制作用；第二种是马格纳总结的放大控制误差过程中的正反馈机制，它对系统内部的自组织起重要作用。这两种控制论对于分析系统内部的动态结构（dynamic structure）都是十分重要的，正是它们的存在使系统成为有序整体成为可能。

如果在一个系统中存在一些恒定的力，使系统状态在这些力的控制下趋于某种稳定状态，那么这必然是负反馈对系统的控制的体现。在系统状态出现涨落时，在涨落的一定临界值内，系统内将存在消除涨落影响的力，使得涨落消除后系统回到原先的热力学平衡态，并且将克服涨落的过程信息写入系统，即使再次出现相同或相似原因造成涨落时，该系统能以更小的幅度偏离稳定状态，从而使系统重组其固定力并获得新的稳定状态的参数。假定系统 S 的组成部分 A、B……N 由于涨落而使其相对于稳定状态在涨落形成过程中 i 时点应有的误差为 V_{ai}，$V_{bi}\cdots V_{ni}$，而系统状态相对稳定状态的实际误差为 V_{si}，如果存在：

$$\sum(V_{ai}+V_{bi}+\cdots+V_{ni})>V_{si} \quad (2.2)$$

即整个系统的实际特征变量小于各组成部分对于环境变化应有特征变

量之和，就说明该系统存在着负反馈控制。这一由负反馈机制控制的系统自稳定原理被生物学、耗散结构、社会学以及经济学等学科理论所运用。可以说，自稳定机制使系统对于环境变化造成的输入变化具有自我适应性和自我调节性。如果没有自稳定机制的存在，系统将会在出现任何涨落的同时瓦解，自稳定机制是系统能够存在和进化的前提。

然而，开放的、演进的系统并不仅仅简单地维持某种特定参数的稳定状态，它往往是在系统演进的不同时期内形成具有不同参数的稳定状态，系统对稳定状态是有所选择的，而后一种稳定状态较之前一种更能抗扰动，这就是正反馈控制的系统的自组织机制的表现。自组织具有两种发展形式：第一种是由非组织向组织的有序发展过程，其本质是组织程度从相对较低向相对较高的演化，它反映了组织层次跃升的过程，即“自创生”(autopoiesis)；第二种是维持相同的组织层次，使复杂性相对增长的过程，它使得组织的功能与要素间的联系从简单向复杂演变，即“自会聚”。①

开放系统具有不断将自己组织成最能抗环境扰动的系统的趋势，这就是系统结构不断趋于复杂的原因，而系统结构指系统层级化的组成部分。由于系统结构的复杂化，使系统在面临破坏时不会毁灭整个系统，系统的重建也将在现存的子系统上重新构建而不用从头开始。而同一环境中的系统也将趋于构建更高层级系统而非在各自水平上进行自组织，新的更高层次的系统具有更丰富的功能。在这个趋势中，系统还将融合某些特征，分化另一些特征，逐步发展更具自主性的子系统，从而导致更为复杂的层级系统结构，最终形成越来越不稳定的动态稳定状态，而这正是系统演化的过程。尽管系统在不断复杂化的结构上是不稳定的，但是由于范围较广的

---

① 自创生是智利生物学家 H. 马图拉纳提出的概念，最初用来描述生命系统的自组织，后来被衍生为凡是自生出新的结构与功能都可以称之为自创生。“会聚”(Convergence) 是由 E. 拉兹洛提出的，自我形成的过程被称为自会聚。这里主要指通过物质、能量流的自我会聚视系统的结构复杂性增长的过程。(沈小峰等：《自组织的哲学》，中共中央党校出版社，1992 年版，第 15 页。)

自稳定机制平衡它不稳定的复杂层级结构，因而系统进化的方向是对环境的适应性越来越强。

系统中的无序以速率 $\phi=\frac{dS}{dt}$ 增长，ϕ 可为正、负或者 0，如果 $\phi=0$，系统处于稳定状态；$\phi>0$ 说明系统处于瓦解，即熵[①]增加原理；$\phi<0$ 系统处于自组织状态。如果不考虑系统环境，在自稳定和自组织机制下的系统将由于熵（E）的不断增加而趋于瓦解（热力学第二定律[②]）。但由于系统环境的变化将给开放系统内输入负熵，所以熵的改变 dS 成为系统本身和环境输入的函数（普里高津方程）：

$$dS=dS_e+dS_i \tag{2.3}$$

dS_e 表示系统不可逆过程造成的正的熵变，dS_i 表示环境输入的熵。如果 $dS_i<0$，且 $|dS_i|>dS_e$，即系统环境对系统输入了足够的负熵，这样不仅可以抵消系统边界内的瓦解，而且能用剩余的负熵来实现自组织。

我们引用欧文·拉兹洛的模型[③]进一步说明系统中的自稳定—自组织机制（如图 2.1 所示）。

E 为环境，P 为输入，R 为输出，C（C_1 及 C_2）为输入与输出间的控制中心，信息流以逆时针方向 E→P→C→R→E 流动，并以循环方式流动，P 的作用像过滤器，经过选择后输入 C。假如信息的属性与原系统具有一致性，系统通过 C_2 产生与其相协调的反应，负反馈机制使系统能够

---

① 熵本来是热力学的一个概念，系统科学里的熵是物质系统的一个状态函数，表示系统的紊乱程度。其指当系统内部各要素之间的协调发生障碍时或者由于环境对系统的不可控输入达到一定程度时，系统就很难继续围绕目标进行控制，从而在功能上表现出某种程度的紊乱，表现出有序性减弱、无序性增强，系统的这种状态即称为系统的熵值增加效应。与此相反，负熵是指一个系统内部各要素之间及系统与环境之间充分协调时，系统的有序性就会大大强化，无序性减弱。

② 鲁道夫·克劳修斯提出的热力学第二定律认为，宇宙的熵将趋于一个最大值。

③ 欧文·拉兹洛：《系统、结构和经验》，上海译文出版社，1997 年版，第 22 页。

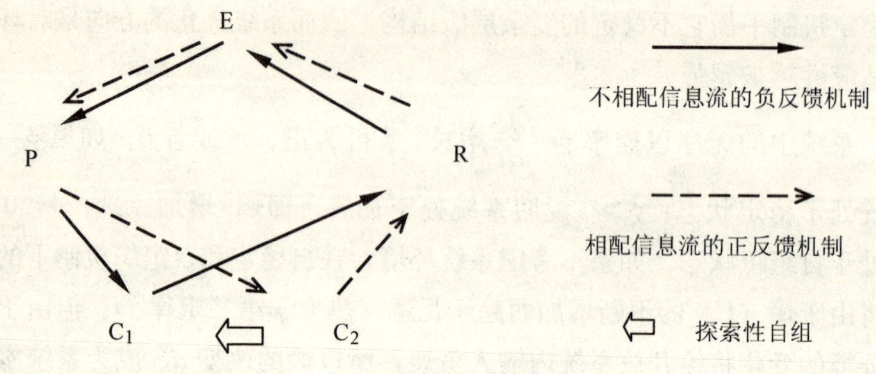

图 2.1　系统的自稳定—自组织机制

抵抗一定范围内的干扰信息。并且系统经过 C_2 处理的信息输出到 E 以后，也会使 E 变得有序，即同样的干扰将在系统的稳定范围，这就是系统的自稳功能。环境是变化的，所以从 E 中输入系统的信息流也是可变动的，当 E 经过 P 向系统输入与该系统不相配的信息流时，必然会产生更为强烈的超出系统稳定临界的扰动，这对原稳定状态有严重的偏离倾向，系统将启动备用处理中心 C_1，通过对自身结构和功能的调整，使系统能够将该扰动归于可控制的稳定的范围内，形成新的吸引中心，使系统达到新的均衡。自组织机制将系统导向更能适应环境变化的状态，而自稳定机制克服一定范围内的干扰，把系统保持在先前具有的组织状态，这两种机制同时对系统起作用，使系统不但能够存在，而且能够演进。

第二节　制度：一个复杂的系统

一、制度系统的概念

如果将经济过程类比于博弈过程，也就是在博弈论的视野下，有三种不同的制度观。第一种是将制度明确地等同于博弈的参与人，一些经济学家认为制度通常是指重要的组织机构，如行业协会、技术协会、大学、法庭等等（Nelson 1994）。第二种制度观将制度视为博弈规则，代表人物诺斯（1990）认为，制度是一个社会的游戏规则，或更正式地说是人类设计的、构建人们相互行为的约束条件……用经济学的术语说，制度是定义和限制个人的决策集合。第三种是制度的博弈均衡观，在这方面近年来主要有两项进展，一项是基于进化博弈论；另一项是基于重复博弈论。进化博弈论的代表人物是萨格登（Sugden1986，1989）、杨（Young 1998）和鲍尔斯（Bowless 2000），他们认为，参与人迫于进化选择的压力会发展出某些适应性特征，如环境认知、偏好、技能等，即惯例和参与人的特征同时演化。重复博弈论制度观代表人物格雷夫（1996）从博弈均衡角度给制度下了一个简明定义："在博弈论框架中，两个相互联系的制度要素是（关于别人行为的）预期和组织……组织是非技术因素决定的约束，它们通过引入新的参与人（本身也是组织），改变参与人所得的信息，或者改变某些行动的报酬来影响行为。"这里的组织指的是如商人、行会之类的社会单元，他们构成博弈参与人集合的一部分，受到博弈均衡所衍生的约束制约。

在比较制度分析中，青木昌彦（2000）结合了博弈规则观和博弈均衡观，提出了均衡的扼要表征制度观，他将制度概括为"博弈重复进行的主要方式的共有理念的自我维系系统"。这里可以把"博弈重复进行的主要方式"等同于博弈规则，但博弈规则论观点认为规则是外生的，而他认为规则是参与人的策略互动内在产生的，它们被参与人所预期，是可自我实施的。他认为，制度的实质是对博弈均衡的扼要表征或信息浓缩，它作为许多可能的表征形式之一起着协调参与人理念的作用。

通过以上的引证和分析，我们可以发现，制度不论作为经济过程的博弈参与者、博弈规则还是博弈均衡的结果，它都是一个复杂的系统，其内部有着特定的结构和组成要素。制度安排是制度的基本单位，是在某一特定范围或领域内规范人们行为的具体规则。制度变迁其实就是这些制度安排的变化，所以考察制度的演变应首先分析具体的制度安排的变化。所谓的制度边际演进也就是指制度变迁是从某一制度安排开始的。制度集合是具体的制度安排的总和，它才是最接近于"制度"一词的通常含义的。

组成制度或者制度集合的这些规则之间的关系并不是并行排列或彼此无关的，一种规则只能从某一个方面或角度来对人们的行为进行约束，以实现特定的目的。而人类的行为是极其复杂的，在既定的社会经济目标下，各种制度规则必须在结构、功能、组成上加以配合，从而实现整体的社会经济目标。所以，用系统科学的思想来审视制度就会发现，制度是一个非常复杂的系统。在这个系统内部，包括许多个相互作用和相互联系的制度规则，它们以某种特有的结合方式或构成连接在一起，并为实现某种功能而相互协同，由此成为一个有机整体。因此，我们说任何一种制度安排都是“嵌在”制度结构中，它必定内在地联结着制度结构中的其他制度安排，因而每一种制度安排的效率还取决于其他制度安排实现其功能的完善程度。最有效的制度安排是一种函数，尤其是制度结构中其他制度安排的函数。

所谓的制度系统就是由若干相互联系和作用的具体制度安排连接而成的具有特定功能和效用的制度整体。

制度系统的划分不是绝对的，根据不同的范围、功能、研究对象，可以对制度系统做不同层次的划分，例如政治制度系统、社会经济制度系统、公司治理制度系统等。就我们要研究的公司治理制度系统而言，公司治理制度是主制度，该主制度也可以称之为狭义的公司治理系统。公司治理制度与其密切联系的相关制度（文化、所有制、法律与资本市场）共同组成广义的公司治理制度系统，本文所指的公司治理制度系统就是广义的公司治理制度系统。而文化、所有制、法律与资本市场就构成了狭义公司治理制度系统的制度环境。所谓的制度环境也是制度，就是处于某个制度周围的，并同它相联系的其他一切制度就构成了某个制度的制度环境。制度环境和制度系统的构成要素都是制度，制度环境包括在制度系统之中，制度环境与主制度共同组成制度系统，制度系统的作用要依赖于主制度与制度环境的匹配程度才能发挥出来。研究制度系统的效率也就是要研究某种主制度与其制度环境之间的耦合程度。制度系统由正式制度（成文法、普通法、制度）和非正式制度（习俗、行为准则和自我约束的行为规范）组成。

二、正式制度与非正式制度

正式制度安排是指这样一种制度："在这种制度安排中，规则的变动或修改需要得到其行为受这一制度安排管束的一群（个）人的准许。"[①]也就是指人们有意识创造的一系列政策法规，它包括政治规则、经济规则和契约，以及由这一系列规则构成的一种等级结构，从宪法到成文法和不成文法，再到特殊的细则，最后到个别契约，它们共同约束着人们的行为。非正式制度安排则是指这样一种制度："在这种制度安排中，规则的变动和修改纯粹由个人完成，它用不着也不可能由群体行动完成，"[②] 如价值观、伦理规范、道德、习惯、意识形态等等。

和非正式安排相反，正式安排是一种有意识的活动，不是自发进行的，其变迁"需要创新者花时间、花精力去组织、谈判并得到这群人的一致意见"，[③] 因而正式制度变迁是通过集体行动来完成的，这样就必然产生如奥尔森所说的集体行动的弊端——外部性和"搭便车"。由于正式制度安排被创造出来之后，并不能获得专利，创新者付出了变迁成本，但并不能阻止新制度被其他人享用、以及新制度创新的组织设计模式被其他场合的制度变迁所模仿，制度创新的收益不能完全归创新者所有，创新者的个人报酬将少于社会报酬，正式制度创新作为公共产品而产生"搭便车"现象。因此，"正式制度创新的频率和密度将少于作为整体的社会最佳量，制度不均衡将持续地存在"。[④] 正式制度的公共产品性质和"搭便车"矛盾将决定其创新主体是政府，而不是社会单位或个人。

关于正式制度与非正式制度的关系，我们将通过一个常见的例子予以

---

① R. 科斯、A. 阿尔钦、D. 诺斯等：《财产权利与制度变迁：产权学派与新制度学派译文集》，上海人民出版社，1994 年版，第 390 页。

② 同上。

③ 同上。

④ 同上，第 391 页。

说明。首先，假定农夫和养牛者在毗邻的土地上各自经营，并且受到某种风俗、习惯的约束（比如"不取不义之财"），否则将受到社会的排斥。现在，发生了牛走失并损坏谷物的事情，农夫为了自身利益必须去找养牛者谈判。假定农夫与养牛者之间就此事达成了一个协议。当农夫所受到的损害较小时，由于考虑到创建正式制度并保证其实施是有成本的，并且双方认为现有的非正式制度足以保证协议的实施，两人并不打算将这一协议变成正式制度。至此我们发现，在交易中，是非正式制度在保证着交易的进行。这一结论得到了一个实证研究的证明：艾利克森（Ellickson 1986）对加州夏斯塔郡乡村居民做了一项田野调查，研究他们如何解决因离群牲畜闯入造成他人财产损害的问题。他发现当地居民几乎不曾诉诸法律，而是靠精致的非正式限制的结构化解纷争。

现在考虑两种变化：（1）双方交易的标的物的价值发生变化，在本例中，是牛对农夫谷物的损害加大。（2）有不受原有的非正式制度约束的新的养牛者进入，他的牛对农夫造成了侵害。在第一种情况下，当养牛者的净收益（牛对农夫的损害）大于他违反非正式制度所受到的预期损失（社会的排斥）时，由于养牛者先天所具有的自私自利的机会主义倾向，他会选择违约。这时，非正式制度就无法保证交易的进行，我们称为"非正式制度失效"。在第二种情况下，一旦发生了新的养牛者对农夫的侵害，农夫与新养牛者之间也不会选择用非正式制度来保证协议的实施，因为两者之间没有这样的基础，农夫对新养牛者没有信任，所以协议无法"自我实施"。所以，非正式制度在这种情况下也会失效。此时，正式制度就应运而生了。

让我们总结一下。首先，当交易双方选择一种类型的约束来保证协议的执行时，他们往往会首先考虑非正式制度。因为只要交易双方身处同一社区，相互了解和彼此信任时，则可以利用现成的非正式制度来保证协议的实行，此时利用非正式制度的边际收益大于边际成本。其次，由于人们具有天生的机会主义倾向，所以即便有非正式制度的约束，但是当违约的收益足以抵消违反非正式制度所受损失的话，"非正式制度失效"也会发生。实际生活中，"杀熟"的现象能够在一定程度上证明这一点。再次，由于分工和专业化的作用，市场半径不断扩大，人们必须与一些素不相识的人合作和交易，这就“不可避免地产生技术知识的不对称分布和关于行为不确定性的信息不对称分布”（汪丁丁，1996）。在没有非正式制度约束的前提下，这些交易者之间的“第一次博弈”具有很大的风险，协议无法“自我实施”（Telser 1980）。当“非正式制度失效”发生时，作为对它必要的补充，正式制度就出现了。这里的正式制度体现了非正式制度的要求，是后者的明确化，并且保证了对行为人的普遍的约束力。

非正式制度（如道德规范）由于本身缺乏有约束力的实施机制（如在现实生活中并不存在着一个所谓的“道德法庭”），因此它本身并不构成一个独立的能真正发挥其效能的制度形态；相反，只有借助于正式制度（如法律），它才能真正像一个“制度”那样发挥其效能并使之变成可预期性的行为准则，非正式制度在相当程度上依赖正式制度发挥作用。但这并不是说非正式制度对正式制度的实施效率没有影响。与正式制度相一致的非正式制度（一致性意识形态）有助于降低正式制度的运行成本（交易费用），而当非正式制度与正式制度方向相悖时，前者将成为后者效率改进的巨大阻力。我们认为非正式制度也是一种理性选择的结果。当社会中存在着多种意识形态时，变迁主体也可以根据它们对变迁的作用来选择他们需要的意识形态，这也是一种理性选择，其中渗透着成本收益的比较。当社会被一种消极的非正式制度笼罩时，政府就应该引导经济主体走出制度低效陷阱。

一般认为，与正式制度相比，非正式制度的变迁更具有演进的特点。用谢识予（1999）的形象比喻，正式制度与非正式制度的变迁受不同的手指引：指引正式制度变迁（尤其是“强制性变迁”型的正式制度）的是“刘易斯之手”（Lewisian hand），其内涵是通过理性、理性的共同知识、主观的认识和判断，来预设和推动制度的变化；指引非正式制度变迁的是“斯更努之手”（Skinnerian hand），其内涵是人们只通过他们过去的行为观察到其获得的效用，并强化好的行为或继承坏的。正是由于两类制度的变化机制有很大的不同，因此在制度演进的过程中仍可能出现正式制度与非正式制度的不一致情况，甚至可能发生正式制度之间的矛盾与冲突。后起国家在借鉴发达国家和地区先进经验的时候，容易只看到正式制度的作用，而忽视了支撑正式制度的非正式制度，从而照搬“外壳”，造成“形似神不似”。于是，移植的正式制度也有可能与本国的非正式制度并不兼容。①

就公司治理制度而言，公司治理制度系统主要包括公司治理制度、文化制度、所有制、法律制度、资本市场制度。在以上诸种制度中，除文化制度外，其他制度都能通过移植在短时间内迅速改变，只有文化制度是潜移默化存在的，具有深厚积淀，难以在短时间内改变，文化特征与移植来的制度是否兼容决定了公司治理系统效率的大小。非正式制度变迁的内涵是人们只通过他们过去的行为观察到其获得的效用，并强化好的行为或继承坏的，也是一种理性选择的结果。其变迁缓慢，全部改变文化特征应该说是不可能的，也是不可行的。但是，对于文化特征中的一些毫无积极性的特征，政府还是可以通过创造一定的条件，诱使行为主体改进行为方式，进而改进消极的非正式制度，毕竟文化也是一种理性选择的结果。

三、制度系统的特征

制度系统的主要特征包括整体性、有序性和开放性三个方面。

（一）制度系统的整体性

制度系统的整体性是指制度系统不是各种制度偶然的随机组合和毫无规律的简单堆积，它是由许多制度子系统按照某种目的或者功能组合起来

---

① 美国宪法通常被认为促进了该国经济的发展。许多拉美国家在19世纪独立后采用了类似的宪法，但由于缺乏有效的实施机制和无助于革新和发展的行为准则和世界观，宪法的效率大打折扣。还有一个典型例子：缅甸政府曾经派遣一些人去以色列的集体农庄接受训练，一年后他们得出结论：这种集体主义形式缅甸人不能接受，因为它需要太多的公共精神和自我约束。这就是说，其他国家要学习并形成高效的集体农庄制度，必须要有相应的非正式制度支撑。否则，它就不可能像在以色列那样有效。因此，如果仅仅挑出某个特定的制度安排并孤立地讨论它的效率，是难以得到什么结果的。

的有机整体。制度系统是由不同制度安排构成的系统，它的效率首先取决于构成这一结构的单项制度安排的效率。因此，上述决定制度安排效率的因素同样是决定制度结构效率的因素。但是，制度系统效率的决定与制度结构中某一项制度安排效率的决定又是不尽相同的，因为任何制度系统都是由众多制度安排耦合而成的复杂的制度系统，制度安排之间总是存在着各种各样的相互依存性和关联性，它意味着制度结构的效率不可能通过简单加总单项制度安排的效率来说明。系统科学中的一个重要思想就是系统的整体功能并不是各部分功能的简单加总，作为一个整体的系统，可能产生一些组成部分所没有的新功能。同样，对于制度系统而言，判断和分析整个制度系统的功能和效率决不能简单地从某些制度安排的功能和效率的分析中就得出结论，必须从整体上分析各种制度安排之间的相互关系，这样才可能得出正确的结论。用数学的语言表达就是：i 为某项制度安排的功能值，I 为总的制度系统的功能值，则有：

$$I=a\sum_{i=1}^{n} i \tag{2.4}$$

其中 a 为功能系数，一般而言 a 不能等于 1，根据制度安排各部分之间的关系，a 可能大于 1，也可能小于 1。如果 $a>1$，说明整个制度系统相互之间协调得较好，使制度功能得到放大；相反，如果 $a<1$，说明制度系统内部存在矛盾的冲突，各种制度安排之间的功能相互抵消，以使整体的功能削弱。

（二）制度系统的有序性

制度系统的有序性是相对于制度系统的无序性而言的。制度系统的无序性主要包括制度冲突和制度真空两个方面。所谓制度冲突，是指在制度系统内部不同制度安排之间的作用方向不一致，在行为规范上存在相互矛盾和抵触，对于同一行为，某些制度给予鼓励，而某些制度则加以限制。这将造成人们无所适从、行为紊乱，使制度系统不能发挥其应有的整体功能。制度真空则是指对于某些行为没有相应的制度安排予以规范，形成制度结构中的漏洞，造成制度功能的缺失，从而使人们的某些行为得不到有效的约束和规范，给社会经济带来危害。制度系统的无序性将大大影响制度系统功能的发挥。而制度系统的有序性则表明系统内部组织的合理程度，它是决定整个系统的功能能否充分发挥作用的关键因素。制度系统的有序性也就是说制度系统的耦合性好，指的是制度系统中的各项制度安排为了实现其核心功能而有机地结合在一起，从不同角度来激励与约束人们的行为。在制度兼容的情况下，制度系统内的各项制度安排之间不存在系统性矛盾，没有相互冲突和抵制的部分，从而能最大限度地发挥现有制度系统的整体功能。系统的有序性越强，其不确定性越小，所传递的信息也就越明确。

制度系统所面临的制度环境的变化是影响制度系统有序性的重要因素。制度环境发生了变化必然要对制度系统产生影响。由于制度环境的变化对制度系统性的影响将使得制度系统内部的无序性增加，即制度系统中熵不断增加，如果制度系统不与外界进行物质和能量的交换，则熵将不断增加下去，直至整个制度系统灭亡。所以，为了保证制度系统的正常运作和不断进化，则必须与外界进行能量、信息交换，吸取负熵，以降低制度系统的熵值，从而使制度系统的有序性得到提高。

（三）制度系统的开放性

制度系统的开放性是指制度系统能与外界的制度环境交换信息、能量，特别是允许制度环境中的因素对原有的制度系统进行影响和改造，使制度系统能够与制度环境相互作用而不断发展。

制度系统的开放性是其有序性的重要保证。根据系统科学思想，只有当一个系统是开放的，才能通过不断从外界环境中吸取负熵流以使系统内的熵值保持不变或不断下降，这样系统内的有序性才可能保持稳定或进一步增加。同样，在制度系统中，系统的开放性也是决定制度系统有序性的重要因素。

就本书研究的公司治理制度系统而言，公司治理制度要实现高效率，不但要求其与文化、所有制、法律和资本市场制度的耦合性好（即制度系统的整体性和有序性），而且要求公司治理制度系统处于开放的状态下，不断与外界进行信息、能量的交换，也就使得公司治理系统的各个制度要素同样处于不断变化之中，以实现自组织机制。

四、制度系统的效率：静态和动态

（一）制度兼容与经济绩效

当外部制度环境没有发生变化时，制度系统效率决定于各个制度子系统的耦合性程度。我们的逻辑如下：公司治理制度与该制度系统中的其他制度是否耦合以及耦合程度决定了组织和经济运行的交易成本，而交易成本的大小最终决定了公司治理制度运行效率的高低。这可以概括为三个问题：制度耦合性问题、交易成本问题和经济绩效问题。

经济学中对经济绩效的考察，一般集中于经济体制的激励和约束机制，这是因为经济绩效最终还是要落实到经济行为者的决策和努力上的。所以，在考察制度的耦合性对经济绩效的影响时，激励因素便成为首要考虑的因素。当公司治理制度与该制度系统中的其他制度相协调时，制度耦合性就比较高，经济组织的成员对公司的未来发展就有一个明确的目标，激励的方向是明确的。经济行为者所受最佳激励的条件可以由下式推导：

设生产可能性界面方程为 $P_0=F(P_i)$。其中，P_0 为常量，P_i（$i=1,2,\cdots,n$）为绩效集。

最优化目标为：$\mathrm{Max}U_j=\sum f_{ij}\cdot p_i$。其中，$f_i$ 为偏好集，j 代表政府（g）及一群（个）人（m）。其一阶条件为：

$$\frac{f_{1j}}{\partial F/\partial P_1}=\frac{f_{2j}}{\partial F/\partial P_2}=\frac{f_{3j}}{\partial F/\partial P_3}=\cdots\cdots=\frac{f_{nj}}{\partial F/\partial P_n} \qquad (2.5)$$

由上式可知：任一制度安排下，要使政府与一群（个）人最优绩效选择合一，双方对各项绩效的偏好（即对各项绩效愿意支付的价格）的相对比例必须相同。

另一个影响经济绩效的重要因素是监督的费用。由于经济行为者具有机会主义倾向，而某些经济成果的衡量又缺乏客观尺度，所以监督就十分必要。但监督的成本可能过高，从而大大抵消产出的成果。因此，如何降低监督费用，也成为保证经济体制以较低成本运行的关键。当公司治理制度与该制度系统中的其他制度相协调时，制度耦合性就比较高，配套制度也比较完善，约束机制自然就比较健全。

最后，考虑到制度的路径依赖性（Path dependence），制度能否自我强化，以及强化的方式和成本也是一个重要因素。

综上所述，在考察制度耦合性对交易成本继而对经济绩效的影响时，主要通过激励、监督费用和强化成本三个方面进行。在此我们主要侧重研究前两个因素。

我们将制度耦合性对经济绩效的影响归纳为表 2.1 所示：

表 2.1 制度耦合性与经济绩效

制度耦合性	对经济行为人的激励	对经济行为人的约束	交易成本	组织和经济绩效
高	强，自激励	自我约束	较低	较高
低	弱	需要另设监督机构	较高	较低

以上讨论表明，在其他条件相同的静态条件下，如果公司治理制度与该制度系统中的其他制度相协调，则无论是从激励角度还是从约束角度来看，所需的交易成本都较低，从而导致较高的经济绩效；反之亦然。

（二）制度演进与经济绩效

以上我们着重从静态角度分析了公司治理制度与该制度系统中的其他制度的耦合性问题。下面我们从动态的角度分析制度演进与经济绩效的关系。

1. 布鲁塞尔学派的观点

以普利高津为首的布鲁塞尔学派认为，只有在非平衡系统中，在与外界有着物质与能量交换的情况下，系统内各要素存在复杂的非线性相干效应时才可能产生自组织现象，并且把这种条件下生成的自组织有序态称之为耗散结构。因此，耗散结构是在远离平衡区的非线性系统中所产生的一种稳定的自组织结构。在一个非平衡系统内有许多变化着的因素，它们相互联系、相互制约，并决定着系统的可能状态和可能的演变方向。

普利高津的研究将宏观系统分为三种类型：一是孤立系统；二是封闭系统；三是开放系统。前两者在达到完全平衡时，不再随时间发生变化。而开放系统既与外界交换能量，又与外界交换物质，普利高津的耗散结构论研究就是以开放系统为对象。他认为，处于远离平衡态的开放系统是在随机因素扰动（即涨落）的诱发下，从不稳定态跃迁到一个新的稳定态的有序结构，在此过程中，其内部各要素之间必定发生非线性的相互作用，各要素之间产生相互效应，这能在多种演化的可能性中出现一个稳定的参量，从而自行产生一种组织性，这是一种自组织现象，而孤立系统、封闭系统只能走向“死寂”，不可能产生这种“活的”自组织现象。

要形成耗散结构，必须具备这样一些条件：一是系统必须是开放系统，形成耗散结构的开放系统要通过引进负熵流，保持加强系统的有利因素，促使系统的存在和发展，以抵消内部的熵增加，才有可能形成有序结构；二是系统必须处于远离平衡的非线性区，形成耗散结构的系统只有在远离平衡的条件下，才有可能在一定的条件下产生新的有序结构；三是系统中必须有某些非线性动力学过程，如正负反馈机制等，正是这种非线性相互作用使得系统内各要素之间产生协同动作和相互效应，从而使得系统从杂乱无章变为井然有序，并且不因外界微小扰动而消失，保持一种活的稳定性，系统才能出现耗散结构。总之，耗散结构理论认为，从混沌到有序，必须满足系统开放、远离平衡态和系统各要素间的非线性作用三个条件。它把系统与外界的物质、能量、信息的交换，看作是实现自组织的外部条件；把各要素之间发生非线性的相互作用，看作是实现自组织的内在依据；把随机涨落的出现，看作是系统实现自组织的直接诱因。这即是耗散结构理论关于系统演进的内在机制和演化途径。

可见，制度系统论要求公司治理系统应处于一个开放的系统中，不断与外界进行信息、能量的交换，公司治理制度应该随着环境的变化而变化，这样公司治理制度系统才能保持有序性，治理系统效率才能比较高。但是，制度系统论同时认为，公司治理制度系统中各种制度安排之间存在非线性的关系，这就要求公司治理制度改变的同时需要系统内其他制度安排随之变化，否则即使是开放性的公司治理制度系统也不是有序的公司治理制度系统。同时，系统内存在负反馈机制，这使得系统存在自稳定机制，与新制度经济学中的“路径依赖”类似。容易产生负反馈机制的主要制度因素就是非正式制度，如文化。文化变迁的渐进性、长期性和艰巨性使得各国公司治理制度系统之间即使在开放的系统中也存在显著差异。

2. 进化博弈论的观点

进化博弈起初是在进化生物学领域取得成功的。从简单的进化博弈的框架来考察社会习惯、规范、制度或体制在历史中变化的因子，其结论是，社会体制是由历史的初期条件以及过去的环境变化过程、社会中进行的试验、政府的介入以及同异文化的接触等因素决定的。青木昌彦、奥野正宽认为现实的人们并不是将每一个博弈作为一个孤立的博弈来进行，而是可能将它作为多种博弈中的一个来实施的。从这种观点出发的博弈模型如下：

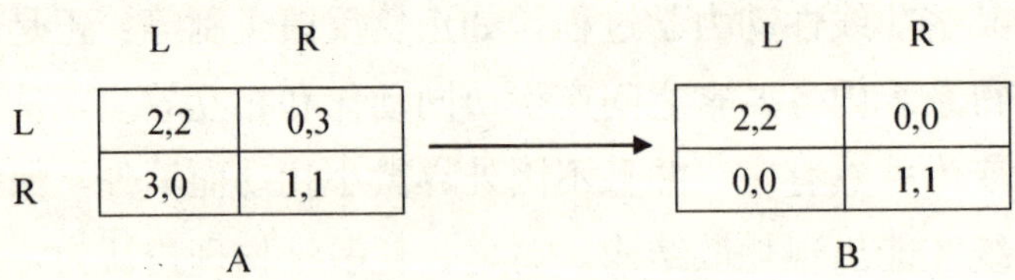

图 2.2　收益矩阵

博弈中假定社会中的人们在当初所面临的博弈的平均模型表示为图

2.2 收益矩阵，并将具有这样历史条件的社会称为 J 社会。用收益矩阵来表示平均收益具有以下意义：首先，社会中存在着多种战略状况（博弈），将这些多种多样的博弈用概率进行加权平均后，即能得到如图所示的收益矩阵。其次，假定社会中的人们均为有限理性存在，对于多种多样博弈中的每一个，不是采取不同的行动，而是在每个博弈中均采取同一行动。这样，采取某种行动时的收益便以图所示的平均收益形式表示出来。图 2.2 的博弈成为一种 PD 赛局，其中 R 是支配战略。所以，该社会中的人们通过随机组合实施此博弈时要保持均衡的条件是所有人都要采取 R 战略，很容易确认这是一个 ESS。在该社会的历史初期条件中，采取 R 行动成为习惯、规范。

再进一步假设该社会产生了下述环境上的变化，即用来为战略状况加权的概率发生了变化，平均收益矩阵也随着时间而发生变化，其支付矩阵右上角与左下角的数字 3 单调递减为 0，最终形成具有（R，R）和（L，L）这样两个纳什均衡的纯粹调整博弈。当发生这样的环境变化时，J 社会的习惯又会发生怎样的变化呢？青木、奥野特别提醒人们注意，在 J 社会中受到历史初期条件制约的人们是处于采取 R 行动的状态之中的。在此状态下，即使收益发生变化，但如果将其他所有人都采取 R 行动作为给定条件的话，最佳反应只能是 R，所以即使环境发生变化，最佳反应动力的结果仍然是所有人均采取 R 行动这一结果。最终调整博弈的两个纳什均衡是可以进行帕雷托比较的，（L，L）对（R，R）进行帕雷托支配。虽然如此，由于社会历史初始条件的原因，将会产生最佳反应动力的结果难以从帕雷托劣位的社会环境中摆脱出来。这就是社会体制进化的路径依赖性，也是经济制度自发演化不可逾越的陷阱，它表明进化不一定带来最佳的传统和制度。

那么，如何克服路径依赖，实现制度演进中的制度耦合，同时又能摆脱帕雷托劣位均衡呢？进化博弈论也给出了自己的解决之道。青木昌彦研究了社会向更优均衡进化的机制，把它们归纳为以下三点：第一，通过引入比较系统的突然变异，即所谓的 KMR 机制，使社会脱离原有的低水平均衡。第二，通过政府的政策性介入，将人们的行动转换到有更高支付的战略上。第三，通过积极推进处于低水平均衡的社会与具有不同习惯的社会的交流，提高原社会形成更佳习惯的可能性。经过上述措施，新制度与其所处的制度环境就可能在较高水平上达到耦合。在两者能够耦合的情况下，新制度与制度环境能够以一种非正式的形式达到自我强化，这种强化是一种互动形式的强化，使两者结合得更为紧密。两者的协调和耦合能造成一种报酬递增的机制，从而降低交易费用，提高经济绩效。就中国的公司治理机制而言，虽然我们不断引进西方先进的治理模式，但是中国公司治理制度系统中的某些重要制度安排并没有改变，那么 R 作为支配战略就没有改变，博弈的结果是处在帕雷托劣位均衡上。

其实，进化博弈论和制度系统论的结论是一样的：制度系统的演化是带有历史痕迹的演化。

综上所述，制度是一个系统性的概念，制度系统是由若干相互联系和作用的具体制度安排连接而成的、具有特定功能和效用的制度整体。就我们研究的公司治理制度系统而言，主要包括公司治理制度、文化、所有制、法律和资本市场诸制度。各种治理模式之所以能够长期共存，关键在于各种公司治理制度系统的诸因素耦合性高，制度系统的有序性高，制度系统的效率就高。制度系统的演进具有自组织机制和自稳定机制，所以制度系统的演化是带有历史痕迹的演化。下面我们就对公司治理模式的差异进行系统性分析。

第三节　公司治理模式差异的制度系统性分析

一、治理模式差异的原因分析

根据贝利—米恩斯的命题，由于技术经济条件的变化，公司中的所有权与控制权发生分离及在此基础上的控制权进一步分散化，使得所有者与管理人员之间形成一种委托—代理关系。在这个委托—代理分析框架中，所有者通常处于软弱地位，对管理者的监督和约束主要是通过外部制衡机制进行的。沿着这一分析思路，我们可以得到的推论是：各国的公司治理结构从形式到内容均应是一致的，在世界范围内成功（有效）的公司治理结构只能有一个共同的模式。但是，这一逻辑推理的结论并不符合历史发展的事实。目前世界上发达国家主要有两种治理模式，即英美模式和日德模式。

一个显而易见的问题就是：究竟哪种公司治理模式最有效率？应该说无论是英美模式还是日德模式都是有效率的治理模式，否则英美模式不会支持 20 世纪 60 年代和 90 年代的辉煌，特别是方兴未艾的新经济革命；日德模式也不会支持其战后在一片废墟上实现经济腾飞。当然，无论是英美模式还是日德模式都遭遇过“滑铁卢”，如美国 20 世纪 70 年代的滞胀和 2008 年的次贷危机、日本 20 世纪 80 年代以来的泡沫经济。中华民族向来对异文化都是很包容的，我们也不断地学习国外先进的治理模式。现代公司治理是我国改革开放以后从西方国家引进的公司组织制度，其主要目的是要改造国有企业。但现代公司治理搬来我国以后，一直处于“形似神不像”的状态。比如，监事会无法履行监督责任，董事长和总经理之间的关系很难理顺，总经理不向董事会说真话，董事会不向股东大会说真话，等等。原因何在？有人说，主要的原因是国有股比重太大，是“一股独大”导致的。但现实的情况却告诉我们，有些并不是“一股独大”的公司更麻烦，三天两头地闹内部争斗。如果是上市公司，情况就更糟糕，这样的上市公司经常遭到庄家的光顾，每个庄家盘剥一把，要不了多长时间，一个好端端的上市公司就被糟蹋掉了。

目前，国内已有相当多的文献注意到美英模式与日德模式的区别，也意识到我们引进的先进模式对中国企业效益的贡献甚低。但遗憾的是很少有人对差异产生的原因，做更深入的研究，把公司治理作为一个系统性的问题进行研究，把影响公司治理结构的文化、所有制、法律及资本市场等制度因素作为研究的基本着眼点。根据系统论的观点，系统具有自组织和自稳定机制，自组织机制使得系统能够根据外界环境的变化而不断变化，自稳定机制使得系统能够保持一定的自我特色，也就是新制度经济学中常用的“路径依赖”。

资本主义制度具有两种典型的社会制度类型：一个是股票资本主义制度；另一个是福利资本主义制度。对应于不同的社会制度类型，企业治理合约也形成两种典型的模式化的合约形式，即英美模式和日德模式。这两种企业治理模式的具体治理结构、治理机制和治理制度都有所不同。造成如此结果的原因，是两种企业治理模式的社会制度基础不同，主要表现在市场的完善程度不同、法律的健全程度不同、社会文化传统和习俗不同。

英美国家是个体主义和平民主义思想较重的国家，美国人倾向于让任何一家机构不具有举足轻重的力量。民意调查表明英美国家的人对权力的集中有一种持久的不信任感，不管这种权力的集中是在政府内还是在政府外。并且，全民参与式的竞争性选举和社会利益集团的普遍存在，强化了经济权力的分散化，促使对经济权力集中限制的法律的出台和强化，最终导致英美国家的企业股权结构分散。相对而言，日德模式建立在社会适度分工基础之上，市场体系不十分完善，市场机制作用受到一定的限制；集体主义传统浓厚，社会追求对公民的长期承诺；法律制度未深入到社会的每个角落，讲究关系贸易；在经济发展过程中，政府的作用和产业政策的作用明显，企业股权结构集中。更进一步地看，美国的公司治理结构模式与日本的公司治理结构模式还只是在形式上存在着差异，在本质上二者之间几乎没有差别。虽然两国具体的政治文化背景有差异，但它们都是在私有产权这个大的制度环境下产生与演进的，却是不容忽视的事实。从股份公司的基本模式，到贝利—米恩斯模型，再到今天最前沿的共同治理模式，公司治理结构要解决的主题始终没有变化：维护个人化的、真实的（物质资本、人力资本）所有者的利益。反过来说，在一个私有产权能够得到有效保护、合约也可以强制执行的社会制度中，人们有理由相信，那些可以充分发挥自己作用的机构和个人是会有足够的激励去设计发明出有效率的（契约安排）组织形式和公司治理结构的。在西方学者的文献中，这一点很少被提及，因为在他们看来这是不言而喻的。然而，在一个制度结构有着根本差别的国家，忽略这一点则是有害的。在资本主义私有制的前提下，具体的文化、法律及资本市场影响了构建公司治理结构的路径选择。

其实，所谓英美模式、日德模式就是公司治理制度系统中各种制度要素相互作用耦合的结果。由于制度系统中的各种制度之间的耦合性高，整个公司治理制度系统的有序性就高，公司治理制度效率就高。

就中国的公司治理制度系统而言，中国的市场经济起步较晚，市场体系并不健全，法律并不规范，仍然处于转轨中。中国计划制度发挥作用的空间缩小，但与市场经济相对应的制度又没有完全建立，相当程度上处在“制度真空”状态。相对于英美模式和日德模式，中国的公司治理制度系统的构成要素是最不健全的，要素之间的耦合性也是最差的，这使得整个公司治理制度系统的无序性明显。

中国很注重向西方发达国家学习，不断地引进西方发达国家的公司治理模式、法律制度等等，但是我们在引进这些制度的时候往往是孤立的引进，忽视了制度系统性的问题。我们引进来的公司治理相关制度应该与该制度系统的其他要素相互耦合，否则引进来的制度在别国是有效率的，但是与中国公司治理制度系统中的其他制度存在明显的制度冲突，那么整个公司治理制度系统的效率就不会得到明显的提高。

二、公司治理制度系统中制度安排的关联性研究

虽然，公司治理制度系统是一个开放的系统，公司治理制度与文化、所有制、法律与资本市场之间存在非线性关联，但是非线性关系之间也存在主次的划分，制度安排相互之间的影响程度是不同的。辩证唯物主义告诉我们，分析事物时要抓住主要矛盾。我们还是能够梳理出一条关联主线的：

文化→所有制→法律→资本市场→公司治理模式

下面我们简单论证这个分析思路的合理性。需要说明的是，公司治理制度是本书研究的主制度，所以我们主要研究的是公司治理制度与系统内其他制度安排的关系。

“美国的人类学家所用的文化一词是指整个人类环境中由人所创造的

那些方面，既包括有形的也包括无形的。所谓‘一种文化’，它指的是某个人类群独特的生活方式，它们整套的生存样式。”[①] 而作为生存方式，文化首先提供给我们的是一整套生活习惯和能力，使我们得以生存于既定的社会中；其次是一种世界观，使我们按照既定的模式去看待社会、理解社会。虽然这一种世界观是在人类群体从事生产和社会生活的过程中产生的，并且是其反映，但它具有一定的独立性，并且决定着这一群体中的个体的行为，包括对法律及其制度的态度和法律生活。一套完整的文化还应包括一套工具和制度，这是文化运行所必不可少的。文化直接决定了人们的价值观和世界观。对于事物的认识和判断主要来源于文化给予的支撑。所有制主要包括公有制和私有制。各种所有制都和其文化有着内在的耦合性。东方文化倡导集体主义，尊重权威比较容易建立公有制，容易实行个人崇拜。而西方文化倡导个人主义，尊重法律，对于集权有着持久的不信任，在西方几乎没有公有制存在的文化土壤。[②]

所有制对法律的影响是显而易见的，传统公有制国家立法主旨在于保护无产者的利益；而私有制国家立法主旨则保证私有财产神圣不可侵犯。并且，公有制国家的法律带有很强的行政性色彩，法律的弹性很大；私有制国家的法律规范比较严格，在执行法律中比较能够做到“法律面前人人平等”。对于同样的所有制而言，文化对法律有重要的影响。

法律是一种文化现象，法律与文化有着紧密的联系。“法律就是地方性知识：地方在此不只是指空间、时间、阶级和各种问题，而且也指特色，即把对所发生的事件的本地认识与对可能发生的事件的本地想象联系在一起。”[③] 所谓地方性知识是指建立在整个文化的背景之上的关于法律的认识。法律的运行必须要有文化的支持。法律的生命深藏于文化之中。对于世界和社会秩序的看法决定了社会权力的分配，决定了社会制度的组

① 邓正来：《法律与立法二元观》，三联书店，2000年版，第1—2页。

② 前东德能实行社会主义相当程度上是强制力量的结果，当然，也不应忽视德意志文化中具有一定的弱集体主义的一面。

③ 夏建中：《文化人类学理论学派》，中国人民大学出版社，1997年版，第20页。

织。法律的运行并不是国家单方的行为，我们宁愿将其看作是整个社会，包括个人、社会组织和国家机构按照各自对法律的理解和态度所进行的法律生活。在这个过程中，法律能否顺利运行，并不是由国家决定的，而是一个社会过程。对于社会来说，对法律的实践，不仅仅是惧怕国家强制力的结果，也不仅仅是对于较好的行为后果的期望的结果，而是这种法律能不能为社会所接受、融入社会，是这种法律所体现的价值取向是否与社会的价值取向一致。

当前对法源的最重要的两种分类就是普通法系和大陆法系。普通法包括英格兰法律及那些用英语撰写的法律。大陆法当前常用的三个法律类别的代表是：法国、德国和斯勘的纳维亚的法律。英美民族有其独特的“个人主义传统”。英国“光荣革命”后，英语民族在人类历史上第一次成功地约束了王权。1776 年“美国革命”后，美国摆脱了英王的统治，又建立了人类历史上第一个“民国”，把“君权”换成“民权”。在英美民族独特的个人主义传统下，英美民族的普通法在发展过程中较少受到当时的政府干预，是在与国家对立过程中发展起来的，如法庭主要受议会和房产所有者影响，法律在发展过程中也主要是保护私有产权不受君权的侵犯，因而一般来说更倾向于保护出资者的利益，法律实施的效率也较高。反观大陆法系的代表国家德国，其重要的文化特征就是权力等级差别，集体主义精神强于英美，法律形成过程中政府起了重要作用（法国的拿破仑和德国的俾斯麦重新写了商法），法律主要是进一步发展国家目标，法官更倾向于维护政府和管理部门的利益，法庭依赖于政府，而不是像普通法那样与政府对立，因此大陆法系对投资者的利益保护较少，法律实施的效率也较低。

因此，法律的运行不仅仅是国家意志的实现，从更大的环境来说，也是文化的实现。

法律对资本市场的影响则更加直接，法律规制直接决定了资本市场的发展方向。Demirguc-Kunt 和 Levine 研究了不同法律体系下金融结构的差异。结果，他们发现两者确实存在类似的关联。实行以普通法为基础的法律体系的国家或地区，其金融体系以（证券）市场为基础；而金融体系不发达的国家或地区较多实行的是以法国民法为源起的法律体系。这是因为，实行普通法的国家或地区对小股东的保护力度很强，会计体系以决策会计为主，要求公司财务信息公开，并且执法力度比较强，因而投资者愿意在这样的资本市场投资，资本市场发达，资本市场参与公司治理的能力就强，因而形成了市场导向型的治理模式；相反，强调对贷款人的权利进行保护的德国式民法体系有助于银行中介机构的发展，而不注重对中小投资者的保护，会计体系以政策会计为主，对公司公开披露财务信息的要求并不严格，执法力度也弱于普通法系的国家。中小投资者的利益在大陆法系国家受保障程度小，因而他们也并不愿意在资本市场投资，在这些国家资本市场的规模相对来说就小一些。资本市场参与公司治理的重要性就弱于普通法系的国家，作为补充，大陆法系的国家形成了银行主导型的公司治理模式。

第三章

文化与公司治理

按照系统论的基本原理，一个系统中必然存在着要素的协同现象和冲突现象，当整个制度系统的制度安排之间有序性高，也就是说制度安排之间耦合性好的时候，这个制度系统就是有效率的；当整个制度系统的制度安排之间无序性高，也就是说制度冲突和制度真空特征明显时，这个制度系统就是缺乏效率的。我们认为，从世界范围来看，中国企业的竞争力弱，不仅仅是治理机制的问题，更是公司治理制度系统中各种制度安排之间的协调性问题。在接下来的几章，我们将从国别角度探讨公司治理系统中的重要制度安排，包括文化、所有制、法律、资本市场与公司治理的关系。我们发现，相对于发达国家，中国公司治理制度系统无序性特征明显，我们也认为，这恰恰是造成中国公司治理效率低下的重要原因。

第一节　公司治理的文化性特征

文化是“社会成员行为中的规则”，我们也可以说，文化是众人行事的方法，因为历史本身就是众人所作所为的结果。所以我们就能知道，文化就是模式化地和反复地出现在历史中的因素。文化与历史并不是同一的。文化，不如说是历史的可理解的方面。[①] 文化是非正式制度

① 菲利普·巴格比著，夏克、李天纲、陈江岚译：《文化：历史的投影》，上海人民出版社，1987 年版，第 149 页。

的一种，非正式制度主要包括价值信念、伦理规范、道德观念、风俗习惯、意识形态等因素，其是人们在长期交往中无意识形成的，具有持久的生命力，并构成世代相传的文化的一部分，因而表现为一种共同的文化价值模式。在这种价值模式下，人们对外在制度安排框架中所规定的各种社会角色及其功能、权利、责任和义务形成一种共享的价值认同，并由此产生共同的行为预期，这使得人们能够在价值模式的内在约束下自觉地按照各自所扮演的角色及功能要求进行有序的沟通与互动。作为制度的内在安排，这种文化价值模式可以在形式上构成正式制度安排的先验模式。对于一个勇于创新的民族或国家来讲，意识形态有可能取得优势地位或以“指导思想”的形式构成正式制度安排的“理论基础”和最高准则，这往往是通过一种历史性的社会化过程对每个社会成员的文化塑造实现的。

在制度结构中，正式制度安排和非正式制度安排是互补的。非正式制度安排的存在减少了正式制度的衡量和实施成本，使人们之间的交易得以发生；但如果缺乏强制性的正式规则，实施成本也会提高，从而使复杂的交易不能发生。从变革的速度看，有形的正式制度可以在一夜之间发生变化，而文化形态的改变却是长期的过程。系统论认为，如果在一个系统中存在一些恒定的力，使系统状态在这些力的控制下趋于某种稳定状态，那么这必然是负反馈对系统的控制的体现。在系统状态出现涨落时，在涨落的一定临界值内，系统内将存在消除涨落影响的力，使得涨落消除后系统回到原先的热力学平衡态，并且将克服涨落的过程信息写入系统，这样当再次出现相同或相似原因造成涨落时，该系统能以更小的幅度偏离稳定状态，从而使系统重组其固定力并获得新的稳定状态的参数。文化就是这样恒定的力。文化形态（或非正式制度）由于内在传统根性和历史积淀，其可移植性就差得多，它的变迁是缓慢和滞后的。从制度的可移植性看，有形制度，尤其是那些具有国际惯例性质的有形制度可以从一个国家移植到另一个国家，这可以大大降低有形制度创新和变迁的成本。但新制度经济学家认为，有形制度只有在社会认可，即与文化模式相容的情况下，才能发挥作用。

作为一种制度安排，公司治理同样体现了制度范畴的以上两个特征。一方面，公司治理规定了相关主体的有形的行为规则和程序。OECD 在《公司治理原则》中指出："公司治理明确规定了公司的各个参与者的责任和权利分布，诸如董事会、经理层、股东和其他利害相关者，并且清楚地说明了决策公司事务时所应遵循的规则和程序。"这种制度安排规定了股东、董事会和经理层等利益相关者的地位和职能，以及其行使职能的合法途径，包括：董事会必须代表股东监督经理人员，并负责向股东等利益相关者披露经营状况，经理人员在董事会领导下负责具体经营，不能以违背股东利益的方式行事。这种规定在公司法或企业的规章制度中都有成文的文件。正是通过这种有形的组织结构与规章制度的建立，公司治理作为一种制度在企业中获得合法性。

另一方面，公司治理同样体现为确立一种共同的文化价值模式，使人们对相关主体的如上角色、功能和责权利形成价值认同，并产生行为预期。它"包括董事和董事会的思维方式、理论和做法"（Tricker），"是一整套法律、文化和制度安排，这些安排决定了公司的目标、行为，以及在公司众多的利益相关者当中，由谁来控制公司，怎样控制，风险和收益如何在不同的成员之间进行分配等"。[①] 因而，公司治理各相关主体的行为总是处于价值模式的内在约束之下。正是通过这种文化价值模式的认同，公司治理作为一种制度在企业中获得权威性。

显然，文化因素与公司治理有着内在的关联性，这种内在关联性使得公司治理与文化因素息息相关。静态地看，既有的文化价值模式对公司治理模式的形成起着重要的支持作用；动态地看，两者之间又处于一种张力状态，公司治理在有形的规则和程序上的变革，不能脱离文化上的接受程度。事实上，在转轨过程中，公司治理在有形制度上的变迁就是以原先已有的文化概念框架为基础的，其变迁也需要充分考虑人们的理解、预期和适应能力。

---

① 赵增耀："西方公司治理结构争论中的几个理论观点"，《经济学动态》1998 年第 10 期，第 73—77 页。

第二节 中美日文化价值观的差异分析

比较文化的研究者们普遍认为，中国文化传统的核心是儒教或儒家思想体系，而西方文化传统的核心部分则是基督教，并且两种文化体系的很多差异都与此有关。如帕森斯写道：西方“在文化方面，最重要的遗产之一显然是基督教”（帕森斯，1988)。清末的刘廷琛说：“欧美宗耶教，故重平等，我国宗孔孟，故重纲常。”梁漱溟也曾说：“西方之路开于基督，中国之路开于周孔，而以宗教问题为中西文化的分水岭。”（梁漱溟，1987，第74页）日本文化是标准的学习型文化，尽管日本文化吸收了许多国家的文化，它在进化中却一直有着牢固的连续性，日本的民族精神从来没有丧失，日本的本土文化从来没有丧失，日本文化在多元复合的同时始终保持着自身的完整性。但总体来看，日本文化仍然表现出许多的儒教色彩。

一、中国文化的基本特征

许多世纪以来，儒教哲学渗透到中国文化的方方面面，形成了与西方大相径庭的文化哲学传统和价值观。譬如汉武帝以来倡导的“罢黜百家，独尊儒术”思想，造成了儒学定于一尊的局面。这种局面的形成，不仅形成了中国人的思维和行为方式，还形成了中国人的性格以及整个民族文化的深层结构。

儒教提倡的“三纲五常”一直为中国人所遵从。三纲是君为臣纲，父为子纲，夫为妇纲；五常为仁、义、礼、智、信。这就是所谓修身养性齐家治国平天下。一朝复一朝，一代复一代，这样的文化哲学氛围造就了中华民族与人为善、礼尚往来、顾全大局的性格特征。在这种传统哲学影响下，中国人形成了以集体主义为核心的价值观。

（一）尚道德，讲伦理

儒家思想是一种关于人类社会道德伦理规范的学说。它的最基本的理论基础是“性善论”。《三字经》当中的第一句话就是：“人之初，性本善。性相近，习相远”。也就是说，人的本性是向善的，是好的，只因为后天生活习惯和环境的变化，才造成了各种行为的差异，导致背离“善”的现象。尽管后来出现了荀子的“性恶论”与之抗衡，但其终究没有被中国的大众所接受，只是停留在一种学术思想的层面，这里可以抛开不谈。

在性善论的基础上，中国儒家文化治国的主要思路就是教育，这在当时百家争鸣中独树一帜。儒家认为，既然人的本性是好的，恶习只是后来感染的，那么治理社会就应该从教育入手，以道德和礼制来教导百姓，劝人们放弃恶习，回到先天性的“善”的境地，使得他们自爱自重、心悦诚服，那么社会自然就会安宁了。所以，儒家轻法制、重道德。

儒者毕生追求的只是“君子”——那种集“仁”与“信”、“智”与“直”于一身、内在涵养与外在处世都和谐、永远不失“中庸”的君子，那种清醒自制、静观自身、含而不露、压抑激情的圣人。儒家注重自身修养约束，亦注重社会秩序的制约。儒家思想为社会制定了许多具体的礼节，具体表现为“三纲五常”。儒教自身特性与封建社会本质相融合之后，便出现了“罢黜百家，独尊儒术”，儒教的现实最终为君主所重，奉为经典，扶为正教，大力推广，以其社会伦理观自上而下全面推及，使之渗入社会每个角落。从此儒家便真正在中国的历史上确定了其高于百家之上的至尊地位，成为千百年来中国封建社会之文化主流。这种突出绝非主观意识决定，而是历史的必然决定。

仁在儒家思想中是一个含义极其丰富的概念。广义的仁是一个全德之辞，几乎可以概括所有的德目；狭义的仁便是五常之一，是以人与人之间相亲相爱的道德情感为主要内涵的道德规范。就这一层含义而言，它是人们处理人际关系使之符合道德要求的情感基础。

仁要求人们以人为人、相亲相爱，反映了人对自身的觉醒，对人类的本质的理解，具有浓厚的人道精神。仁者爱人的精义是在人际交往中注重人的价值，把别人也当作与自己同类的人来看待。儒家虽未彻底否定鬼神的存在，但他们对世间事务的重视却远远重于对鬼神的关注，对人生价值的展现高于对灵魂有无的探究，这种人本观念使其在对待鬼神的问题上采取了理智的态度，因而中国古代虽然也讲神设教，但宗教思想一直未能像西方那样成为人们精神的主导支柱和社会的统治思想。

儒家的仁爱是从家庭血缘亲情中直接引申出来的。任何人一生下来首先遇到的是家庭中的父母兄弟关系，处于亲人的爱抚之中，并逐渐萌生对亲人深深的依恋、情爱。因此，家庭中的亲爱是人最早形成的爱心。孔子弟子有若即把孝敬父母、尊敬兄长作为仁的根本、基础，“孝弟也者，其为仁之本与”！后来儒家也以亲亲敬长解释仁的基本含义。一个人只有首先爱自己的亲人，才会去爱他人。仁者爱人最深厚的根源即是家庭血缘的亲情之爱，离开了亲情之爱，仁者爱人就成为无根之萍、无本之末。亲情之爱孕育了对他人的爱心，爱人就是爱亲之心的外展与扩充，即所谓老吾老以及人之老，幼吾幼以及人之幼。直至今日，我们尚可闻见“百善孝为先”之类在历史中已流传两千余年的教训；“不孝子孙”成为了最为人们所不齿的一类人。可见儒家的仁爱之根本已经深深地进入了中国人的骨髓，难以磨灭了。

仁是一种内在的道德情感，爱人则是这种情感的外显，它必须通过行为表现出来。因而，通过什么方式、怎样去爱人，就成为仁德的具体行为规范。儒家提出的行为模式就是孔子提出的“忠恕”之道。南宋朱熹解释说：“尽己之谓忠，推己之谓恕。”就是说，在以仁调节人际关系时，一方面，对人应尽心尽力，奉献自己的全部爱心；另一方面，设身处地地为他人着想，不苛求于人。它们是以仁推己及人的两个方面。

“忠”是积极一方。孔子说：“夫仁者，己欲立而立人，己欲达而达人。”作为“为仁之方”的行为模式，即自己所追求的、希望得到的东西，应当积极使别人也同样得到。“恕”是消极一面。孔子说：“己所不欲，勿施于人。”即当你的行为可能给他人带来影响时，必须考虑它的后果是否能为他人接受。

推己及人内含着一个道德的标准。离开了道德的准则，以己之好恶推及人，不仅不能利人，适足以害人。因此，儒家提倡仁者爱人，特别强调爱人以道，爱之以德，推己及人，也须以道德之心推之。正己然后能推人，那么如何才能“正己”？孔子提出的具体措施就是“克己复礼”，具体地讲便是：“非礼勿视，非礼勿听，非礼勿言，非礼勿动。”按照礼（社会道德）的原则严格要求自己，使自己的视听言行即所有行为都符合于礼，克制自身与道德相违背的一切私念和欲念，从而培养良好的道德品质，造就完善的道德人格，达到“从心所欲不逾矩”的境界。

总之，儒家以“仁”调节人际关系，并使得几千年来中国人的交往几乎都遵循着它当年的步履。儒家认为仁爱是人固有的道德情感，故爱人的根本途径就是推己之仁爱于他人，如今连三岁小儿都能够说，“己所不欲，勿施于人”；而要推己首先必须正己，儒家学者所追求的“君子”之方，已经成为中国人心目中为人的最高境界。所以，中国一直被称为“礼仪之邦”，中国人在与人交往时总是能够表现出谦谦君子之风。

（二）血缘特殊主义，轻法制

从认识论的视野看，儒家具有浓厚的自然主义色彩，即它从自然界的种种差别（包括血缘的远近和物种的贵贱）中找到它的特殊主义确立其社会秩序的依据。比如儒家强调“缘情制礼”，按血缘的远近来确定自己的行为方式，这就是一种典型的特殊主义理论。

在儒教文化传统中，哥顿·瑞汀（Gordon Redding）说：“由于缺乏像上帝那种超越现世的最终权威，个人就没有理由去支持一种神圣的‘事业’，或普天适用的原则，如基督教的仁慈。他只能用对某些特定的人，特别是最接近的人的孝敬来代替对上帝或其他神圣事业的信奉。”不过儒教的这种特殊主义取向同样是有力量的，这种力量来源于人们的一种自然情感和现世生活。如袁阳所说：儒家思想在人民大众中的感召力可以说一开始即表现为家庭伦理亲情的召唤在人心激起的强烈归属感和依赖感。

“政权和财富通过血缘家族联系起来，这可以说是中国社会面貌最重要的特征之一。”[①] 虽然，中国传统社会中家族制度的形式和内涵一直在发生变化，但其核心精神并没有变化，仍是以父子关系为中心，以血缘关系为纽带，以孝和服从为基本原则，也就是我们前面所说的“亲亲”和“尊尊”。《礼记·大传》中说：“人道，亲亲也。亲亲，故尊祖；尊祖，故敬宗，故收族。收族故宗庙严；宗庙严，故重社稷；重社稷，故爱百姓。”

华人本身强烈地倾向于只信任与自己有血缘关系的人，而不信任家庭和亲属以外的人。哥顿·瑞汀（Gordon Redding）在对香港企业的研究报告中指出：“最主要的特征是你完全信任你的家人，而朋友和熟人，只有建立了相互依赖的关系、共同承担投资的风险，才能达到信任的程度。对于每一个人你都不会认为他们心存好意，你会想到他们彬彬有礼、举止得体，但除此之外，你也一定会往坏处想。跟你一样，他们首要考虑的是他们自己和家人的最大利益等。对华人来说，彻底了解自己的心理动机，就是对别人的存心保持警戒，这在其他文化里就没有那么明显。”家族以外缺乏信任使无关系的人很难组成社团或组织，包括经济企业。与日本形成鲜明对比的是，中国社会不是以社团为中心的社会。林语堂也曾指出过这种差异，他说日本社会宛如一整块花岗岩，而传统的中国社会则像一盘散沙，每一粒沙就是一个家族。就是这个特征，使华人社会在西方人眼中表现出高度的个人主义。

所以在中国，人际关系对经济交易的影响则大得多。这既体现在交易对手的选择上，也体现在与不同交易对手进行交易的交易条件和交易成本的差别上。例如，在中国，与西方社会相比较，经济交易更多地是在互相熟悉的人们之间进行，人际关系对交易条件和交易成本的影响更大，甚至常常为了使交易顺利进行，或改善交易条件，或降低交易成本，有意识地使人际关系进入经济交易：先交人，后交易，将与“他”的交易化为与

---

① 巴林顿·摩尔：《民主和专制的社会起源》，华夏出版社，1988年版，第26—28页。类似的看法很多，如韦伯将中国社会称之为“家族结构式的社会”。罗兹曼说：“家庭和血缘关系有一切理由能构成研究前现代中国问题的第一主题。”参见《中国现代化》，江苏人民出版社，1988年版，第215页。

"你"的交易。中国的人际关系就是帕森斯和希尔斯所言的特殊主义的人际关系。

中国的特殊主义（Particularistic）文化传统使得中国人无法用抽象、正式的理性思维来处理人际关系，不善于建立大型科层制组织。中国的特殊主义可用八个字来形容：尊卑有序，内外有别。每个人都是一个巨大关系网上的一个节点，相对于不同的节点有不同的相对位置和相应的独特行为规范。特殊主义文化不仅把工作之外的各种关系带进公司，还会通过人际交往在公司内形成各种非正式的关系网络。哥们儿义气、拉帮结派、小团伙、小圈子像病菌一样，开始腐蚀正式组织的下行指挥链和上行反馈链。

同时，由于特殊主义经济交往和商业贸易多在同一个内部离散的族群中进行，这种经济的集体惩戒机制又被文化中的人情和伦理所强化，因而这种集体或社群主义社会更有可能是基于一定非正式约束机制（如口头传统、礼仪、惯例）的习俗经济（customary economy）或惯例经济（conventional economy）。人际关系的个人化、熟人化和不能抽象化，也会导致以倡导诚信、守德、履约的集体或社群主义社会内部人们交往与交易的半径大大缩小，即一般发生在家族、亲友和熟人圈中，从而无力拓展出 Hayek（1988）在《致命的自负》中所说的"人之合作的扩展秩序"，或者说，人之合作的扩展秩序无法向生人、外人和其他族群、邦国或经济体扩展。另外，由于人们对习俗的自我恪守和非正式的惯例约束就足以维系这种离散的、分隔的并具有水平社会分层结构且经济和贸易交往半径很小的社会的运作，也就没有必要产生正式制度约束机制和作为第三者的实施机构（立法与司法系统），社会也不能向正式法律规则体系过渡与转化。这也说明，这种特殊主义社会有着保持和维系习俗与惯例经济的巨大张力。

（三）集体主义，崇拜权威

孔子思想框架是大一统的集体主义原则，是君、臣、民各安其分的统一体。但这个社会的和谐安宁要靠"仁"来完成，靠强调集体主义、自我牺牲、自我克己来维护。孔子注重的是集体主义的人，而不是个人主义的人。孔子认为“人”即“仁”，“仁者人也”。“仁”从“人”到“二”，强调个体人之间的关系、人的社会属性，即强调人的集体主义。

在中国社会发展过程中，这种集体主义思想不断得到强化和统治者支持，成长为专制主义的重要支持力量。董仲舒今文经学、韩愈“道统”学说、宋明理学是中国集体主义的社会本位主义思想的三次强化。

孔子的“天”有时是有意志、有人格的天，有时是指自然规律；孔子的“敬天保民”可以用“敬德保民”来代替，统治者对统治权的获得是“皇天无亲，唯德是辅”。这样，统治者就必须密切联系人民群众，并没有绝对的权威。董仲舒的“天”是“天人合一”的“天”，“天人感应”的“天”，继承和发展了先秦儒学的“天命论”，说“天”是有意志的至高无上的神，是自然界和人类社会的创造者和最高主宰者，皇帝是天的儿子，所以叫做“天子”。皇帝是受命于天，体现天的意志，行使天的绝对统治权力，所以君权是神圣不可侵犯的。这个时期的统治者完全是高高地站在人民群众之上的指挥者，他的统治权力来源于天，似乎与“德”和“民”没有关系。董仲舒说：“道之大原出于天，天不变，道也不变”，即是说统治者的权力是从天那里承受来的，天是永恒的，因此统治者获得的封建统治权力也是永恒的。董仲舒论证了天子受命于天之后，接着建立他的等级尊卑贵贱制度，以完善封建专制制度。他发展了孔子的君君、臣臣、父父、子子思想，提出了“三纲五常”学说。董仲舒还用他的“性三品说”把人分为圣人之性、中民之性、斗筲之性三个等级，为封建等级制度的建立作进一步的论证。

可以看出，董仲舒的思想一方面促进了中国社会大一统的完成；另一方面，从自然赋予的平等人权和社会发展要求解放人的角度看，董仲舒思想窒息了人，在古文经学的基础上倒退了。孔子讲牧民，他把民提出来当作人，孟子还讲仁政，而在董仲舒的学说里居然不见人而只见君和神，人是有“纲”主宰的人，是乞求神灵和统治者才能存在的人，是阳主宰阴的人，人被淹没了。

唐代的韩愈认为，造成社会危机的根本原因在于道教尤其是佛教猖獗，排斥了汉代以来儒学的正宗地位。他以卫道士自居，自认是“孔孟道统”的继承人，抛出“道统”理论，宣扬封建等级制度和封建伦理制度，阐发封建纲常的仁义道德，反对政治革新运动。韩愈杜撰了一套从尧、舜、禹、汤、文、武、周公至孔、孟的传授谱系，并认为从孔孟之后“道统”中断了，他的“历史使命”就是在于恢复和发扬儒家的这个“道统”，加强儒家思想的统治地位。他在给“道”规定内容时说：“博爱之谓仁，行而宜之之谓义，由是而之焉之谓道。”即是说“道”是实现“仁”和“义”的途径，按照“仁”、“义”等封建道德规范去做就实现了“道”，“道”的具体内容就是“仁义”。韩愈认为，“道”是天地万物的主宰，在天曰“天道”，在地曰“地道”，在人曰“人道”。他说：“天者，日月星辰之主也；地者，草木山川之主也；人者，夷狄禽兽之主也。”“道”在天地，主宰日月星辰，草木山川；在人则主宰兄弟民族和黎民百姓。可见，“道”的本质在这里被规定为一种超乎自然、社会之上的精神本体。

韩愈还把董仲舒的“天子受命于天”的思想发展为“圣人创造历史”的思想，继承董仲舒的“性三品”说，把领导的人性看成上品，把民众的人性看成下品，要求人民必须服从君主。他说：“是故君者，出令者也；臣者，行君之令而致之民者也；民者，出粟米麻丝作器皿，通货财，以事其上者也。君不出令，则失其所以为君；臣不行君之令而致之民，民不出粟米麻丝，作器皿，通货财以事其上，则诛！”人被淹没了，韩愈开了宋明理学的先河。

宋代的理学是孔子思想一个极上的发展，是董仲舒思想的强化。他们自称是“孔孟之道”的传人，所以称为“道学家”。宋明理学在儒学中的显著特征是有一套较为完整的唯心主义哲学体系，并用这一套唯心主义哲学体系来论证“三纲五常”和“存天理灭人欲”的“合理性”。理学中朱熹的客观唯心主义和王阳明的主观唯心主义对论证“三纲五常、存天理灭人欲”的“合理性”只是殊途同归而已。王阳明和朱熹的结论都是“存天理灭人欲”和把“天理”说成是封建道德的“三纲五常”。理学之所以黑暗，是因为它彻底扼杀了人，淹没了人，为日益加强的君主专制主义制造了理论依据。

理学认为世界万物的本原是“理”，“万物皆是一个理”，“天下只有一个理”，这个理是不生不灭，“不为尧存，不为桀亡”，存在于人和万物之中，无时不在，无所不在。朱熹说：“宇宙之间，一理而已。天得之为天，地得之为地，而凡生于天地间者，又各得之而为性。其张之为三纲，其纪之为五常，盖皆此理之流行，无所适而不在。”可见，他说“理”是万物之本源，它无所不在，由它演化为“三纲五常”。因此，“三纲五常”与“天地同存，世代相续，永远不变”。他认为，“未有君臣，先有君臣之礼，未有父子，先有父子之礼”，遵守“三纲五常”就是遵守自然法则。朱熹创立“天理君权论”，目的是论证君权至上的绝对性、永恒性。他认为违背“三纲五常”的原因是人欲，因此要“存天理”，就要“灭人欲”。但是，人欲都灭了的人还是能发展的人吗？这样的人无知无欲能具有活力吗？由这样的人组成的社会能发展吗？中国社会的发展能不停滞吗？可以说，这是中国封建社会自盛唐以来停滞不前、社会黑暗、自身难以走出中世纪的最直接原因。

此外，中国的集体主义还表现在思维方式和行为方式上的强烈的从众心理，即人云亦云，随波逐流，毫无个人独立见解，它所导致的，就是鲁迅在《文化偏至论》一文中曾经指出过的：“同是者是，独是者非”，“以多数临天下而暴独特者”，根本无视个人的独创与个性。这种“夷隆实陷”（削高添低）的结果，必然是“全体以沦于凡庸”。

总之，中国传统的集体主义思想往往忽视了人们的个性。使人同一化于群体之中。如儒教提倡的“不敢为天下先”等等，儒家思想将个体附属于群体。这些思想对东方人的影响是很深的。到现在中国人都有这样的思想：希望在人群中隐藏自己，不希望太落后，也不希望太招摇，中国有“树大招风”、“人怕出名猪怕壮”的古训，因为太突出会减少群体的认同感而无法再依赖群体。所以，中国人不喜欢张扬，认为大智若愚是处世的最佳方式。中国人的人际交往可以用“关系式”概括，人与人之间主要靠情感维系，爱面子、讲情面。人与人之间交往无论是工作还是私人场合都有浓浓人情味，为了关系不惜牺牲物质利益。中国人优先考虑“仁慈、人道、友情”，其次为“习惯、传统、理性思考”，最后才是“规则和法律”。中国人含蓄内向，为了体谅对方，说话礼貌而模糊。中国人很少愿意当面提出反对意见，害怕得罪人，在表达立场的时候往往固守中庸，模棱两可。

中国传统文化适合封闭的经济体系，在封闭的经济体系内感情也是一种资本，并且，封闭经济体系，发展速度慢，“不敢为天下先”不见得是坏事；而目前世界已经变成开放的经济体系，在这样的情况下，中国文化传统中的情大于法，不张扬等思想已经不合时宜了。当今世界瞬息万变，机会稍纵即逝，一味的保守不肯出头，只能安于落后。

二、美国文化的基本特征

（一）普遍主义，尚法制

帕森斯指出，基督教神学有两大来源：一是希伯来文化；二是希腊文明。它从希伯来文化得到了一个信仰的上帝，从而继承了犹太教“上帝面前人人平等”的伦理普遍主义传统；又从希腊文明得到了一种理性逻辑的求知工具，从而继承了“真理面前人人平等”的认知普遍主义。所谓“吾爱吾师，吾更爱真理”正是这种认知普遍主义取向的一个生动写照（帕森斯，1988）。尤其是前者，对基督教文化传统形成的影响更为突出。因此，在基督教的经典中，存在着强烈的普遍主义取向，甚至存在着为了使人们更好地信奉唯一的上帝而反对与任何一个具体的人过分亲近的倾向。例如，耶稣说：“如果有人来我这儿而不厌恶他的父母妻儿和兄弟姐妹甚至自己的生命，那他不可能成为我们的门徒”。“我来，并不是叫地上太平，而是叫地上动刀兵。因为我来，是叫人与父亲生疏，女儿与母亲生疏，媳妇婆婆生疏。人的仇敌，就是自己的家人”（《圣经·新约马太福音》）。韦伯指出：“在清教徒那里，就像在所有禁欲伦理那里一样，任何情感性的，即不是以理性为动机的，人与人之间的私人关系都会轻易地被怀疑为肉体崇拜。除了以上说的外，在关于友谊这一方面以下的告诫十分清楚地表明了这一点：‘爱一个人，超过了理智所能允许的限度就是一种荒谬的行动，对一个理性的人来说这是不合适的……这经常迷惑人们的心灵，这样便妨碍了对上帝的爱。’”

进一步说，在基督教文化传统中，上帝是至高无上的，不可怀疑的，其人与人的关系受制于人与上帝的关系。基督教的伦理普遍主义既源于对唯一的上帝的信仰，也由于这种强烈的信仰而得到了强化。西方人与人之间却是一种“交易式”的交往，认为契约是维系的纽带，而契约的本质就应该公平合理，他们的人际关系就是帕森斯和希尔斯所说的普遍主义的人际关系。①

在一个普遍主义文化传统中，社会的经济结构有可能是垂直的和整合的，并且有人际间的低水平的信息传递交流，但缺乏集体惩戒的实施机制。在这样一种个人主义社会中，由于缺乏自我实施的经济上的集体惩戒机制和人际间的信息交流网络，非正式约束对人们的规约程度较低。这种垂直整合的社会结构、同行间的疏离关系以及人际间信息交流网络的匮缺也会阻碍道德伦理和社会规范对人们经济活动的约束作用。换句话说，在这种社会结构中，道德、伦理、社会规范被“稀释”了。因此，在具有个人主义文化观的社会，为了保证人们的交易、交换与交往，要求具有一定的正式法律框架来规范人们的行为，并通过法律协调和解决商人之间以及商人和代理之间的经济纠纷。其结果是，特殊主义的文化信念往往导致一个正式立法机构和司法程序的建立。

（二）个人主义，追求自身价值

西方个人主义的直接来源是近代的两个先行官：文艺复兴和宗教改革。人权向神权的挑战是文艺复兴人本主义的焦点，是再次确认普鲁泰哥拉所说的“人是万物的尺度”这一原则。文艺复兴的人是一个从黑暗时代

---

① 按照帕森斯和希尔斯的定义，普遍主义则是指对对象及其行为的价值认定独立于行为者与对象在身份上的特殊关系（Parsons and Shils，1951，p. 82）。按彼德·布劳的解释，区分特殊主义与普遍主义的标准是：“支配人们彼此取向的标准依赖还是不依赖存在于他们之间的特殊关系。……因此，特殊的区分标准是，支配人们之间的取向和交往的价值标准是独立于还是不独立于他们的地位属性之间的关系”（布劳，1988，pp. 305－306））。

强加于他的一切镣铐下刚获解放的全面发展的人，现代意义上的个人就是这样诞生的。雅各·伯克哈特在研究意大利文艺复兴时抓住了这一本质变化，他在《中世纪》一书中写道：人只意识到自己是种族、人民、党派、家庭或公司中的一员，只是属于某个一般的分类。这一遮蔽首先是在意大利去除的，在那里人们开始将国家和世上万物视为客观来对待和考虑。与此同时，主观的方面以相应的力度来突出自己。人成为一个精神上的个人，并且自己就这样认为。文艺复兴使社会世俗化了，教会的警察作用随之下降，普通人才有可能突出自己的个性。这一解脱引起了人类能量的突然释放。不消说，在激发人性中的积极面时也必然触发其反面。恶棍与英雄同来，都显示出非凡的力量。

宗教改革对个人主义所作的主要贡献在于它肯定了个人的良心和判断。它为个人从罗马教会下解放出来奠定了神学和组织上的基础，为确认个人进一步扫清了障碍。个人拯救的教义给了基督徒一种关于个人的特殊意识，虽然基督耶稣以自己的生命为人类赎了罪，但拯救仍然是以个人为单位进行的。天主教徒为了帮助自己通过工作来得救，必须依赖教会作为他和上帝之间不可缺少的中间人。马丁·路德的革命一举冲破了这一对拯救的垄断，当他以良心为理由，拒绝按议会要求收回自己的信仰时，他实际上是把他个人的判断置于罗马教会的判断之上。教会的绝对正确被否定了，路德决定听从自己内心的光明而不是整个宗教机构，这是个人对现存秩序的一次大无畏的反叛，个人良心和个人判断的权利就这样开始了，拯救成了个人的追求，犹如班扬在《天路历程》中所描绘的。新教徒根据直接阅读《圣经》作出自己的判断。他不需要神父，直接向上帝祈祷，一切都在他和上帝之间直接进行，宗教本身终于开始转化为一种私人的信仰，而非组织和形式。

西方的这几次划时代的革命和其他许多较小的革命从根本上动摇了前现代社会的根基，它们削弱了少数人的特权，在某些地方甚至根除了这些特权。在此之前，人类社会一直是少数统治着大多数，个别统治者掌握着绝大多数民众的命运，治理他们，剥削他们，愚弄他们，直至自己因此而腐败。孔子只把注意力集中在上层是十分自然的，因为他所见到的一切苦难都是由于统治者的贪婪、野心和腐败引起的。人民只是任人摆布的受害者。他们确实也会被逼上梁山，但是除非出现崭新的政治思想能够改变他们对政府的整体概念，否则农民起义就永远不可能触及少数人统治多数人所产生的对抗本质。造反的人推翻了一小撮统治者，不过是使自己坐上统治者的交椅，打倒皇帝做皇帝只是历史的重复而已。一直到西方爆发了这几次现代革命，情形才完全改观了。实际上也就是从那时开始，西方开始鄙视中国了。在18世纪，中国的文明专制在政治上不仅可以被接受，甚至被视为典范。然而突然间，当世界进入19世纪，中国在西方眼里变得可鄙了。对个人的概念发生变化和西方对中国的看法发生变化差不多是在同时发生，这也许不是巧合。在西方，自从文艺复兴后，个人逐步从外在束缚中得到了解放：无论是宗教的、政治的或经济的，到19世纪这一过程基本完成。而中国却始终没有尝到这些禁果的滋味。

美国个人主义思想最杰出的代表爱默生提出了超验主义个人主义，强调个人的主观精神，它将个人从经验的层次上升到超验的层次。一个人衡量自己的尺度不再是其他的个人，而是抽象的个人，这个大写的“人”潜在于他自身之中。

爱默生强调个人的四个方面：第一是个人的神圣性。作为超灵的一部分，每个人都可以声称自己的神圣。每个人由于分享着宇宙之灵而都是一个小宇宙。爱默生写道：“谁来为我界定个人？我看着这独一无二的宇宙之灵有如此众多的表现，深感惊畏和欢欣。我看到自己融于其中，正如植物生于大地，我在神之中成长。我只是他的一种形式，他是我的灵魂。”他相信如果正确看待一个人，每个人都“包含着其他一切人的天性”。在一个人的内心，那“最深处的便是神圣的”。神圣的个人是不允许受到任何人的侵犯的，哪怕是他的家庭成员：“我不能出卖自己的自由和权力去维护他们的敏感。”爱默生鼓励每一个个人“接受神明为你找到的位置”。第二是个人的特殊性，即个性。爱默生把人的个性定为“现代社会的特点”。他坚持认为“人不是造得像盒子那样……千篇一律的，一样的向度，一样的能力；不是的，他们是经过令人惊讶的九个月才来到世上，每个人都有一种不可估量的性格和无限的可能性”。个性便是一个人的价值所在。

无论何种情况，他都不应该牺牲自己的特性去迎合社会。“谁要做个人，必须做一个不迎合者”。出于同样的理由，爱默生说：“每一个新思想，每一个人的新振奋抵得上世界上所有的饭囊……一个人对世界比整个中国和日本王国加在一起还有用。”第三是个人的无限潜力。爱默生把个人视为社会和历史的中心。他说：“世界不算什么，人才是一切；你自身中有一切自然的法则……你该知道一切，你要敢于面对一切。”爱默生的宇宙乐观主义是建立在人的可完善性上的，他号召人在各方面充分实现自己的潜能，尤其是智力的潜能：“把当代一切能力，过去的一切贡献，未来的一切希望，都吸收到蹈身中去。”第四是个人的自足和个人的自治权。爱默生的自足是对这两者的确认，并同时提供了如何实现自我和如何与外在世界相处的方法。他相信，“如果一个人毫无畏惧地按自己本能生活并坚持下去，这庞大的世界将要围着他”。然而他在得到尊重的同时也接受了压力，因为培养自己的能力成介人的责任和权利。随着个人成为他自己的主人，成为一个他的有尊严、有价值、可完善的道德使者，他必须振作起来证明自己，必须对自己的状况负全部的责任，他的失败将使他作为个人感到羞愧。

爱默生的个人主义是美国社会民主精神的缩影。

总之，西方人与人之间却是一种“交易式”的交往，认为契约是维系的纽带，而契约的本质就应该公平合理，他们的人际关系就是帕森斯和希尔斯所说的普遍主义的人际关系。他们往往公私分明，重视交往的物质合理性甚于情感。西方人最先考虑“法则和法律”，然后是“习惯和传统”，最后才是“仁慈、人道和友善”。美国人开朗外向、性格直爽，不喜欢拐弯抹角和周折，有什么建议、想法会不加掩饰地提出，立场鲜明、直截了当，决不吞吞吐吐，更不担心会引起他人的不快。他们追求一种精确的计划和衡量，精益求精，对一种具体的目标孜孜不倦。美国人很少掩饰自己的情感，他们可以很自然地表达自己的心情，即使在公共场合也会真情流露。美国社会的这种价值观，使得西方人习惯于单枪匹马地处理工作事务，独断地解决问题，他们信奉个人的效率和能力。在作出决定之后，美国人往往也愿意承担责任和后果。他们认为这是自由的必须代价。西方人欢迎竞争，不害怕在群体中表现突出，更多时候他们勇于表现和推荐自己。西方人认为，公平的竞争是激励的最好方式。

以个体主义为特征的西方文化，是与追求个体物质利益、自我预期、自我负责、充分竞争的市场经济相适应的，有了这种文化、习俗，才可能产生市场经济的交易规则。美国经济的发展如此之快，与美国社会的这种人文环境和氛围是分不开的。

三、日本文化的基本特征

日本文化是标准的学习型文化，它在绝大部分历史时间里是向外族文化开放的。最初是中国文化，接着是“兰学”（就是向荷兰学习），然后是英国、法国、德国，最近几十年是美国。日本民族一直主动地吸收每个时代最先进的文化，以非常虚心的态度进行学习，然后再加以选择、改造和创新。每种外来文化都有一部分同日本的原生文化发生融合，从而构成日本文化多元复合的景观。但是，尽管日本文化吸收了许多国家的文化，它在进化中却一直有着牢固的连续性，日本的民族精神从来没有丧失，日本的本土文化从来没有丧失，日本文化在多元复合的同时始终保持着自身的完整性。

（一）重诚信，讲感情

日本学者武内义雄和相良亨曾提出这样的观点：在中国形成了以“敬”为中心的儒和以“致良知”为中心的儒学，但未曾形成以“诚”为中心的儒学。以“诚”为中心的儒学是日本儒学伦理思想的特色，它的形成标志着日本风格的儒学的诞生。[①] 美国学者本尼迪克特也曾指出近代日本人强调把诚实（“诚”）作为主要道德。[②]

江户时代初期的一些日本儒学者不大谈“诚”。如林罗山和山崎黯斋

① ［日］相良亨：《近世儒教思想》，镐书房，1982年版，第9页。

② ［日］本尼迪克特：《菊花与刀》中译本，浙江人民出版社，1987年版，第180页。

接受程朱理学的影响，以“敬”作为道德修养的根木。但是不久后，他们的主张就受到其他日本儒学者的批评。古学派的山鹿素行开始提出“圣人所立之道皆以人无息之诚而致”，认为道德修养的根本是“诚”而不是“敬”。他说，“所谓诚乃天下古今人情不得已之渭也”，即认为人们从内心涌出的不可抑止的情感就是“诚”。他的伦理观与中国宋明理学和日本以“敬”为中心的禁欲主义伦理思想不同，对情欲表现了较为宽容的态度。他认为父子亲情、男女情欲都同样是人的“不得已”之情，也就是“诚”。

另一个古学派伊滕仁斋认为“忠信”是道德的根本。在日语中“忠”、“信”和“诚”的训读是同一的，都读为“まこと”。伊滕仁斋也说“忠信”和“诚”“两者意甚相近”。什么是“忠信”呢？就是“尽己心朴实行去”，即将自己内心真诚的情感付诸行动。

江户时代后期，以“诚”为中心的伦理说成为主流。细井平洲曾给人写了三条教训，在正文前书一特大“诚”字，并附注说，“内心与表面一致，里外不二”即“诚”。他还举例说，父母无条件地喜爱自己的孩子而毫无杂念，这种生而有之、得之于天的心情就是“诚”。他进一步主张人们要以这种生而有之的心情互相对待，这就是“互诚”。其他如片山兼山和中井履轩也以“诚”为道德的根本。

到了江户时代末期，幕末志士更是大讲特讲“至诚”。吉田松阴认为“诚”应兼备“实”、“一”、“久”三个因素。“实”就是以实心去实行自己的理想。这就使“诚”的伦理观进而具有了能动地改造社会的实践性质。吉田松阴等幕末志士正是怀着这样的观念，积极参加明治维新并为之万死不辞的。

在日本儒学中逐渐居于主流地位的以“诚”为中心的伦理思想，与中、日两国以“敬”为中心的伦理思想相比较，它较少有禁欲主义色彩，表现了对情欲的宽容。它与中国的以“诚”为中心的儒学思想相比较，则更少有抽象的形而上学性质，明显地富于感情色彩。中国儒学把“诚”从带有感情色彩的道德概念，逐渐高扬为远离人世的冷漠的宇宙本体；而日本儒学则把“诚”又从本体论的最高范畴还原为具有人情味的概念。

日本儒学对“诚”的解释何以会产生这样的变形？这与日本民族尊重

感情的文化传统有关。这种文化传统在《记·纪》歌谣、《万叶集》为代表的和歌、《源氏物语》为代表的物语文学中都有明确的表现。在这些文学作品中，古代日本人对浪漫恋情与性爱，并不像中国人那样采取克制态度。在伦理思想方面，古代日本人重视“清明心”，中世纪日本人强调“正直”，也表现了日本文化重视内心感情之纯真的传统。江户时代的儒学者将“诚”解释为内心的纯真不二，实际是古代、中世纪日本人的“清明心”与“正直”的延续。在佛教和中国宋明理学的禁欲主义思想传入日本之前，日本固有文化自身罕见使肉体与精神势不两立的禁欲主义传统。因而，日本人较之理性原则，更为重视内心感情。日本学者源了圆认为，这表现了日本文化“情的与共感的”性格。[①] 这种“情的”日本文化，虽然由于没有提倡尊重个性独立，而不能与西欧的人文主义同日而语，但是它毕竟不像中国儒家文化那样带有禁欲主义色彩。

美籍日裔学者福山认为，信任是一种文化积淀，这样的文化成果对不同国家的现代化进程产生了深远影响。他将中国内地及香港和台湾地区、韩国、法国、南意大利、俄罗斯作为低信任文化的国家或地区；而将日本和德国视为高信任文化的国家。低信任文化的国家，能够信任的人的范围只限于家族成员，家庭成员之外的人员间缺乏建立信用的心理基础和文化支持，他们之间的合作常常处于极大风险之中，因此，突破家庭成员范围、大规模的企业就无法建立。可见，信任还是一种社会资本。欧美的个人主义以强调神与个人的关系，即内向、孤立的清教思想为根基，就可能导致轻视现实的人与人间的信任，而重视人对神之类、超越的信任关系。其实，欧美的格言常常告戒人们对最亲近的朋友也不要过于信任，不要相信任何人。人有许多弱点，很可能会做出始料不及的事，在“囚徒困境”中，我们就看不到丝毫人与人之间信任的因素。显然，个人主义者从根本上说对他人持一种不信任的态度。日本人看重信用，特别强调有特定关系的人之间的信任，如父母对子女、朋友之间、师生之间等，对他人的承诺

① ［日］源了圆：《义理和人情》，中央公论社，1978年版，第3页。

要兑现、要偿还得于他人的恩情，这样的义务意识构成了日本人的“义理”。“义理”是日本人最经常的道德行为方式和内在的动机根据。同样，正因为彼此对信任有较高期待，一旦某一方做出失信的行为，就很难恢复从前的信任状态。在日本，企业的不名誉行为一旦被披露、且没有及时采取措施表现出诚恳的悔过之意，公众是无法谅解的，这个企业就将失去市场，没了人气，从此一蹶不振。

（二）泛血缘特殊主义，讲效忠

日本传统的家族主义和家庭观念不同于中国以血缘关系为纽带的宗族制度和家庭观念。日本古来虽有祖先崇拜和氏神信仰的习俗，但氏族制度并不发达。直到 19 世纪中叶，日本人被允许有氏姓的只限于贵族和武士之家，一般人不允许有姓。故日本人的家族观念，基本上限于现在活着的人所组成的家庭。在家庭的神龛里，一般只供奉尚能记忆起的近祖的牌位。在日本，宗法家族制的破坏要比中国早得多，并被代之以婚姻家庭为核心的制度。因此日本逐渐走向超血缘关系的区域性或职业性的社会，发展出很强的集团意识，与中国的宗族意识大不相同。其家庭观念的基本出发点是：家庭是一个经营单位。在这种观念下，血缘的纽带关系可以趋向淡薄，家庭里的外来人如妻子、儿媳、入赘女婿，比亲兄弟、亲姐妹、亲女儿可能更重要。以经营为目的的家庭，在削弱血缘关系的同时，能够吸收并非血缘关系的成员作为家庭成员，这成为当今日本纵式社会结构和纵式集团结构的基础。它既排除了中国传统的大宗族关系和至今盛行的“裙带风”，同时又可以比西方的结构更和谐、更密切、更团结，成为一种社会凝聚力。日本的学者中村元说：西方社会的单位是个人，由个人集合而成为国家，而日本的社会单位是家，由家而集合成国家。

可见，日本企业中的家族企业重视的是家族的“身份”，日本的“身份”家族企业促进日本企业的迅速发展，能够使日本走出纯血缘家族企业的瓶颈阶段，从泛血缘家族企业走向现代职业经营企业，像日本丰田就是如此。

如何使超血缘企业保持住凝聚力呢？日本的传统文化就是黏合剂。

本尼迪克特在《菊花与刀》中指出：在中国儒学中，“仁”被定为凌驾一切之上的德，而在日本，“仁”被彻底地排斥于日本人的伦理体系之外；在中国儒学中，“忠”是有条件的，而在日本，对主君的“忠”则是无条件的，在近代，日本又努力使“忠”无条件地归属于天皇一人。

山崎黯斋首先写了《汤武革命论》，反对孟子的“放伐”说，宣扬日本天皇“宝祚天壤无穷”，[①] 提倡极端的忠君报国主义，其弟子浅见纲斋把中国儒学者视为圣人的商汤王与周武说成是“杀主之大罪人”。水户学派也激烈反对孟子的“放伐”说，认为它不适用于日本。例如：后期水户学派的会泽正志斋认为，日本天皇是神的子孙，所以天皇神圣不可侵犯；在日本，君权无条件地超越一切，君臣名分不可易。这些儒学者已不再把否定“以德行仁”看作天皇资格的必要条件。

古学派的山鹿素行认为君臣上下的差别“非以力而成，乃天地自然之仪则”，主张“主君之恶纵如夏桀殷纣，而下无蔑上之道”。[②] 广濑淡窗说：“君父之命乃天命也。”[③] 他们所主张的君臣关系已不再是中国儒学主张的有条件的君臣关系，而是臣下对君主的单方面的无条件忠诚。

“忠”在中国儒学中，原本是指个人道德修养，形而上学的色彩较浓，而日本的“忠”侧重于对国家集团的事功，这一点在现代日本人的道德观念中仍有痕迹。这种对天皇的忠诚演变到今天就变成对社长的忠诚、对组织的忠诚。日本人对所属组织，例如企业、学校、政党等持有很高的忠诚态度，他们一旦成为其中一员，不仅以它为荣，也会努力与它同舟共济。“身在曹营心在汉”的言行都被视为不忠而受到人们的谴责。不少日本人最难原谅的过错是背叛，诸如离开原公司之后反戈一击或“挖墙角”之事，日本人是较少参与的。而要使个人对组织保持忠诚心，最重要的是让个人认同、内化组织的目的。因此，理解组织的目的，并在实现该目的的

---

① 朱谦之：《日本的朱子学》，三联书店，1958年版，第264页。

② ［日］宇野精一等：《东洋思想讲座（10）：东洋思想在日本的展开》，东京大学出版会，1967年版，第309页。

③ 同上。

过程中感到满足，个人就会对组织忠诚。

（三）集体主义，讲求和谐

日本人有一种很强烈的“集团意识”。所谓集团意识，就是指日本人总是意识到自己是某个整体的一部分，这个整体是利益共同体，甚至是命运共同体，自己与这个整体息息相关。美国著名历史学家埃德温·赖肖尔在他那本很有名的著作《日本人》中就提出：“日本人同美国人或西方人之间的最大差别，莫过于日本人那种非常强调集体、难免使个人要受到一些牺牲的倾向了。”[①] 荷兰学者布鲁玛也说：“在日本，个人总是某个团体的一份子（少数例外的人都被看成奇特的，性格孤僻的人）。不少西方人尽管情况相同，却没有将“自我”与他们工作的公司归化认同到日本人那种地步。他们的私生活通常受到尊重，日本人则不是这样，或者绝对没有达到同等程度。事实上他们只有以团体为伴才真正存在。这种集团观念或者说集团意识已经融化进了日本人的血液中，成为日本国民性格构成中的一个重要因素——至少可以看作是一种让日本人具有非凡凝聚力的因素。

日本号称大和民族，其民族精神的核心是“集体本位主义”。“集体本位主义”乃是日本民族立国之本、立国之魂，是日本近代崛起、现代迅速复兴的重要原因之一。虽然日本的集体主义与中国的集体主义一样，都以牺牲个人独立自主的自我意识为代价，但日本的集体主义与中国集体主义有很多区别。比如：中国集体主义的两种最重要表现就是专制主义和从众心态；而日本的集体主义并没有演变成专制主义。[②] 日本社会学家居高邦

---

① 埃德温·赖肖尔：《日本人》，上海译文出版社，1980年版，第134页。

② 日本的集体主义并不与专制主义相伴而生，日本也是一个专制主义的国家，而且它的天皇据说还是天照大神“万世一系”的子孙，实际上则是京都由“将军”主政，各地由“大名”统治的封建国家。日本社会没有一种占统治地位的学说或者意识形态，在日本文化中既没有古老的传统可以珍视，也没有一批圣贤可以崇拜，唯一神圣的“天皇”也只不过是日本统一的象征。于是，日本人以大多数人同意、实用以及对竞争有利为原则。这使日本文化得以避免教条主义和保守，专制主义也没有像中国那样根深蒂固。

雄指出，日本集体主义具体表现在六个方面：对特定集体的无条件终身归属；对集体的忘我牺牲精神；在决定地位高低上对工作年限的重视；重视和别人的协调配合；在决策方面上级具有最终裁决权；对集体成员的生活各个方面给予关注和照顾。

讲求合作是日本集体主义的重要特征。数学上有一个最基本的规律：大数之和仍然大，小数之和仍然小。但是这条规律并不适合日本人组成的集团整体能力。许多学者潜心研究后发现：论个人才能，日本人并不出众，但是由一个个日本人组成的集团却是实实在在特别出众的。日本公司的高效率就是一个极好的说明。《上海人在东京》中，一个日本人说："我们的民族就像这樱花，一朵一朵看起来并不起眼，但是合起来，就会红透满山遍野，非常地有气势。"造成这一特殊文化现象的原因，就在于日本人所具有的强烈的集团意识，使一个集团内部往往能够保持最好的配合关系，避免了不必要的能量内耗。在日本语中，日本人把公司叫做"会社"。所谓会社，就是"大家赖以生存的集团"的意思。按一般日本人的心理，集团是个命运共同体、利益共同体。正如一个评论家打过的比方：日本人像一群小鱼，总是秩序井然地朝着一个方向游动，直到一块石子投入水中，打乱了这个队列，它们就转变方向朝相反的方向游去，但仍然队列整齐、成群游动。

总之，日本文化是本土文化和外来文化的复合体，日本文化奉行诚、忠、和的基本理念，团队精神和集体本位主义是其最典型的特征。也正是这些文化的作用导致日本军国主义思想严重，成为第二次世界大战的策源地；同时也是这些文化支撑着日本创造了在战后一片废墟上实现经济腾飞的奇迹。

第三节　中国传统文化特征与公司治理模式的耦合性分析

中国文化的集体主义特征、专制主义传统及以血缘为基础的特殊主义人际关系支撑着中国公司的股权结构集中、监督制衡力量弱的治理模式。这是中国传统文化与公司治理模式耦合性的一面。[①] 随着不断学习西方的治理模式，我们在激励制度上也由过去的精神激励为主改变为物质激励为主，也借鉴美国的经验引进了独立董事制度，而传统文化却与这些引进的制度产生了冲突，公司治理制度系统无序性提高。

一、股权结构

中国传统文化以集体主义为特征，讲究“集合”的力量。体现在股权结构上就是股权高度集中。虽然国有企业股权集中有着政治色彩，但是公有制的国家在个人主义文化下是不会存在的，只有在一个奉行集体主义文化的国度中才可能存在。所以，国有企业股权集中现象的根结还在于集体主义的文化特征。至于非公有制企业也存在股权集中的问题，我们打算从特殊主义的人际关系着手进行解释。“政权和财富通过血缘家族联系起来，这可以说是中国社会面貌最重要的特征之一”。[②] 虽然，中国传统社会中家族制度的形式和内涵一直在发生变化，但其核心精神并没有变化，也是以父子关系为中心，以血缘关系为纽带，以孝和服从为基本原则。西方历史证明，股权分散的结果会使家族企业变成公众公司，非公有制经济的大股东不愿意公司的控制权分散以至于在某个时候不能操纵大局，他们更希望企业是家族内世代相传的企业，所以他们排斥股权分散。这样，中国不同所有制性质的企业就都表现出股权集中的共性了。

我们的股权集中与日本式的股权集中有着根本性的区别。日本的股权

---

① 正如在第二章提到的，引进的治理模式在文化（支配策略）没有改变的情况下，达到的均衡是帕雷托劣位均衡。

② 巴林顿·摩尔：《民主和专制的社会起源》，华夏出版社，1988 年版。类似的看法很多，如韦伯将中国社会称为“家族结构式的社会”。罗兹曼说：“家庭和血缘关系有一切理由能构成研究前现代中国问题的第一主题。”参见《中国的现代化》，江苏人民出版社，1988 年版，第 215 页。

集中在关联公司之间，在企业出现经营困难的时候，关联公司开始监督企业经营，与企业共度难关。而且，企业间交互持股，本身就存在互相制约的力量。中国则不是这样，股权集中到没有权利制衡，这与公司治理的本来目的——通过权利制衡来约束代理人是根本冲突的。

一些上市公司控股股东和实际控制人滥用控制权，通过资金占用、关联交易、违规担保等各种方式，直接或者间接侵占公司资产，损害上市公司和中小股东权益，已成为上市公司发展最大的风险隐患，具有极大的社会危害性。上市公司资金被占用一度相当严重，不少业绩原本不错的上市公司因此被拖至退市边缘直至退市。如今，＊ST猴王、＊ST长兴、＊ST龙涤、＊ST哈慈这些曾经风光无限的上市公司在“披星戴帽”之后，已经从资本市场黯然消失了。调查显示，连续两年亏损的沪深股市上市公司中，70％存在大股东侵占资金行为。为此，证监会在2005年初决定在全国范围内利用两年时间集中清理股东占用上市公司资金和解除上市公司违规担保的专项治理工作。2006年6月29日发布的《刑法修正案》（六）中专门增加新罪名，即违背忠实义务损害上市公司利益罪。其中包括：上市公司无偿向其他单位提供资金、商品、服务或其他资产的；以明显不公平条件，提供或者接受资金、商品、服务或者其他资产的；无正当理由放弃债权或者承担债务等损害公司利益的行为，都是触犯刑法的行为，相关责任人将受到刑法的追究。但这一现象仍然存在。据上海证券交易所副总经理徐明介绍，2008年报显示，部分公司重新出现控股股东或实际控制人非经营性占用上市公司资金行为；部分公司占用行为有增无减，且发生金额较大。从总量上来说，虽然大股东非经营性占用的情况已大幅减少，但2008年却有死灰复燃的迹象。[①]

二、公司内部权力结构

我国文化是集体主义本位的文化，但是我国集体主义在发展过程中是

① 周芬棉、徐明：“掏空、占用上市公司资金当严惩”，《法人》2009年第11期。

和专制主义相生相随的，使得我国公司在决策过程中，往往决策权力掌握在单个人手中。

我国公司治理结构的基本特点是呈“金字塔”形的治理结构。这一结构的最底层是股东大会，它是公司的最高权力机构，决定着公司所有重大事项。该结构的中间层是董事会和监事会，分别承担着公司事务的决策权和监督权。股东大会是公司的最高权力机构，董事会和监事会均由股东大会选举产生，在法律地位上是平等的，董事会仅对股东大会负责，而无须对监事会负责；相应的，监事会无决策权而只有监督权，在公司实际运作过程中，董事会的权力要比监事会大得多，在大多数情况下监事会形同虚设。处于最顶层的经理人，他承担公司日常事务的执行权，并对公司董事会负责。该经理人处于公司的最高层，并不意味着其处于公司治理结构权力的颠峰，其重要性在于他处于公司经营的最前沿，拥有公司日常事务的执行权。在我国转轨经济中“内部人控制”问题十分严重的情况下，经理人的确拥有较大权力，但其权力来自于董事会的授权，所以，处于“金字塔”顶端的应是被称为公司法定代表人的董事长。由于上面讲到的原因，在转轨时期，“内部人控制”问题使经理人掌握着较大的权力，在许多情况下，董事长和总经理是兼任的。而认为董事长处于公司治理结构顶端的依据是：一是《公司法》规定，董事长是公司法定代表人，他是唯一对外代表公司的人。公司其他人员或机构必须取得法定代表人的授权后才能代表公司。二是《公司法》还规定，董事会闭会期间，由董事长代行公司董事会的部分职权。我国公司的董事长事实上不同于一般董事，而英美等国公司的董事长只是拥有更多的权力。应该说，董事长是我国公司管理权的核心承担者，处于公司权力结构的顶端。

自 2000 年开始，中国引入了独立董事制度。独立董事制度发源于英美，是与英美个人主义文化及股权高度分散相适应的。美国的文化为独立董事的独立性提供了一定的支撑：奉行普遍主义人际关系的美国人往往公私分明，重视交往的物质合理性甚于情感。美国人最先考虑“法则和法律”，然后是“习惯和传统”，最后才是“仁慈、人道和友善”。加上美国人性格开朗直率，不会羞于表达自己的建议和想法。这正是独立董事独立性的重要表现。

而中国的传统文化从本质上是没有为独立董事制度提供土壤的：中国人的人际交往可以用“关系式”概括，人与人之间主要靠情感维系，爱面子，讲情面。人与人之间交往无论是工作还是私人场合都有浓浓的人情味，甚至为了关系不惜牺牲物质利益。中国人优先考虑“仁慈、人道、友情”，其次为“习惯、传统、理性思考”，最后才是“规则和法律”。中国人含蓄内向，为了体谅对方，说话礼貌而模糊。中国人很少愿意当面提出反对意见，害怕得罪人，在表达立场的时候往往固守中庸，模棱两可。所以，仅从文化角度来看，中国的独立董事不会独立，也不会起到应有的效果，花瓶董事就成为一个必然。据调查，在 864 家沪市上市公司中，2008 年内共有 23 家公司的 32 位独立董事提出了异议，分别占沪市上市公司总数的 2.66%以及独立董事总人数的 1.23%。独立董事的低异议率，一定程度上可以反映独立董事所发挥的监督功能有限。①

中国企业内部的权利结构是传统文化与引进的公司治理模式相互适应的结果。虽然这种有中国特色的治理模式与传统文化的耦合性特征（也就是集权特征）明显，但是这种权利模式还是偏离于公司治理的本质的。

合理的公司治理结构一般要求所有权和经营权的分离，随着所有权与经营权分离的不断深化，中国企业存在的问题越来越多。比如，五粮液被证监会调查让五粮液集团走上了舆论的风口浪尖，引发了声势浩大的讨论。五粮液集团于 2009 年 9 月 9 日午间发布公告称，公司是于 9 日收到中国证监会决定立案调查五粮液公司涉嫌违反证券法律法规的调查通知书。新浪合作媒体报道：受此影响，五粮液股票午后开盘便急剧下滑，一度跌停，当日成交量 2.3 亿股创历史记录，成交额达到 51 亿。9 月 23 日，证监会发布公告称五粮液存在“三宗罪”：一是涉嫌存在未按照规定披露重大证券投资行为及较大投资损失；二是未如实披露重大证券投资损失；三是披露的主营业务收入数据存在差错等违法违规行为。从五粮液事

① http://www.cg.org.cn/news/searchresult.asp?pageno=4&select=&sobject=&sorder=updatetime.

件看，目前五粮液集团的公司治理结构在诸多方面出现了严重的问题，相关法律制度和公司的体制不完善、对公司的监管不力、公司的运营结构不合理等是五粮液问题的几个主要原因，而根本原因是因为公司管理的“三权合一”。在有中国特色的市场经济条件下，中国股份制企业普遍出现了公司治理结构不合理的现象，五粮液的问题进一步要求各个公司对公司的治理结构进行优化，形成适用于中国企业的合理公司治理结构。

三、激励机制

中国传统文化如儒教提倡的“不敢为天下先”等思想主张将个体附属于群体，这些思想对东方人的影响是很深的。到现在东方人都有这样的思想：希望在人群中隐藏自己，不希望太落后，也不希望太招摇，因为中国有“树大招风”、“人怕出名猪怕壮”的古训，太突出会减少群体的认同感而无法再依赖群体。这表现在分配制度上则是“不患寡而患不均”，希望每个人的报酬都尽可能是一样的，不能和集体中的大多数人拉开太大的差距。在相当长的时期内，中国企业员工的收入差距很小，收入结构为固定工资＋有限的奖金。努力工作的激励完全来自于精神上的，比如各种奖章、奖状。而随着外资企业的进入，本土企业的弱的物质激励、强的精神激励机制逐渐失去其魅力，许多能人纷纷向外企涌去。在这样的情况下，本土企业职工的待遇迅速得到提高。企业高级经理的收入结构为固定工资＋高额奖金，并且由于中国传统文化的风险偏好较弱，中国经理的薪酬中奖金的部分很大程度也是固定的。由于中国文化传统中专制性的特征，许多企业高层的薪酬制定往往是独断专行的结果，高层的薪酬与公司业绩脱钩。2008 年度中国百强上市公司的高管报酬进一步呈超大幅度的跃升态势。在全体高管人数增长 18.63％的情况下，全体高管成员（包括董事和监事）的报酬总额增长幅度更是高达 111.23％。从人均报酬水平来看，本年度全体高管成员的人均报酬水平为 58.39 万元比上年度的 36.08 万元增长了 61.83％。全体董事会成员的平均报酬水平 46.92 万元，比上一年度的 27.03 万元增长了 73.58％。增长幅度最大的是执行董事，本年度执行董事人均报酬为177.01万元，比上年度的88.95万元增长了近一倍。非执行董事和独立董事的人均报酬水平也都出现很高幅度的增长，分别为32.87%和31.82%。[①] 这表明，各公司之间执行董事报酬因与业绩挂钩差距扩大，独立董事报酬则与业绩脱钩。在目前中小股东保护力度提高不大、资本市场有效性不足的情况下，中国上市公司学习美式治理机制的选择倾向上出现了偏差。也就是说，有效的市场监控机制没有建立起来，脱离了传统行政控制机制的高管报酬如同"脱缰野马"，一路狂奔。

目前，在转轨经济下，虽然激励机制已经发生了很大的改变，但是文化与激励机制之间存在着比较强烈的冲突。一方面，中国传统文化所倡导的"不患寡而患不均"尚深刻存在于人们的意识之中，仇富心态突出；另一方面，中国传统专制主义文化在薪酬设计方面的独断性，肆意扩大着没有业绩支撑的收入差距，使得人们的仇富心态更强。在西方，高层的薪酬是带有风险性的，是与企业的业绩相挂钩的，但是在中国，国有企业自不待言，就是非国有企业，大股东往往也可能是高管，其薪酬的制定也无从制衡。在这里，文化传统与激励机制之间的耦合性关联很弱，制度冲突特征明显。

四、人才选拔机制

中国传统文化往往依据血缘亲情原则的本根至上性，将特殊性的血亲关系凌架于普遍性的人际关系之上，使之享有道德领域内的特许豁免权，允许人们在特殊性的血缘亲情伦常中排斥那些普遍性的道德理性原则，奉行"内外有别"的多重性道德标准。表现在人才选拔上就是任人唯亲现象突出，裙带之风盛行。在位者倾向于选拔那些与自己关系比较密切的人，在企业内部形成一些小团体，或者说利益集团。正所谓："一人得道，鸡犬升天。"利益集团存在的目的就是要尽可能地为自己牟利，在很多时候，

① http://www.cg.org.cn/news/searchresult.asp? pageno=12&select=&sobject=&sorder=updatetime.

甚至不惜损害集体的利益。

可见，目前中国公司治理模式与传统文化之间存在三种关系：第一，引进来的治理模式来到中国被本土化了，以至于偏离了公司治理的本质，如公司内部的权力结构；第二，引进来的公司治理模式与传统文化并不兼容，耦合性差，比如激励机制，这就导致公司治理制度系统无序性增大。第三，土生土长的治理模式，如人才选拔机制虽然与传统文化相适应，但无疑这种适应是一种帕雷托低效的适应。所以，如何使引进来的治理模式与传统文化相适应，同时又保持治理模式的效率就成为一个非常值得研究的问题了。

第四节　美国文化与其外部监控型治理模式的耦合性分析

个人主义是美国价值观念的核心，人与人之间的关系以普遍主义为基本特征。这种文化特征使得企业的领导体制往往实行较大分权，企业中通过正式制度进行协调，员工间的关系建立在工作任务基础上，不像中国重视人情和非正式关系。讲求实际的特征使得有效的经理激励必须基于物质型激励。在经营创新活动中，美国人相对更偏爱一些短期或渐进性的创新项目，讲求资金回报率。个人主义特征也是造成美国企业股权高度分散的原因之一，各相关主体自身无法或不愿意单独付出监控成本，自然寻求外部市场化的监控模式。

一、股权结构

荷兰文化人类学者吉尔特·霍夫斯特德（Greet Hofstede）采用以价值倾向为基础的文化模式，将文化量化为四个指数，即权力距离指数、个人主义与集体主义指数、男权与女权指数和不确定性规避指数。其中，权力距离指数指的是一个社会的成员接受机构或组织中权力分配的程度。中国学者曲扬根据2004年数据，将各国在霍夫斯特德文化指标上的权力距离打分为：美国40、日本54、中国80。[①] 社会权距越小，意味着人们越倾向于接受一种平等自由的制度秩序，因此在美国，表现在股权结构上，倾向于分散化而非集中化的特征就十分明显。美国公司的股票大多为公众所持有，这些小股东一般都只持有某家公司很小份额的股份，美国公司的股权结构也因此呈现以高度分散的个人产权为基础的极为分散的股权，一些上市公司往往有几十万、上百万股东。如：通用汽车公司20世纪50年代末股东只有几十万人，70年代末高达200万人，其股票总数为4亿股，平均每个股东只持有200股；美国电话电报公司在20世纪20年代末股东人数仅为46万，50年代末达到50万，70年代末达到300万。从整个美国来看，个人持股的人数也一直攀升：1952年，全国有650万人直接持有股票，占人口总数的13%，到1982年，直接持有股票的人数上升到3200万，约占人口总数的14%。在1985年，美国市值23600亿美元的企业股票中，有12103亿美元即51.3%掌握在个人手中，机构持有的比例为43.4%。尽管机构投资在战后的美国有了长足的发展，但还是没有改变这种股权高度分散的结构，目前在美国的股权结构中，个人股仍占49%。

二、公司内部权力结构

美国个人主义的追求自我价值实现的文化使人们对权力集中有一种天然的反感，不愿意将权力集中在某一个团体或者个人手中，即使勉强集中在某一个团体或者个人手中，也会有相应的制度对这种权力制衡。

就美国公司的董事会来说，美国公司的董事分成内部董事和外部董事。内部董事由公司现在的成员或者曾经是本公司的职员来担任。内部董事一般都在公司中担任重要职务，是公司经营管理的核心成员，负责公司

① 曲扬："公司治理模式与国家文化的关联性研究"，《中央财经大学学报》2005年第6期，第55页。

各主要部门的经营和管理。美国大多数公司的内部董事人数为3人，很少有超过5人的。外部董事由公司外部拥有某种专业知识或技能的人员组成。选择外部董事进入董事会意在加强董事会对公司经理的监督和制约作用，防止公司经理在公司决策中的独断专行，维护广大股东的利益。由于外部董事的特殊性，在选择外部董事时，往往比较重视他们的技术专长。外部董事一般包括三种人。一是与本公司有着紧密业务和私人联系的外部人员；二是本公司的外部人员；三是其他公司的经理人员。外部董事一般在公司董事会中占多数，但不在公司中任职。美国加利福尼亚公职人员退休基金（Calpers）制定的《美国公司治理原则》的附录中为外部董事设立了九条标准：（1）在过去5年中未曾以高级管理人员的身份受雇于该公司；（2）不是该公司顾问或高级管理层人员，且与该公司的顾问公司不存在关联关系；（3）与该公司的客户或供应商不存在关联关系；（4）与该公司或高级管理层不存在个人服务合同；（5）与接受该公司大量捐赠的非赢利性实体不存在利害关系；（6）在过去五年中，与该公司之间不存在根据证券和交易委员会要求应当披露的业务关系；（7）未曾受雇于由该公司任何一名高级官员担任董事的公众公司；（8）与该公司的子公司之间不存在上述的任何关系；（9）不是上述任何人员的直系亲属。

20世纪70年代末期，鉴于大公司中外部董事比例仍然偏低，难以对公司经理阶层形成有效制衡，纽约证券交易所提出，所有上市公司都必须增加外部董事的比例。到1990年，美国制造业公司外部董事的比例为86%，其他行业外部董事的比例为91%。从理论上讲，外部董事比例的增加会加强董事会对经营者的监督与控制。Weisbach的研究发现，以总经理为首的经理人员的升迁与公司过去业绩的相关性在外部董事较多的公司中要相对强得多，其原因是外部董事多的董事会比由内部董事控制的董事会有更强的独立性。在一些公司治理专家的实证研究中还发现，董事会中外部董事的比例越高，股票市场对该公司业绩及其行为的反应就越有效，该公司以总经理为首的经理人员因业绩不佳而下台的可能性就越大。美国公司在董事会中引入外部的独立董事以加强对内部董事和经理层的监督，以求抑制内部人控制，降低代理成本，维护广大股东的利益，这是在单一制模式下对公司内部监督机制的改良。

在美国，大型上市公司的董事会都设有专业委员会组织，其目的是使董事会在公司的关键业务领域有深度的介入，这对于主要由独立董事组成的美国公司董事会而言意义重大。虽然不同的公司存在某个特定的委员会结构，但审计委员会、薪酬委员会和公司治理委员被权威的认为是进行有效公司治理（corporate governance）的核心，同时要求关键议案由委员会的独立成员提出。

大型上市公司的公司治理委员会一般至少有 3 名成员，且全部由独立董事组成。委员会主要通过履行向董事会，股东大会推荐董事候选名单，检查董事会的结构、成员构成、运作和作出评价等职责，扮演塑造良好公司治理的主要角色。根据董事会的职责安排，公司治理委员会也可能负责审核董事会成员的薪酬，或者与薪酬委员会共同承担这一职责。作为其核心职能，公司治理委员会在推荐董事候选人时一般会确立严格的任职标准，并将之推荐给董事会；同时根据这些标准对董事人选和资格进行识别和审核，判定这些人员是否存在任何与公司利益冲突的方面；在对现任董事重新提名时，也会评价其给公司带来的贡献。在识别董事人选方面，公司治理委员往往从广泛的渠道收集关于潜在候选人的意见，与合适的猎头机构合作以帮助其识别候选人，同时建立评估股东所推荐人选的程序。在审核董事人选方面，委员会一般从确保董事会的独立性出发，完善并向董事会推荐一套标准，以这些标准衡量董事人选是否按美国证券市场上市规定，满足适当的独立性要求，并仔细调查可能影响该名董事独立性的背景。委员会也向董事会推荐其他委员会的人选，定期审查各委员会结构，确保包括审计、薪酬和公司治理在内的主要的委员会成员均符合独立性原则和其他各项标准。公司治理委员会对董事会整体运作的有效性起到至关重要的作用。委员会需要完善并向董事会推荐一系列公司治理的原则，阐述董事会的领导、董事会任职资格（包括独董）、董事职责、专业委员会的结构和职责、与管理层和建议者的沟通方式、董事薪酬、董事背景、董事会评估以及管理层继任等。此外还需要审核有关董事会议事制度的安排，以及管理层向董事会信息报告的政策，评估信息获取途径，确保董事会能及时得到合适的反馈。

在董事会与经理层的关系上，大多数美国公司的总经理与董事长都是同一个人，全面掌握着董事会所获得的信息，负责董事会的日程安排和讨论的事项，这就进一步混淆了公司业务执行权和相应的监督权之间的关系。因此，在美英的单层制董事会中，真正起决定性作用的是公司的经理层，董事会没有足够的影响力监督经理层权力的实施。但值得注意的是，在美英国家公司内部权力结构中，普遍实施了外部审计制度，这是法律所要求的，虽然董事会内部也设立审计委员会，但它只是起协助董事会监督公司财务状况和投资状况的作用，公司正式公开发表的财务报表必须由专门的会计事务所或审计事务所负责，以确保向市场提供的有关信息的准确性，从一个重要方面加强了资本市场的有效性，为外部市场弥补公司内部权力制衡不足建立了一个沟通的渠道。

三、监督机制

美国文化推崇冒险精神，这一方面表现在公司拥有全面决策权上；另一方面表现在股东以“用脚投票”的方式对公司的经营进行干预上。公司决策权掌握在管理层手中，他们可以采取冒险的方式大胆创新，充分发挥自己的才干，致使董事会形同虚设，因此，来自公司内部对治理的监督作用不大。除此以外，由于美国历史短暂，世俗观念淡薄致使非正式制度的约束不足，因此为了谋求公司的发展不得不倚重正式制度的约束和压力，这也是美国公司治理结构中法律、合同、条约成为其治理基础的根本原因。

内部监督是由审计委员会完成的。大型上市公司的审计委员会通常由3—5名成员构成，美国证券市场的上市规定要求审计委员会的所有成员都是独立董事，在个别情形下，委员会成员的选择需要满足额外的、更为苛刻的独立性标准。委员会成员除了必须具备一定的财务背景外（其中至少一名成员是财务专家），对委员会成员的综合能力要求也非常之高，成员在工作中需要协同所有的董事，充分了解公司业务和风险组合，凭借其业务经验，对委员会负责的提案进行独立、严格的判断。由于审计委员会的责任非常重大，董事会选择成员时往往会考虑某位候选人兼职的情况，除非认定兼职情况不会影响该人有效的提供服务，一般要求成员不可以在超过3家的上市公司同时从事同类型工作。审计委员会最重要的职责就是审查公司财务报告出具的整个过程。在这个过程中，委员会、管理层和外部审计机构在信息向公众披露前，共同讨论和审核公司的年度财务报告；同时作为审核的一部分，三方也就公司的重大会计政策、会计处理的质量、管理层的预计进行讨论和审核；此外，委员会单独对任何在外部审计机构和管理层之间的书面沟通材料进行审核。委员会需要充分理解公司有关业务风险、财务报告、信息披露的内控系统，以及CEO、首席财务官产生的程序等，以确认公司处于严谨的控制中；需要定期审查和维持内部和外部的审计人员、管理者、公司评价系统有效性的程序，以及风险评估和风险管理的活动等。当在内控方面出现任何缺陷或弊病时，委员会应被告知真实情况、解决步骤和时间表。从内部审计角度看，委员会需要持续监察内部的审计职能，包括审计计划、内部审计报告、管理层的反应，以及指派和替换高级内部审计的执行人员。从外部审计角度看，委员会负有监察公司与外部审计机构关系的责任，在执行该职能方面，委员会的主要工作包括：（1）评价审计机构，预先审核双方协议的条款。根据勤勉的原则，审计委员会每年将对外部审计机构的资格、工作成果、独立性、声誉、团队核心成员的表现进行审查；同时制订外部审计机构的轮换制度，对审计人员定期进行选择以及更换，并审查新的合作协议。（2）审核外部审计的独立性。审计委员会在判定外部审计机构的独立性方面，通常的做法是与之保持持续的、公开的对话，并研究公司如何识别、使用这些机构提供建议的整个过程。除了常规的年度审计，外部审计机构也可以就合规性方面独立地向公司提供其他建议，审计委员会也会考虑是否需要预准或核准该类服务。从议事制度看，委员会需要定期召开会议，并进行的充分准备，以利于与管理层、内外部审计机构充分的沟通。委员会还需要至少每个季度非公开地与审计人员、管理层做常规性沟通；与首席法律官举行秘密会议，商议有关合规性和重要法律事件所引起的各方关注；并和其他的机构不时地保持非公开的沟通，例如外部顾问等，这些措施能使委员会以恰当的方式监控公司的财务。

在美国，对公司经营权的控制主要是通过外部市场实现的，包括公司控制权市场和经理市场，这种监督在美国公司治理中的占有重要的地位。它们在很大程度上都是依托于现实中的资本市场而发挥作用的，这要求在经济体系内必须具备高度发达的资本市场和严格的资本市场交易规则，这些条件在美国能够被基本满足。高度分散的股权和有效的资本市场使得公司的股票和债券具有充分的流动性，其价格能够及时准确地反映公司的经营状况。投资者即分散的公司股东，在资本市场上对公司的经营状况作出判断后，如果不满意公司经营者的表现，可以在资本市场上抛售所持有的股票，众多投资者一致的行动将导致公司股价的下跌，这一方面形成了公众对经营者人力资本价值的判断，使不称职的经营者人力资本贬值，直接影响到他的职业声望和未来的收入；另一方面，当公司股价下跌到公司的潜在价值以下，就会吸引潜在的公司收购者的注意，他们通过资本市场大量收购该公司的股权，改变公司原有的股权结构，改组董事会，变更公司的经营方式，这通常会导致公司原有经理层被解雇，从而给公司经营者施加压力，迫使其在公司经营中慎用权力，不至于长期和过度地偏离股东利益行事。在股东利益至上的企业理念中，这种市场控制作用的发挥是不应该受到任何阻碍的，特别是公司控制权的可转让性不应该受到任何因素的阻碍。

四、激励机制

美国的人际关系是典型的普遍主义，当他们与其他人发生经济交往时，倾向于使交易关系与感情关系分离，常常将与“你”的交易化为与“他”的交易，这是一种讲求实际的人际关系。因此，在对经理层的激励中，以物质为基础的报酬激励机制是主要的选择方式。美国公司经营的首要目标就是股东财富的最大化。所以，为了激励经营者努力为股东创造利润，美国公司除了对经营者支付高额的工资与资金作为短期激励以外，还借助于证券市场采用“股票期权制”等办法作为对高级管理人员的中长期激励。早在1952年，美国一家叫菲泽尔的公司，为了避免公司高级主管的现金薪酬被征收高额所得税，率先在雇员中推出了股票期权计划。进入20世纪90年代以后，股票期权作为企业一项新的金融创新工具和激励机制，已在美国大多数上市公司得到了成功的实践和推广。据美国国家员工所有权中心执行董事Rosen（2002）提供的数据，在1994年，美国只有100万名员工获得股票期权奖励；2002年7月，已经有1000万名员工获得股票期权奖励。在《财富》杂志1996年全球500强企业中，已有89%的企业对经理人员实行了股票期权报酬制度。通过股票期权获得的收入占高级经理人员年收入的比重也越来越高。2005年美国前200家大企业首席执行官的平均现金年薪仅略高于75万美元，但其股票期权的税前收入约达1000万美元。如果考察美国公司高层经理人员每年报酬中的股权，其中期权和股票的比例为15：1；如果考察高层经理人员持有的股权，也就是历年来所积累的股权，那么期权和股票的比例为4：1。财富500强企业的高层经理人员的年均报酬是500万美元，其中100万美元是工资，100万美元是奖金，其余300万美元是实现的期权。因此，他们的年收入主要取决于他们所持有的股权，而不是公司支付的年工资。他们历年所积累的股权（包括期权和股票）在他们的资产组合中平均达到2000万美元，这些股权的价格如果上升30%，他们将得到600万美元；如果价格下降30%，他们将损失600万美元。如果研究1980年到2000年这些公司CEO的财富在公司市场价值每增加10%的增长状况，以及这些公司CEO的财富构成在其财富价值每增加1000美元的变化状况，可以发现两者的趋势非常接近，也就是说，随着股票价格的变化，经理人员的资产组合的价值也有很大的变化。[①] 这种把经营者变成股东的激励制度的创新，对于提高公司经营者的经营积极性，以及提高经营者与股东目标函数的一致性，防范经营者“败德”行为和机会主义行为，曾发挥了重要作用。

由于美国公司治理模式根植于其个人主义的文化传统，公司治理模式

---

① 美国经理阶层的激励机制，http：//www.jy365.com.cn/news/renliziyuan/jilijizhi/8120_2.html。

与文化传统之间兼容性很高，整个公司治理制度系统的有序性就很强，治理效率就很高。

第五节 日本文化与其内部监控型治理模式的耦合性分析

日本的文化价值观可以说与美国截然相反。团队精神和集体本位主义是其最典型的特征，日本的公司治理结构顺应了他们自己的传统文化，“团队主义”价值观影响公司的股权结构，法人持股率较高，公司经营者阶层相对稳定，也造成公司的股权缺乏流动性。另外，注重长远利益、集体主义思想、个体利益服从总体利益的文化为其实施内部监控提供了文化基础。日本企业的高层经营管理阶层都强调集体思考、集体协调、集体管理的运作方式；日本公司注重从企业内部选择经营者，因为他们熟悉公司各方面经营业务，容易把公司的长期发展作为公司和个人奋斗目标。再者，等级观念使企业在利益分配时可以采用年功序列制，等级工资看重资历和年龄。因此，日本对经营者的激励机制不必仅靠物质刺激。

一、股权结构

日本虽然也有两千多年的历史，但自身的文化积累并不深厚。日本文化的形成主要以从域外拿来式的承纳方式，使得日本人普遍具有“凡能为我所用者均可取而用之”的思想意识。在外来文化中最重要的莫过于中国的儒家文化。儒家文化中“家族”的观念，使日本的企业制度具有明显的“家族”特色，“企业集团”正是这种文化特色的反映。各个企业以血缘、亲缘以及地缘为基础，通过广泛交叉所有权关系形成一个大的企业集团，因此日本的公司治理是建立在“关系”基础之上的，这种“关系”指的是一种能保证所有者和公司管理层之间产生的长期互利关系的体制，也因此决定了日本公司治理结构是以股权集中、企业法人相互持股为特征的内部控制型模式。

战后财阀解体在形式上瓦解了日本人的“村庄”经济体系，使化整为零的各经济实体曾在战后初期的一段时间一度活跃起来，并造就了一代新型企业家，推动了“个人资本主义”的发展，但日本人的潜在意识却很难适应“个人资本主义”的发展方式。于是，当社会环境略微一宽松，它们便首先以银行为中心，组建起以银行为主导的新型“银企”关系，为法人间相互持股关系的建立奠定了基础。20 世纪 50 年代初期相关法律解冻后，法人间立刻开始大规模地相互持股，多形态资本相互结合，于是以相互持股为手段的集团化组织系统迅速建立起来，进而又促成了系列化企业体系的形成。可以说这一过程的发展主要是日本人的传统文化理念在发挥作用，它构成了战后日本法人间相互持股制度建立的重要原因之一。战后日本企业的交叉持股本身有相当一部分直接就是财阀的“遗产”。在主要靠自我融资、资本相对短缺而又要保持控制的情况下，财阀下属企业之间已经存在着大量的相互持股现象。以被解散时住友的主要企业股权结构为例：住友银行除住友家族和住友本社分别持有 11.3%和 24.1%的股份之外，其他住友公司持有 16.7%，这样合计起来就保持了 52.1%的控股权。住友信托银行的主要股东则是住友银行，住友家族、本社和其他住友公司是其小股东，总计 45%。住友起家产业和核心企业——住友金属矿产的股权控制比较严，家族直接持有 53.4%，然后是住友本社持有 26.6%，加上住友银行和其他住友公司总计 100%，完全为财阀自己拥有。

泡沫经济崩溃后和 21 世纪初的经济复苏时期，日本企业的稳定股东持股比例与相互持股比例呈急剧下降趋势。稳定股东持股比例由 1991 年的 45.8%下降到 2005 年的 27.1%；相互持股比例也显著减少，从 1991 年的 25.85%下降到 2005 年的 7.61%。而且相互持股削减表现出三方面的差异性：一是实业公司积极减持银行股份；二是金融机构消极减持实业公司股份；三是实业公司之间减持股份过程中，出现了小幅增持的现象，见表 3.2。可见，法人资本主义和主银行制度在日本公司治理中仍然占有重要地位。

表 3.2 银行和公司相互持股比例的变化 (%)

年度	金融机构				实业公司			
	金融机构	实业公司	其他	合计	金融机构	实业公司	其他	合计
1991	0.60	10.40	0.28	11.28	8.19	6.01	0.36	14.56
1995	0.48	10.15	0.40	11.03	7.80	3.67	0.28	11.75
2000	0.05	7.24	0.28	7.57	2.72	1.64	0.18	4.54
2001	0.11	6.28	0.24	6.63	1.63	1.57	0.18	3.38
2002	0.12	4.09	0.20	4.41	0.94	1.64	0.18	2.76
2003	0.24	3.27	0.14	3.65	1.72	1.80	0.27	3.79
2004	0.26	3.08	0.10	3.44	1.23	2.02	0.25	3.50
2005	0.12	2.81	0.11	3.04	1.36	2.94	0.27	4.57

注：其他指证券、保险和其他金融机构持股比例的合计。

资料来源：李彬："日本的股权结构演变及其对公司治理的影响"，《日本学刊》2008 年第 3 期。

二、公司内部的权力结构

日本文化是典型的集体主义本位文化，讲究"忠"和"和"，这种特殊的团队精神主要内容包括：和谐、团结、合作。究其根源，它是以儒家学说为基础的，儒家学说为日本企业的这种特殊团队精神提供了伦理基础。"和"是与西方的个人主义截然相反的。它强调所有人际关系都要受到三方面的限制，即需要与他人相处，需要在共同的活动中合作，需要建立和保持和谐关系。

从形式上来看，日本企业公司治理的主体也应该是股东。因为日本的大部分企业都是股份制企业。但是，日本企业的股东在公司治理方面的意识比较薄弱（田中，1998），成了不发言的沉默的股东。这主要是因为第二次世界大战之后，为了在制度上清除战前财阀的影响，1950 年改订的

《商法》限定了股东大会的权力，强化了董事的地位（铃木，1993；宫岛，1996）。其次是日本企业为了防止被外国企业收购而采取了相互持股的一种方式。日本企业的个人持股大众化、分散化，因为分散而得不到应有的发言权，所以这些个人股东更注重投机机会，并且比例上也从50年代的70%的高比例逐步减少。而逐步增加的法人股东持股的目的主要是防止外国资本的敌对收购，同样对企业的经营并不插手。这种持股的目的很清楚，所以这些股东一般很少出售所持的股份，日本称之为“安定股东”。安定股东不会对企业的经营说三道四（奥村，2002），这在日本成为企业间的一种默契，成为一种商业习惯。与此相比，以主银行为中心的金融机构对日本企业公司治理的影响就十分明显。主银行之所以能够对日本企业公司治理起到比沉默的股东还要重要的作用，是因为日本企业的借贷总额要比自有资本总额多得多（菊泽，1995），对主银行有严重的的依赖性（宫岛1996）。

在日本，董事会的董事很少是由股东代表组成，从总体上看，具有股东身份的仅占董事会成员数量的9.4%（主要股东为5.7%，股东代表为3.7%），而在上市公司特别是大公司中，具有股东身份的仅占3.9%，[①] 董事人员绝大多数来自企业内部，其数量约占全部董事的80%，而其他的董事则主要是由控股或参股的关系企业派出，从而形成了网状的互助循环关系，独立的外部董事在日本极为少见。[②] 正是由于团队精神将日本企业捆在了一起，从而形成了网状的互助循环关系，进而提高生产效率，加强企业间的凝聚力和团队精神。通过大量互派人员加强彼此的交往和联系，充分发挥各公司的团结精神。

东方文化的特点之一就是集体主义、崇拜权威，虽然日本的专制主义思想没有中国深，但是与西方相比，集权特征还是相当突出的。

从形式上来看，日本企业的公司治理有比较完整的体系（参照图3.1）。股东通过股东大会的决议对经营者进行监督，同时对董事的选举任

① 李维安：《公司治理》，南开大学出版社，2001年版，第193页。

② 费方域：《企业的产权分析》，上海三联书店，1998年版，第175页。

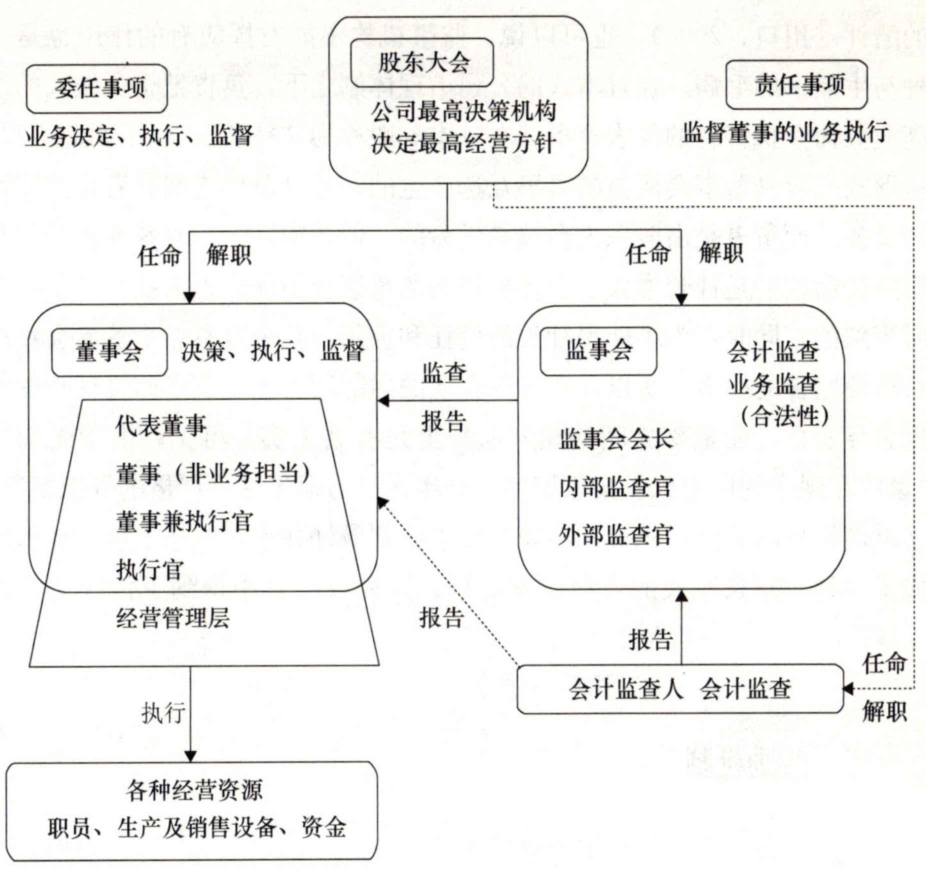

图 3.1 日本企业公司治理体制

注：2002 年 5 月商法改定以前。

资料来源：土屋，冈本（2003）。

命，并赋予他们相互监督的权利和义务，从而进行日常的监督。股东还可以通过股东大会对监事官的任命及委托专门机构进行会计审计等活动监督企业的经营状况。这个从结构上看比较完美的公司治理体系事实上并没有起到真正的作用，监事制度在创立之初就规定，监事官有选举任命董事的权力，也有免去董事职务的权力，这和股东大会的作用重叠而且监事官候选资格为公司的股东，任期为 1 年。这样，与其说监事会是一个独立的监督机构，不如说是股东大会的附属机构。从一开始，很难期待监事机构的活动能发挥什么作用，当时就有监事机构只会仰仗董事的鼻息等诸如此类的酷评（川口，2004）。也可以说，监事机构不能发挥应有的作用也是一种与生俱来的毛病。在日本式的公司治理体制之下，负责把企业做大的最高业务命令执行者的代表董事（在日本一般称为“社长”，以下用此称呼）从形式来看是董事会成员的董事互选产生的，并且董事之间有着相互监督的义务。而董事是由股东大会选举任命的，但是实际上，有董事提名权和实际任命权的是社长本人，由社长任命的董事选举任命人为社长几乎是理所当然的。同时，为了获得社长的信任和重用，几乎没有一个董事会对社长行使监督的权力。所以，在日本企业的内部制度上，董事监督社长的制度名存实亡，而董事之间的相互监督更是有名无实。可见，由于受儒家“家族”观念的影响以及集权统治，日本人已习惯于这种严格的等级制度，这就使得日本的公司职员在本职上要求做到最好并绝对服从上级，从而形成了一种“家长”式的等级管理制度，这种权力集中得到了传统文化的支撑。

三、激励机制

日本的人际关系是典型的特殊主义。日本人称得上“归属意识极强的民族”，背叛自己所属的集团是有罪的，这是日本人归属意识强的表现，他们对民族、家族、集团有一种强烈的认同感，离不开这个集团或群体，是“一群不会散开的小鱼”。公司主要通过事业型激励机制实现对经理人员的有效激励，使职工终身都与企业（集体）联系在一起。在企业管理中，日本企业把员工看作“社会人”来理解。它考虑人的多种需要，比如人的就业、生活与工作条件等问题，认为这对发挥员工工作积极性至关重要。

日本公司经理的报酬基本上是由基本年薪、奖金和津贴等构成。日本经理的非现金报酬明显高于美国，这些非现金报酬与经理的职位相关性很强。而股票期权等长期激励在日本高层经理人员薪酬结构中很少或几乎没有。从经营者与员工的收入差距来看，美国为100多倍，日本为4倍左右。日本公司经理人员的报酬相对是很低的，不论在对经营者的报酬绝对数量上还是在给予低层员工薪水的倍数上，都大大低于美国。这种收入的差异，在一定程度上反映了美国企业是以个人利益为核心的企业，日本企业是以集体主义为核心的企业。日本公司之所以能够以较低的成本成功地实现对公司经理人员的有效激励，关键在于日本公司注重对经理人员进行事业型激励，而不仅仅依靠物质型刺激。长期雇佣、内部晋升和物质激励之外，企业的控制权、经营者的事业成就感、个人声誉、职位晋升、政治地位和社会责任意识的精神方面的激励，也发挥着非常重要的作用。

日本企业经营者在精神方面的激励比美国要强。这种差别除了受各国社会制度、文化传统和思维方式等社会环境的影响以外，还受个人的意识形态、价值观和职业生涯发展阶段的影响。日本企业在长期性雇佣关系中，对员工产生激励作用的主要是职位晋升。实际上在很多时候已经形成了如果实现晋升则员工的报酬能够间接得到提高的竞争体系。关于这一点，青木还指出：晋升所产生的激励主要在“同期”员工之间发挥着作用，所以企业具有不向同一工作现场配置“同期”员工的特点。另外在竞争之下会产生败者的激励消失的问题。因此，年工序工资制可以减少同期之间因晋升不同所造成的差距，以防止激励作用的下降。

另外，以终生雇佣制为前提的雇佣契约，为员工提供了一种最基本的激励机制。企业员工的工资不取决于他们所从事的具体工作，而取决于他们的绩效。当员工的绩效指标既反映他们的个人努力程度、也反映他们与同伴的合作程度时，最优激励机制可以带来超额的个人努力。日本的“和”文化为企业内建立和谐的人际关系提供了文化支撑。在日本公司治理结构中，最优激励机制具体表现为员工把大量时间用于帮助同伴，很少有时间花费在闲暇及家庭生活中。

可见，文化传统深深地根植于公司治理之中。美国式的市场控制型的治理模式源于美国的个人主义文化理念，每个人都追求自身利益的最大化而不是集团利益的最大化，没有人愿意单独为公司的监管负责，所以美国式的治理依赖于市场的有效性；日本关系控制型的治理模式源于强烈的集体主义精神，对于团队的“忠”使得日本企业紧密联系起来，从而形成了网状的互助循环关系，使得日本企业经常会出现“一荣俱荣、一损俱损”的现象；中国的公司治理模式则是美国材料、中国文化制造的结果，文化传统与公司治理模式的耦合性低，这就使得公司治理制度系统的无序性增大。

一方面，由于长期以来，我们一直强调中华文化的辉煌与灿烂，而比较少地关注其非经济性的一面；另一方面，由于非正式制度变迁的长期性，中华文化在中国市场经济中一直是独占鳌头的，其变化非常小。正如前文所讲，目前中国公司治理模式与传统文化之间存在三种关系：第一，引进来的治理模式来到中国被本土化了，以至于偏离了公司治理的本质；第二，引进来的公司治理模式与传统文化并不兼容，耦合性差；第三，土生土长的治理模式虽然与传统文化相适应，但却是一种帕雷托低效的适应。所以，如何使引进来的治理模式与传统文化相适应，同时又保持治理模式的效率就成为一个非常值得研究的问题了。

制度系统内存在负反馈机制，这使得系统存在自稳定机制，与新制度经济学中的“路径依赖”类似。容易产生负反馈机制的主要制度因素就是非正式制度，如文化。文化变迁的渐进性、长期性和艰巨性使得各国公司治理制度系统之间即使在开放的环境中也差异显著。文化是历史的积淀，文化的变迁是缓慢的、渐进的、长期的，但是并不是不可变的，青木主张通过政府参与及与异文化的交流实现传统文化的改变。我们认为中华文化是博大精深的，其源发性的特征决定其变迁是更加艰难的，并且传统文化也是精华与糟粕并存的。我们变迁的思想是取其精华去其糟粕，传统文化中对经济发展不利的要通过各种渠道努力抑制，对于传统文化中适合经济发展的则要继续保持。

第四章

产权制度与公司治理

西方企业将私有制看作是当然的条件，不必进行探讨，而对于我们存在私有与公有之争的企业而言，不进行企业性质探讨是根本有害的。所以我们也将产权制度作为公司治理制度系统中的一项制度安排。由于本文考察的中国公司治理制度系统中的其他制度安排如文化等对于各种产权性质的企业都是一样的，所以本章将产权所有制性质作为变量讨论，发掘不同所有制对公司治理效率的影响。我们的结论是私有制与公司治理制度的耦合性高，而国有制与公司治理制度的冲突性强，所以前者的公司治理制度系统有序性要高于后者。

第一节 产权的分类与效率

经济学家阿尔钦给产权下了一个明确的定义："产权是一个社会所强制实施的选择一种经济品的使用的权利。"[①] 另两位著名的产权经济学家菲吕博腾和配杰威齐对产权经济学关于产权的定义进行了概述，他们认为：产权不是指一般的物质实体，"不是指人与物之间的关系，而是指由物的存在及关于它们的使用所引起的人们之间相互认可的行为关系。产权安排确定了每个人相应于物时的行为规范，每个人都必须遵守与其他人之

① 阿尔钦：《财产权利与制度变迁》，上海三联书店，1991年版，第166页。

间的相互关系，或承担不遵守这些关系的成本。因此，……它是一系列用来确定每个人相对于稀缺资源使用时的地位的经济和社会关系”。[①] 菲吕博腾和配杰威齐对产权的这一定义同马克思的产权定义有共通之处，虽然未被所有的产权经济学家们接受，但却得到了大多数产权经济学家的认可。

产权学派的代表人物德姆塞茨按照产权是否“完整”，[②] 将产权分为私有制、共有制和国有制三类，并且认为产权所有制形式的效率，主要看它能否为人们提供将外部性较大地内在化的激励。由于私产所有者在做出一项决策时，有考虑未来的收益和成本的倾向，并选择他认为能使他的私有权利的现期价值最大化的方式，来做出资源配置；并且他为获取收益所产生的成本也只能由他个人来承担，从而产生了更有效地利用资源的激励，因而只有私有产权才是有效率的。[③]

一、产权的分类

（一）私有产权

私有产权是指财产的归属主体是私人，并且对所有权利行使的决策完全是私人做出的。私有产权是人们对体现在物品上权利的各种用途进行选择，而且这种选择是排他性的权利。在完整的私有产权条件下，行为人利用其资源而采取的任何行动，都不影响任何其他人的私有财产的实际归属。同时，没有经过产权所有者的许可或没有给予其应有的补偿，任何人都不能合法地使用那些产权归其所有者所有的物品。私有产权的有效性取

---

① 科斯：《企业、市场与法律》，上海三联书店，1990 年版，第 123 页。

② 所谓完整的产权是指产权所有者必须同时具有以下权利：排他的使用权；收入的独享权；自由的转让权。如果产权所有者不同时拥有上述权利，就视为产权“残缺”。

③ 科斯、诺斯：《财产权利与制度变迁——产权学派与新制度学派译文集》，上海三联书店，1994 年版，第 96—113 页。

决于对产权规则强制实施的可能性及为其支付的交易费用，这种强制有赖于政府通过法规、政策对产权的保护以及习俗和社会的伦理道德规范。需要指出的是，私有产权并非意味着所有与资源有关的权利都掌握在某个人手里。只要每个人拥有互不重合的不同权利，多个人对某一资源或资产行使的权利仍是私人产权。如土地所有者把土地出租给佃户，地主有权选择佃户、收取租金、阻止佃户对土地的损害等；佃户则有权排斥在契约期内合同许可内佃户对土地的使用权。在此，地主和佃户行使权利的客体都是同一块土地，但他们的权利并不重复，从而都属于私有产权。这里所说的私有产权同我们通常理解的私有产权似乎有所不同，好像佃户对土地的使用权怎么是私有产权呢？其原因在于我们把产权等同于所有权，如果把产权视为一束权利（它包括狭义所有权、占有权、使用权和支配权）来看待，这一问题就不难理解了。

（二）共有产权

共有产权是指财产在法律上为公共所有，共同体内的每一个成员都分享这些权利，它排除了共同体外部其他主体对共同体内权利的分享。但对共同体内部来说，每个个体成员不能拥有对财产的所有权；公共财产没有排他性使用权，即对共同体内部个人使用公共财产是没有界限的；任何个人都无法排斥他人使用它，大家都可为使用公共财产而竞争；公共产权具有不可转让性，即共同体中任何一个成员都无权转让公共产权。共有产权的这些特性，使得共同体内部成员在分享共同权利时会最大化地追求个人价值，而其成本则由共同体其他人员分担，而且共同体所有成员要达成一个最优的行动方案，其谈判成本会非常之高，以致于放弃达成一致协议的行为，因此共有产权中“搭便车”的行为不可避免，也会导致很大的外部性。

（三）国有产权

国有产权是指产权归国家所拥有，由国家及其代理人来行使财产权利。理论界常把国有产权看作共有产权的实现形式，实际上混淆了共有产权同国有产权的不同含义。从以上分析可知，共有产权具有不可分性、非排他性（对共同体内部成员）、不可转让性和外部性等显著特征，而国有产权则不具备以上特性。国有产权的特性是：（1）产权归属的唯一性。国家是国有资产唯一所有权主体，任何个人和组织不得侵占和损害。（2）产权经营的代理性。国家和政府不可能直接经营所有国有资产，如果要像计划经济体制那样国家直接经营所有国有资产，将会以牺牲经济效率为代价。因此，国家必须选择代理人来经营国有资产。（3）权利配置遵循严格的纵向隶属等级规则。即国有资产由政府代理直到基层的经营国有资产的企业，需要多层的委托代理关系才可实现。（4）使用权的排他性。没有政府授权，任何个人和组织都不能使用国有资产。（5）剩余索取权归国家所有。国家作为国有资产所有者拥有的剩余索取权是唯一的，而且不能转让，否则就失去了国有制的性质。

正因为国有产权具有以上特性，从理论上讲，它不可避免地造成以下后果：（1）政府选择国有产权的使用者作为权利的使用者，他对资源的使用与转让以及最后成果的分配，都不具有充分的权能，因而对经济绩效以及对其他成员的监督和激励都会降低，从而影响资源配置的效率。（2）由于政府和企业经营者之间存在着多层委托代理关系，一方面会导致国家对代理人进行充分监督的费用极其昂贵，甚至不可能对代理人实施有效的监督；另一方面会产生内部人控制和“搭便车”甚至白“搭便车”现象。（3）国有产权有利于突破私人企业利润的界限，提供私人无力或不愿生产却为社会所必需的产品，克服外部性引发市场失灵现象，实现某些社会目标。这里暗含产权实体往往为了追求其他目标而偏离利润最大化的动机，是国有企业产权效率低下的前提。

二、产权的效率

西方产权分析认为，一种产权安排是否有效率，主要取决于它是否能为在它支配下的人们提供将外部性较大地内在化的激励。在私有产权下，私产所有者在作出一项行动决策时，会考虑未来的收益和成本倾向，并选择他认为能使他的私有权利的现期价值最大化的行为方式，来做出使用资源的安排；而且私产所有者为获取收益所产生的成本也只能由他个人来承担，因而在其他产权形式下的许多外部性在私有产权下能够被最大程度地内在化，从而产生最有效地利用资源的激励。因此，与大多数西方主流经济学家一样，大多数产权经济学家也是偏好私有产权的。科斯虽没有明确否定公有制能创造效率，却声称私有制能够实现最优效率。“科斯的分析指出公有财产必须取消。选择制度的规律因之而成为：一切财产应该属于私人和个人。”德姆塞茨也认为，只有私有产权才能完成推进市场和提高经济效率的任务。阿尔钦指出，在一个知识发散的社会，人们必须得到有保障的、可转让的私有产权，即以双方同意的价格、用较低的交易费用对经济资源和可交易产品进行转让的权利，这一制度协调发散信息的能力使得更有价值的物品的可得性增加，并使生产它们的成本变得越来越低。诺斯则从经济史的角度强调私有产权激励了技术和知识进步，推动了制度变迁与社会的发展。张五常更是极端地宣称，“私有产权是独步单方”。因而，西方产权经济学家大都倾向于对每个经济问题找到以市场为基础的私有产权解。

我们认为，新制度经济学的“私有产权拜物教”有相当大的局限。首先，在现实世界里，源于资源的不同性质及相关的不同的费用——收益结构，多样化的产权安排往往共存于同一个社会。如果考虑到现实的约束条件，而不是与某种理想状态相比较，它们都是有效率的产权安排。可排他消费、可竞争性销售的物品上的私有产权安排是有效率的，具有自然垄断性质和公共物品领域的公有产权安排同样是有效率的。尽管科斯等人的分析似乎表明，在一定条件下灯塔类公共物品也可以充分界定其产权并由私人提供，但是灯塔类公共物品的“非排他性”的自然属性决定了：要真正设计或发明一整套排他的装置和制度将其“私有化”，制度设计的成本以及执行和监督的费用通常是十分高昂，甚至超过此类物品“产权模糊”时的效率损失。因此，即使按照西方产权学派的效率标准，灯塔类物品的公有产权安排也不是“非效率”的。其次，并不是说私有产权一定能带来高效率，当今世界最富裕的国家是私有制国家，最贫困落后的国家也是私有制国家。所以，私有产权只是富裕的一个必要非充分条件。富裕和高效除了与产权相关外，还与这个国家的制度环境密切相关。但是，我们绝对不能否认，就非排他的产业而言，产权所有制性质是企业效率的一个前提。下面我们就来验证这个命题。当然，我们对命题的检验是在同一制度环境下比较不同所有制企业的治理效率问题。

第二节 中国上市公司产权性质与公司治理效率①的实证分析

我们上一节讨论的结论是产权制度对于公司绩效来说，是一个必要非充分条件。但在同一个公司治理制度系统中，在文化、法律、资本市场制度一定的情况下，产权制度与公司治理制度的耦合性高低则成为决定公司治理制度系统效率的关键因素，也就是说产权对公司绩效的影响是决定性的。下面我们就以银行业为例，通过对中国不同所有制的上市银行的治理绩效对比来验证这一个论断。

一、研究工具与方法

数据包络分析法（DEA）最初由 Charnes，Cooper 和 Rhodes（1978）提出，这就是 CCR 模型。它主要是通过线性规划方法来构建一个非参数前沿，是用来衡量具有多项投入与多项产出的决策单位（Decision Making Unit，简称 DMU）的相对效率的一种方法。其以线性规划的方法评估一组同质的决策单位，并求出各个 DMU 的相对效率值，将生产效率相对最优的 DMU 的观测值以“前缘”的方法进行包络，这在经济学上的意

---

① 目前对于公司治理效率并没有一个统一的综合衡量指标，许多学者从股权结构、内部权利结构等角度探讨公司治理效率。但我们认为企业的经营效率在相当大的程度上可以当作公司治理效率的综合指标，因为研究公司治理效率的目标就是为了提升企业的经营效率。

义是指所有可能最佳投入产出组合点所组成的边界，据此形成一条包络线，即所谓的效率前缘（efficiency frontier）。这时，所有有效率的受评估单位组成效率前缘，无效率的决策单位落在该前缘之内，并可以通过观测其与效率前缘的距离判断它的改进方向与程度。假如 DMU 达到生产最优，即其效率值为 1，各投入产出构面的最大差额均为 0，此时生产效率最高，若没有达到生产最优，其相对生产效率将小于 1，则投入面与产出面均有改善的空间。CCR 模式是假设在固定规模报酬下来衡量整体效率，但由于并不是每一个 DMU 的生产过程都是处在固定规模报酬之下，有鉴于此，Banker，Chanes 和 Cooper（1984）去除了 CCR 模型中规模报酬不变的假设，而以规模报酬变动取代，发展成 BCC 模型。BCC 模型能将纯粹技术效率和规模效率区分开来，可以衡量受评估单位在既定的生产技术情况下，是否处于最适生产规模状态。这种模型是通过求解以下线性规划来对技术效率进行测度的：

$$\underset{\theta_k,\lambda_j}{Min} h_k = \theta_k - \varepsilon\left[\sum_{i=1}^{m} s_{ik}^{-} + \sum_{r=1}^{s} s_{rk}^{+}\right]$$

$$\sum_{j=1}^{n} \lambda_j X_{ij} - \theta_k X_{ik} + s_{ik}^{-} = 0$$

$$\sum_{j=1}^{n} \lambda_j X_{rj} - s_{rk}^{+} = Y_{rk}$$

$$\sum_{j=1}^{n} \lambda_j = 1$$

$$\lambda_j,\ s_{ik}^{-},\ s_{rk}^{+} \geqslant 0, \quad j=1,\ 2,\ \cdots,\ n,$$

$$i=1,\ 2,\ \cdots,\ m, \quad r=1,\ 2,\ \cdots,\ s$$

上式中 s_{ik}^{-} 为代表投入项之差额变量，s_{rk}^{+} 为代表产出项之超额变量，λ_j 为赋予各 DMU 之乘数，θ_k 则代表评估 DMU 所有投入等比例减少的潜在程度。当 $h_k=1$ 时，表示 DMU_k 具有全面技术效率；当 $h_k<1$ 时，表示 DMU_k 不具有全面技术效率。对于一个无效率之单位 k，其位于生产前缘

上作为评比的坐标为（$\sum_{j=1}^{n}\lambda_j^* X_{ij}$，$\sum_{j=1}^{n}\lambda_j^* Y_{rj}$），而公式中的限制式显示 $\sum_{j=1}^{n}\lambda_j^* X_{ij}=\theta_k^* X_{ik}-s_{ik}^{-*}$ 及 $\sum_{j=1}^{n}\lambda_j^* Y_{rj}=s_{rk}^{+*}+Y_{rk}$，因此无效率单位欲达到最适境界的效率目标，需做以下调整：

$$\Delta X_{ik}=X_{ik}-(\theta_k^* X_{ik}-s_{ik}^{-*}),\ i=1,2,\cdots,m$$

$$\Delta Y_{rk}=(Y_{rk}+s_{rk}^{+*})-Y_{rk},\ r=1,2,\cdots,s$$

也就是说，对于无效率的决策单位需要减少投入 ΔX_{ik} 及增加产出 ΔY_{rk} 以达到有效率，此即 BCC 模式以投入为导向差额变量分析。

二、实证分析

（一）样本及样本期选择

本文样本拟选择中国大陆四家国有商业银行，即中国工商银行、中国农业银行、中国银行、中国建设银行，[①] 和十家股份制商业银行，即交通银行、中信实业银行、中国光大银行、华夏银行、中国民生银行、广东发展银行、深圳发展银行、招商银行、兴业银行、浦东发展银行。

选择依据主要有：

（1）数据来源所限。目前我国银行体系中包括国有银行、股份制银行、外资银行、城市商业银行、农村信用社，但除国有银行、股份制银行外，其他银行统计数据大多不公开，即使能收集到一些数据，其权威性也缺乏说服力。而国有银行、股份制银行的数据在各上市公司年报及其公司网站上均有公布，数据可信度高。

---

① 工、农、中、建四大银行目前已经是上市公司，但仍具有强烈的国有性质，因此称其为国有银行。

(2) 国有银行、股份制银行市场份额能代表我国大陆商业银行的总体水平。以 2007 年底数据计算显示，目前中国大陆国有及股份制商业银行资产总额占全部银行资产总额的 90%以上。其次，国有及股份制商业银行全部是全国性银行，其经营范围及地域最为广泛，而城市商业银行经营地域狭小，外资银行的业务范围又为国家政策所限，这都在客观上限制了效率之间的对比。

在选择样本期时，考虑到商业银行经营环境在不断地改变，国家财务政策也时有调整，如果样本期选择过长，报表中所提炼数据时期间缺乏可比性，因此本文选用 2004 年、2005 年、2006 年、2007 年作为样本期。

本研究中数据的来源为各上市银行公布的年报以及各公司网站上公布的信息。

(二) 银行投入、产出指标选择

1. 确定输入、输出指标体系的基本原则

从 DEA 的应用角度考虑，结合其他学者的总结归纳，DEA 指标的选取应当遵循以下 4 个基本原则：第一，目的性。选取评价指标要考虑到能够实现评价目的，要能够全面反映评价目的，也就是说输入指标与输出指标的选择要服务、服从于系统评价目的，对评价目的有较大影响的指标都应包括在内。第二，精简性。要考虑评价指标的数量，大量的输入、输出指标将导致有效 DMU 数目的增加，从而降低 DEA 方法的评价功能。评价指标应在满足目的性的前提下尽量精简。有学者认为：输入、输出指标总数不宜超过决策单元数量的 1/3。精简时，要注意抓住能够将决策单元区分开来的强项指标。第三，关联性。要考虑到输入指标与输出指标之间的联系，要选择逻辑相关而非数值相关的指标。当某输入指标与其他输入指标存在较强线性相关时，可认为该指标的信息已在很大程度上被其他指标所包含，因此可以考虑将其剔出输入指标；对于输出指标亦然。而当输入、输出指标之间存在线性相关时，则所有决策单元都是 DEA 有效的。因此应该保持输入、输出指标间不存在较强的线性关系。第四，多样性。在一个大的评估目标下，一般都会有一定的不同侧面，要考虑输入、输出指标体系的多样性，在确定评价目标的大前提下，设计多个输入、输出指标体系，比如从多指标到少指标，观察哪些指标对 DEA 有效性值影响最大；或设计相近而不同的指标体系，以反映评价的不同侧面，例如在深入考虑固定资产的投资效率时，可以从投向分解指标，也可以从来源细化指标进行。

上述 4 个基本原则在 DEA 应用构造、选取指标体系时能够给予较好的指导。目的性是根本指导原则，但简单地考虑目的性可能会引进太多的指标；精简性则是需要与之协调的另一重要方面；而关联性和多样性则给出了协调思路、方向和一定的定量方法，有助于指标体系的最终确定。

在实际应用过程中，可在评价目标的指导下先搜集一组全面性的指标，再根据实际情况对指标进行精简筛选；在精简筛选时根据关联性进行筛选，必要时根据多样性保留多套指标，并使指标体系的投入产出指标数量与决策单元数目之间满足如下关系：（1）样本容量≥3×（投入变量数＋产出变量数）；（2）样本容量≥（投入变量数×产出变量数）

2. 投入产出指标确定

借鉴前人对投入、产出指标的选择，并结合上文中所述原则，我们首先选择自有资本、固定资产净值、营业费用、利息支出、劳动力为初选的投入指标，选择贷款、存款、利息收入、中间业务收入、投资收益、国家税费为初选的产出指标。[①] 可以看出上述指标已经能够满足指标选择的目的性和全面性原则，下面我们利用相关系数表及上述原则提炼合乎目的并数量合适的投入产出指标。基本思路是从相关系数由低到高入手，并结合其经济学意义的完整性选择指标。

从表 4.1 中可以看出，各投入指标间存在严重的相关性，由关联性原则可知，各指标之间信息的包含度很强。其中，劳动力和利息支出之间相关性最差，但二者之间经济学意义不明确，因此放弃；接着，劳动力和固

① 在衡量效益和效率的产出指标中，通常都将税前利润作为重要指标。而本文不选择税前利润为初选指标的原因是：因为利润数据受国家政策、企业自身等主观因素的影响过大，缺乏基本的客观可比性。

定资产之间相关性虽略高，但二者之间关系符合经济学意义上对投入的大类的划分，即划分为资本和劳动力，因此选择二者作为模型的投入指标。

表 4.1　投入指标相关系数表

	自有资本	固定资产净值	利息支出	营业费用	劳动力
自有资本	1.000	0.964	0.930	0.937	0.914
固定资产净值	0.964	1.000	0.898	0.974	0.824
利息支出	0.930	0.898	1.000	0.875	0.795
营业费用	0.937	0.974	0.875	1.000	0.936
劳动力	0.914	0.824	0.795	0.936	1.000

表 4.2　产出指标相关系数表

	贷款	存款	利息收入	中间业务收入	投资收益	各种税费
贷款	1.000	0.996	0.962	0.676	0.834	0.916
存款	0.996	1.000	0.966	0.719	0.876	0.926
利息收入	0.962	0.966	1.000	0.718	0.848	0.973
中间业务收入	0.676	0.719	0.718	1.000	0.895	0.728
投资收益	0.834	0.876	0.848	0.895	1.000	0.860
各种税费	0.916	0.926	0.973	0.728	0.860	1.000

从表 4.2 中可以看出，各产出指标间也存在着严重的相关性。分析发现其中中间业务收入与其他各指标间相关性都比较弱，因此选择它作为第一产出指标。而贷款、存款、利息收入之间相关性极强，[①] 考虑到与中间业务收入经济学意义上的关联关系，我们选择利息收入作为第二个产出指标。接着考虑到整个产出指标体系的完整性将投资收益作为第三产出指标。三大产出指标涵盖了银行收入的整个领域，达到了指标选择的完整性

① 三者之间显著的相关性是必然的，存款是贷款的基础，而贷款又是利息收入的基础。

要求。

（三）中国银行业基本效率评价

我们应用投入导向的BCC模型，应用DEAP 2.1软件对14家银行2004—2007年技术效率进行测度，见表4.3、4.4。由表4.3可见，各年度国有银行技术效率的平均值均大大低于股份制银行，说明两类银行之间效率有显著差异。国有商业银行除2004年中行效率高于平均值外，其余均低于当年度平均效率值。由于每年效率值测算的标准不同，不能预测效率在不同年度间变化的情况。但从国有银行的标准差年度走势看，有逐渐缩小的趋势，这说明国有银行由于经营环境、业务范围等的类似性，其效率逐渐趋同；而股份制银行这个趋势不明显。

表4.3　2004—2007年分年度技术效率、纯技术效率测算表

	2004年		2005年		2006年		2007年	
	TE	STE	TE	STE	TE	STE	TE	STE
工行	0.6445	0.6445	0.7044	0.7044	0.5362	0.5362	0.3929	0.3929
农行	0.4851	0.4851	0.4758	0.4758	0.4043	0.4043	0.3001	0.3001
中行	0.9855	0.9855	0.7673	0.7673	0.7425	0.7425	0.5751	0.5751
建行	0.408	0.408	0.4593	0.4593	0.3787	0.3787	0.3386	0.3386
交行	1.0000	1.1741	1.0000	1.0338	0.6107	0.6107	0.2977	0.2977
中信	0.9678	0.9678	0.9117	0.9117	0.7907	0.7907	0.6486	0.6486
光大	1.0000	1.1198	0.9385	0.9385	0.899	0.899	0.7127	0.7127
华夏	0.9249	0.9249	0.8677	0.8677	0.7868	0.7868	0.648	0.648
民生	1.0000	1.1857	1.0000	1.5747	1.0000	1.7754	1.0000	1.0000
广发	0.7743	0.7743	0.7065	0.7065	0.6497	0.6497	0.891	0.891
深发	0.58	0.58	0.7327	0.7327	1.0000	1.1133	0.7997	0.7997
招商	0.8245	0.8245	0.5994	0.5994	0.5477	0.5477	0.514	0.514
兴业	0.563	0.563	0.6987	0.6987	0.7278	0.7278	0.6516	0.6516
浦发	1.0000	1.007	0.807	0.807	0.933	0.933	0.8769	0.8769

续表

	2004 年		2005 年		2006 年		2007 年	
	TE	STE	TE	STE	TE	STE	TE	STE
全部平均	0.8317		0.8055		0.7783		0.6176	
标准差	0.2603		0.2754		0.3514		0.2283	
国有平均	0.6308		0.6017		0.5154		0.4017	
标准差	0.2562		0.1572		0.1664		0.1217	
股份平均	0.9121		0.8871		0.8834		0.7040	
标准差	0.2255		0.2747		0.3551		0.2033	
国有与股份平均值差	−0.2813		−0.2854		−0.3680		−0.3023	
国有与股份标准差之差	0.0307		−0.1175		−0.1887		−0.0816	

备注：TE 为银行技术效率，STE 为银行超技术效率，表下部的平均值和标准差均为按照超技术效率测算得出。

从表 4.4 的数据可以看出，各年度国有银行规模效率的平均值均大大低于股份制银行，说明两类银行之间规模效率有显著差异。国有商业银行规模效率值均低于当年度平均规模效率值，可见国有银行规模无效性高于股份制银行。由于每年效率值测算的标准不同，不能预测规模效率在不同年度间变化的情况。但从股份制银行规模效率的标准差年度走势看，有逐渐扩大的趋势，这说明股份制各银行近年来虽然都很重视规模拓展，但其政策的有效性上存在很大差异；而国有银行这个趋势不明显。

分析规模经济有效性，无论是大型国有银行或是中等规模的股份制银行（除民生银行历年和少数银行部分年度处于报酬不变或递增区间外），多数均已处在规模报酬递减区间，但并不能就此得出我国银行规模过大了的结论，结合下文关于商业银行效率优化的分析可以得出，我国银行规模所谓的过大，并不是真的过大了，它的大不是一种绝对过大，而是一种相对过大，实际上是各银行在规模扩张的同时，相应的管理水平却没有跟上规模扩张的步伐（这一点由部分银行如华夏、深发展、兴业规模报酬忽处于递增区间、忽处于递减区间，也得到了很好的印证）。更确切的解释是相对于其现有的技术条件和管理水平银行规模太大了，即银行目前应更加注重外延性规模扩张过程中内部管理机制的配套优化。

表 4.4　2004—2007 年分年度规模效率及规模经济测度表

	2004 年		2005 年		2006 年		2007 年	
	SE	规模报酬	SE	规模报酬	SE	规模报酬	SE	规模报酬
工行	0.8417	递减	0.7044	递减	0.5362	递减	0.3929	递减
农行	0.7623	递减	0.7223	递减	0.5411	递减	0.3999	递减
中行	0.9855	递减	0.7673	递减	0.7425	递减	0.5751	递减
建行	0.8763	递减	0.6399	递减	0.4192	递减	0.3403	递减
交行	1.0000	不变	1.0000	不变	0.6107	递减	0.2977	递减
中信	0.9678	递减	0.9117	递减	0.7907	递减	0.6486	递减
光大	1.0000	不变	0.9385	递减	0.8990	递减	0.8748	递减
华夏	0.9329	递增	0.9045	递减	0.9594	递增	0.8014	递增
民生	1.0000	不变	1.0000	不变	1.0000	不变	1.0000	不变
广发	0.9891	递减	0.9490	递减	0.9124	递减	0.8910	递减
深发	0.9722	递增	0.7943	递减	1.0000	递减	0.9815	递增
招商	0.9182	递减	0.7949	递减	0.6363	递减	0.5735	递减
兴业	0.9697	递减	0.9679	递减	0.9607	递增	0.8970	递增
浦发	1.0000	不变	0.8155	递减	0.9330	递减	0.8769	递减
全部平均	0.9440		0.8507		0.7815		0.6822	
标准差	0.0719		0.1174		0.1989		0.2515	
国有平均	0.8664		0.7085		0.5597		0.4271	
标准差	0.0926		0.0528		0.1342		0.1022	
股份平均	0.9750		0.9076		0.8702		0.7842	
标准差	0.0294		0.0799		0.1433		0.2176	

续表

	2004 年		2005 年		2006 年		2007 年	
	SE	规模报酬	SE	规模报酬	SE	规模报酬	SE	规模报酬
国有与股份平均值差	−0.1086		−0.1991		−0.3105		−0.3571	
国有与股份标准差之差	0.0632		−0.0271		−0.0091		−0.1154	

备注：SE 为银行规模效率。

(四) 商业银行效率优化分析

DEA 方法在对各样本银行效率做出分析的同时，另一大优点是给出了对非有效率银行参照于当年度效率前沿银行投入产出水平效率优化的分析，即给出了非有效率银行参照于当年度效率前沿银行投入产出水平，其每一种投入的可优化度。

由 DEA 模型可知，DEA 被评价无效的决策单元，参照于当年度处于效率前沿银行的投入产出水平，进行效率优化，其理论最优值为 $x_i^* = \theta_i x_i - s^-$ 和 $y_i^* = \theta_i y_i + s^+$。然后可确定原始投入可优化减少度为 $\frac{x_i - x_i^*}{x_i} \times 100\%$。

表 4.5　2004—2007 年分年度效率优化原始投入可减少性分析表

	2004 年减少度		2005 年减少度		2006 年减少度		2007 年减少度	
	固定资产	劳动力	固定资产	劳动力	固定资产	劳动力	固定资产	劳动力
工行	35.55%	35.55%	29.56%	69.87%	46.38%	70.63%	60.71%	76.50%
农行	51.49%	54.15%	52.42%	83.68%	59.57%	83.79%	69.99%	87.86%
中行	1.45%	1.45%	31.94%	23.27%	40.07%	25.75%	55.07%	42.49%
建行	59.20%	59.20%	54.07%	80.91%	62.13%	80.66%	66.14%	80.24%
交行	0.00%	0.00%	0.00%	0.00%	38.93%	71.60%	70.23%	73.19%
中信	24.92%	3.22%	42.07%	8.83%	26.00%	21.11%	63.45%	35.14%

续表

		2004 年减少度		2005 年减少度		2006 年减少度		2007 年减少度	
		固定资产	劳动力	固定资产	劳动力	固定资产	劳动力	固定资产	劳动力
光大		0.00%	0.00%	19.59%	6.15%	39.21%	10.10%	48.52%	28.73%
华夏		7.51%	7.51%	13.23%	26.15%	21.32%	30.26%	35.20%	36.76%
民生		0.00%	0.00%	0.00%	0.00%	0.00%	0.00%	0.00%	0.00%
广发		22.57%	22.57%	29.35%	59.53%	35.03%	58.94%	10.90%	45.10%
深发		49.25%	42.00%	26.73%	26.73%	0.00%	0.00%	34.35%	20.03%
招商		17.55%	17.55%	44.75%	40.06%	45.23%	47.66%	48.60%	52.31%
兴业		43.70%	43.70%	30.13%	30.13%	40.10%	27.22%	45.59%	34.84%
浦发		0.00%	0.00%	53.94%	19.30%	49.90%	6.70%	50.14%	12.31%
全部	平均	22.37%	20.49%	30.56%	33.90%	35.99%	38.17%	47.06%	44.68%
	最大	59.20%	59.20%	54.07%	83.68%	62.13%	83.79%	70.23%	87.86%
国有	平均	36.92%	37.59%	42.00%	64.43%	52.04%	65.21%	62.98%	71.77%
	最大	59.20%	59.20%	54.07%	83.68%	62.13%	83.79%	69.99%	87.86%
股份	平均	16.55%	13.66%	25.98%	21.69%	29.57%	27.36%	40.70%	33.84%
	最大	49.25%	43.70%	53.94%	59.53%	49.90%	71.60%	70.23%	73.19%

由表 4.5 可见，原始投入平均可减少量无论是对于全部银行、国有银行或是股份制银行，抑或是固定资产或劳动力，都呈逐年增加趋势，这说明各银行在规模扩张的同时，相应的管理水平却没有跟上规模扩张的步伐，而且各银行间管理水平呈逐渐拉大趋势。从国有与股份的比较看国有银行的投入平均可减少比高于同期的股份制银行，说明相对于自身规模而言国有银行应更加注重管理水平的提高。从每年最大可减少度来看，除交通银行 2007 年固定资产可减少度为年度最高外，其余最大可减少度均存在于国有银行，这再次说明国有银行规模与管理间的巨大差距，而且分银行、分项目看，建行更应该注重固定资产投入效率的提高，而农行更应该注重人员效率的提高。

三、不同产权类型间商业银行效率的对比

按银行所有权形式将银行分为国有与股份两大类型，以各年商业银行的效率为因变量进行方差分析，结果见表 4.6。

表 4.6　两类商业银行各年效率方差分析结果表

		Sum of Squares	df	Mean Square	F	Sig.
2007 年	Between Groups	0.261	1	0.261	7.529	0.018
	Within Groups	0.416	12	0.035		
	Total	0.677	13			
2006 年	Between Groups	0.387	1	0.387	3.812	0.075
	Within Groups	1.218	12	0.102		
	Total	1.605	13			
2005 年	Between Groups	0.233	1	0.233	3.707	0.078
	Within Groups	0.753	12	0.063		
	Total	0.986	13			
2004 年	Between Groups	0.226	1	0.226	4.146	0.064
	Within Groups	0.655	12	0.055		
	Total	0.881	13			

由上表 4.6 可见，产权不同的两类商业银行间的效率差异以最小 92.2%的概率显示其有显著差异，而 2007 年更达到 98.2%。可见产权因素是影响商业银行效率的主要因素。结合表 4.3 进行分析可以看出，股份制银行的效率明显优于国有银行。

通过实证分析，我们发现就银行业来说，股份制银行的效率远远高于国有银行的效率。与国有银行相比，民营银行发展的政策支持力度还是远远不足的。股份制银行在资金、技术、人才和政策等诸多弱项条件下能在

相对较短的时间里得以如此迅速的发展，本身就很能说明问题，这正是私有制本身所蕴涵的激励机制在起作用。所以，我们认为产权所有制性质是影响企业绩效主要因素。

第三节　所有制与委托代理

一、所有制与委托代理关系

从本质上说，国有公司和私有公司的治理均以存在委托代理关系为主要特征，也就是说，国有公司与私有公司的终极所有者们与公司的经营者之间均存在委托与代理关系。作为国有公司的委托人——全体人民与国有公司的经理之间，以及作为私有公司的委托人——股东与私有公司的经理之间，均存在效用函数的不一致性及信息的非对称性，这种效用函数的不一致性及信息的非对称性是委托代理关系存在的原因。

（一）国有公司和私有公司的授权链长短不同，初始委托人行为能力不同

私有公司的授权链是资本所有者（股东）将财产交给经营者（经理阶层），这个链条比较短，财产的确切归属也很明了。与此不同，国有经济的结构特征可以用两大等级体系的委托代理链来形象描述：第一等级体系是从最初委托人（由每个个体所组成的基层共同体，即全体公民）到政府的由下至上的委托代理授权链；第二等级体系是由政府到企业经理层（最终代理人）的由上至下委托代理链。两大体系里的政府具有双重委托代理身份：他既是上游委托人的代理人，又是下游代理人的委托人。显然，国有企业的双重委托代理关系缺乏经济效率，这主要是因为严重的委托问题以及由此引起的严重的代理问题。首先，由享有相同份额剩余索取权的每个个体所组成的全体公民作为国有企业“最初的委托人”本身就是典型的“搭便车”的委托问题，这必然决定了所选择的代表（上游代理人）存在

代理问题，这是因为上游代理人投入企业的只有一份股份而不是较大股份（大股东），他所投入的自然资源“缺乏抵押性质”而存在较大的机会主义行为，即有可能牺牲全民（股东）的利益而为自己牟利；显然，当他（上游代理人）成为委托人时，由于他仅是“准股东”，而不能成为真正意义上的委托人，因此这一层次同样存在委托问题，并且由他（这时身份变为上游委托人）所选择的代表（下游代理人）同样因委托问题而存在代理问题。假若拉长这一链条，如此继续，每一委托代理循环层次都不可避免地存在因委托问题而导致的代理问题。因此，我们认为，最初委托人“搭便车”的委托问题决定了这种委托代理关系缺乏公司治理结构的效率（从企业所有权角度）。另外，现实告诉我们，尽管每个个体享有法律上的相同份额的剩余索取权，但实际上并未拥有这份权力。也就是说，最初的委托人不具有权威，而代理人却具有较大的权威。这是因为在从最初的委托人到代理人的第一等级体系中，各层次的关键代理人（最终代理人除外）往往不是由上游委托人选举产生，而是由更下游的代理人决定，即按照标准的委托代理理论，这种等级体系实质上是“逆向委托代理关系”。这就不难理解目前我国国有经济存在的某一层次的代理人更大程度上是为他的下游代理人（上级政府）而不是上游委托人服务的现实。可见，与私有公司的委托代理关系相比，国有公司的委托代理关系还存在初始委托人行为能力偏弱的问题。

（二）国有公司和私有公司委托人的效用函数不同①

一般认为，私有公司的委托人追求的目标应该是利润最大化或股价最大化，而对国有公司的初始委托人而言，他们追求的目标应该是福利函数的最大化。

对多重委托代理关系的权力中心——国家而言，它的目标是双重的：一方面，政府是积极的，公利的。在初始状态下，委托者（国民）只有将

---

① 部分内容参照韩晶：“行政垄断的新制度经济学分析”，《管理现代化》2002 年 6 期，第 46 页。

个人的一部分权力交给他们中间的极小的一部分人，并赋予他们合法地拥有和使用强制力的权力，即建立国家，才能实现自己的利益。国家建立之后，在具有制度延续性的条件下，委托者的委托对象则事实上置换成享有国家名义、具有强制力的政府。在此意义上，国家或政府均是社会理性选择的结果。国家或政府用以交换和服务于委托者的基本形式，就在于制度供给。从人类经济结构的变迁分析，没有一个明智政府的积极促进，任何经济增长事实上都是不可能的。所以，政府的作用与个人的积极性对于经济增长都是不可或缺的。如果没有政府提供秩序及其稳定性，理性行为是不可能发生的，产权亦没有了应有的意义。这样，委托者通过政府形式获得了回报。在此意义上，怎么强调政府政策对经济增长的重要性都不为过。[①] 不仅如此，统治者为了自我效用的最大化，亦会至少制定一套减少统治费用的规则。这一套规则在客观上起到了降低社会成本的作用，从而有利于经济的增长。

另一方面，政府是消极的、自利的。国家的建立同时意味着产生了依靠公共强制力的、或多或少不受委托者影响的统治者。统治者为了实际履行职能，必须寻求代理人，并赋予代理人一部分从委托人获得的权利。问题在于，统治者与代理人都是与委托者一样具有“理性人”行为倾向的人，只不过具有了公职身份。他们既不会比常人更坏，也不会比常人更好。[②] 这样，他们制定和执行公共政策的基准，就在于如何使自身的效用最大化。因此，对于经济增长过程中不可避免的制度不均衡，只有统治者认为安排制度创新所带来的自身的边际收益高于预期的成本，才会使用国家强制力推动创新，建立新的制度均衡。反之，基于自利，统治者和代理人都会听任不均衡继续存在，从而造成政策失败，进而导致无效率制度安排的延续，危害经济增长。在这一点上，“经济人”假设并没有错。马克

① 〔英〕W. 阿瑟·刘易斯著，梁晓民译：《经济增长理论》，上海人民出版社，1994 年版，第 475—476 页。

② 〔美〕詹姆斯·M. 布坎南著，平新乔、莫扶民译：《自由、市场和国家——80 年代的政治经济学》，三联书店，1989 年版，第 29—41 页。

思也曾经指出："人们奋斗所争取的一切，都同他们的利益有关。"[①] 此外，委托和代理都是需要费用的。因此，国家制度及其运行本身就是增加经济增长成本的形式之一。不仅如此，统治者或代理人甚至可能利用国家强制力阻断诱致性制度创新的进程——如果他们认为这种进程危及自身效用最大化的话。这无疑会阻碍经济的增长。

而与初始委托人和国家不同的是，对具体行使国有产权的代理人——政府官员而言，他们的效用函数可能包含了薪水、津贴、权力、声望、庇护、机构的产出、变革及管理机构的便利性等。由于政府官员是国有公司的直接控制者，因而他们长菜单般的效用函数必将影响国有公司的治理和运作。

在政府官员行政上超强控制国有经济的现实中，经理为了获得更多的国有资产控制收益，一方面或虚增企业利润，或虚增经营成本，以中饱私囊；一方面必然积极贿赂政府官员，以进行控制权投资。与此同时，政府官员为了获得更多的控制权收益，必然力图以权谋私。在公司治理机制尚不完善的条件下，这种委托权与代理权，或者说代理权与代理权的合谋租金，其结果必然是国有经济绩效下降。

下面我们就具体来分析国有公司效率低下的原因。

二、双重委托代理与国有企业[②]

租金是由于某种要素处于经济垄断地位而获得的额外利益。租金有多种途径可以取得，如通过政府一方的制度设租、企业或个人寻租而取得。国有经济虽然是双重委托代理结构，但是对经济产生实质影响的是第二层级的委托代理关系。詹森和麦克林认为，只要经营管理者不是拥有企业的全部股权，就可能产生代理问题。而我国国有经济的实际是不

---

① 《马克思恩格斯全集》第 1 卷，人民出版社，1956 年版，第 82 页。

② 张仁德、韩晶："国有经济腐败的委托代理理论分析"，《当代经济科学》2003 年第 2 期，第 28—32 页。

仅代理问题严重，委托问题更是代理问题产生的根源。政府官员本身是一级代理人，但是政府官员可能的腐败则是由其特殊的委托地位决定的，即其掌握着对公共资源的配置权，他的腐败特征与终极代理者——国企经理有许多不同之处，政府官员的腐败更多的表现在受贿，我们称前者的腐败为委托权腐败；国企经理的腐败则更多地表现在贪污，我们称这种腐败为代理权腐败。由于委托权和代理权腐败互为供给和需求，所以目前中国的腐败现象恰恰是这两种性质的腐败相互促进的结果，具体表现是委托权和代理权的合谋寻租，而且以委托权对代理权的控制为基本诱因。由此看来，要分析国有经济的腐败问题，必须从分析委托权腐败入手。

（一）委托权腐败的经济学分析

对委托权腐败的分析，应分别考察需求腐败和供给腐败。

1. 影响腐败需求的因素分析

腐败的需求者是国企经理，腐败的供给者是政府官员，在政府掌握企业控制权的情况下，企业经理进行寻租的目的是占有公共资源，增加个人收益。寻租者的行为取决于寻租者对腐败结果的预期收入与预期成本之间的关系。

预期收入（R）＝预期行贿所带来的收入（b）×（$1-\rho$）　（4.1）

预期成本（C）＝行贿支出（e）＋惩罚（d）×ρ　（4.2）

其中：ρ 为预期腐败被发现的概率，预期行贿所带来的收入 b 与行贿支出 e 相关，$b=g_1(e)$，这里，$g_i=g_i(x)$ 是一凸多项式函数，$i=1$，2…………n。下同。

惩罚（d）＝罚金（f）＋刑事处罚和行政处罚的量（q）×惩处力度（ω），罚金（f）＝$g_2(e)$（这里罚金包括物质惩罚和精神损失），$q=g_3(e)$。

这样，预期收入 R 和预期成本 C 就可以表示为：

预期收入 $R=R(e,\rho)=g_1(e)\times(1-\rho)$　（4.3）

$$预期成本\ C=C(e, \rho)=e+[g_2(e)+\omega g_3(e)]\times\rho \quad (4.4)$$

根据（4.4）式，寻租者的预期成本取决于行贿支出以及腐败被发现的预期概率（ρ），且这些变量的值越高，预期成本越高。其中预期概率（ρ）的高低又取决于监督机制的完善程度，机制越完善，ρ 越高。

预期收益（Y）是预期收入与预期成本之差：

$$\begin{aligned}Y&=R(e, \rho)-C(e, \rho)\\&=g_1(e)\times(1-\rho)-e-[g_2(e)+\omega g_3(e)]\times\rho\\&=g_4(e, \rho) \quad (4.5)\end{aligned}$$

对政府权腐败的需求 D 是预期收益和其他非经济变量 λ 的函数：

$$D=f(Y, \lambda)=f[g_1(e, \rho), \lambda] \quad (4.6)$$

在 ρ 和 λ 给定的条件下，当 $\frac{\partial g_1(e, \rho)}{\partial e}\geqslant 0$ 时，即当收益函数处在单调递增区间，收益越大，对腐败的需求越大，当腐败的边际收入 MR = 腐败的边际成本 MC，腐败的收益达到极大值，这时 $e=e_0$。如图 4.1、4.2。当 e、λ 一定时，ρ 是变量，腐败的收入和 ρ 负相关，ρ 越大，腐败的收入越小，成本越大，收益越小，只有当 $\rho<\rho_1$ 时，才会存在腐败，而 ρ 与监督机制正相关，监督越完善，ρ 越大，这正是从制度安排上抑制、严惩腐败的理论依据，如图 4.3。

值得特别指出的是：在预期效用和预期成本方面，现阶段国有经济寻租者有个明显特点，即寻租活动的效用和费用承受体的不对称性对委托权腐败的供求有着极大的刺激作用。

相当比例寻租者的寻租活动无私人费用，却有私人预期效用。这部分寻租者是对公有经济资源拥有支配权的人，主要是国有企业的管理者。对他们而言，寻租活动的费用并不由自己负担，所获效用在很大程度上却归个人所有。更严重的是，由于这部分人的寻租活动通常不被看作是为个人利益，他们所面临受惩罚的危险小得多，即使被罚，损失也不是完全以个人利益承担。这就造成了寻租活动效用受体和费用受体的不对称性，由于这种不对称性，寻租者的个人预期成本 C_1（e_1，ρ_1）低于 C（e，ρ），其中 e_1，ρ_1 分别为寻租者个人的腐败支出和腐败被发现的概率，它们分别小于 e，ρ 所以寻租者个人的预期收益高于 Y。

预期个人收益 Y_1＝预期收入 R－个人预期成本 C_1

需求函数　　$D_1 = f\ (Y_1,\ \lambda) = f\ [g_4\ (e_1,\ \rho_1),\ \lambda]$　　　(4.7)

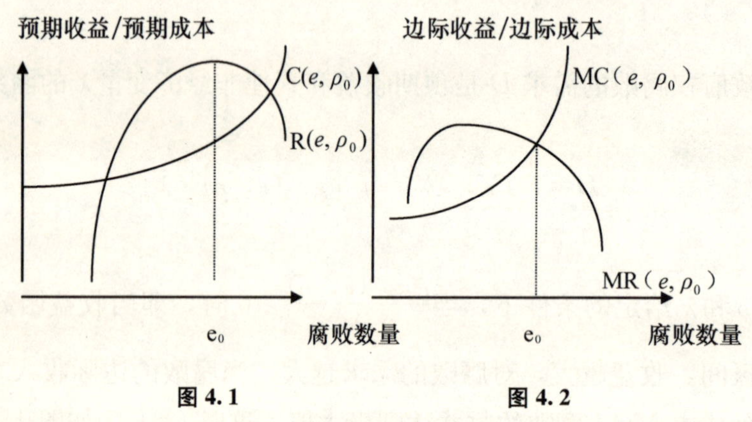

图 4.1　　　　图 4.2

在国有企业双重委托代理关系下，国有经理寻租行为的私人预期成本要大大低于私人企业寻租活动所付出的成本。因此如果其他条件相同，Y_1 会大大高于 Y，D_1 也就会大大高于 D。图 4.4 中需求曲线从 D 向右平移至 D_1 就是这一变化的结果。假定腐败的供给曲线为 S，在其他条件不变的情况下，由于上述不对称性引起的预期成本降低会使腐败活动量由 e 增长至 e_1，C 与 C_1 之间的价格差将由公有资源支付。

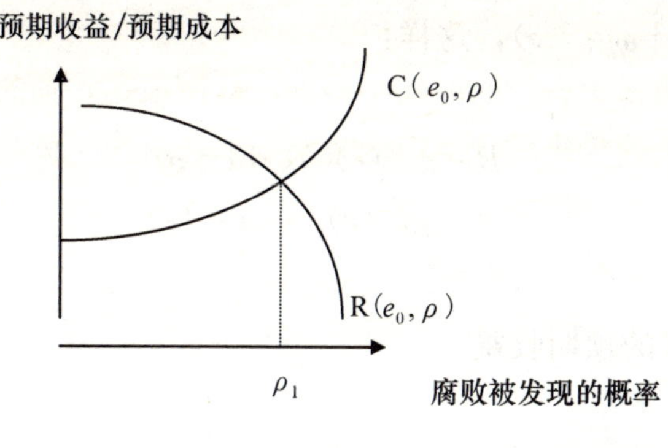

图 4.3

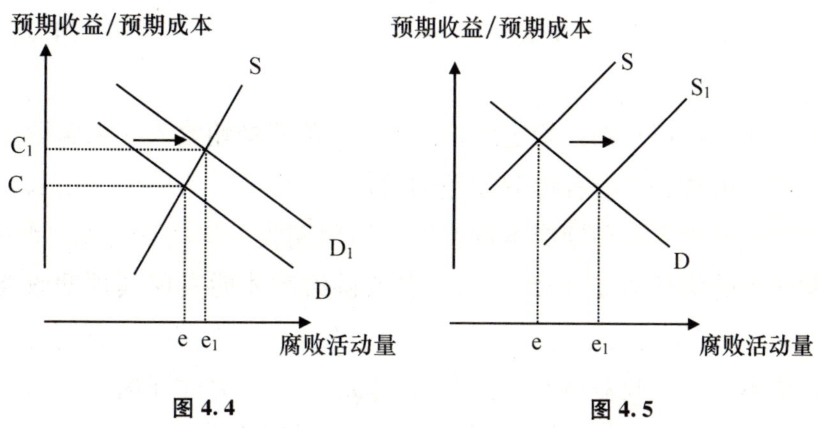

图 4.4

图 4.5

2. 影响腐败供给的因素分析

从供给角度看，政府权腐败产生于政府权力。政府权腐败的供给来自于某些掌握政府管理权的官员们的以权谋私的违法活动，这些活动取决于腐败供给的预期收入和预期成本。腐败供给者的预期收入为 R，预期成本为 C。

$$R=R（e，\rho）=腐败所得\ g\times（1-\rho） \quad (4.8)$$

$$C=C（e，\rho）=惩罚（d）\times\rho \quad (4.9)$$

其中，腐败所得（g）与受贿收入（e）相关，$g=g_5$（e），惩罚

$(d)=g_6(e)+\omega g_7(e)$，这样：

$$R=g_5(e)\times(1-\rho) \quad (4.10)$$

$$C=[g_6(e)+\omega g_7(e)] \quad (4.11)$$

腐败供给者的预期收益

$$\begin{aligned} Y &= R(e,\rho)-C(e,\rho) \\ &= g_5(e)\times(1-\rho)-[g_6(e)+\omega g_7(e)]\times\rho \\ &= g_8(e,\rho) \end{aligned} \quad (4.12)$$

由公式（4.12）知，给定惩罚力度 ω，预期受贿收入 e 和腐败被发现概率 ρ 是影响腐败供给者预期收益的关键变量。当 ρ 一定，e 增长，腐败供给者的预期收入和预期成本皆增加，当预期收入的增长速度（MR）大于预期成本的增长速度（MC）时，腐败供给者才能实现其预期收益；当 $MR=MC$ 时，预期收益达到最大；当 e 一定，ρ 越大，供给方腐败的收入越小，成本越大，收益越小，只有当 $\rho<\rho_1$ 时，才会存在腐败，这正是从制度安排上抑制、严惩腐败的理论依据，参见图 4.1、4.2、4.3。

在其他条件给定的情况下，供给方对腐败的预期收益越高，供给量越大，因此供给曲线如图 4.5 所示为上升曲线。委托权腐败产生于政府对企业的控制权，假定 S 是政府放权于市场的腐败供给曲线，S_1 则是政府广泛参与企业事务的腐败供给曲线。这样，在给定需求 D 和其他条件下，腐败活动量将从 e 增加到 e_1，如图 4.5。

（二）代理权腐败的经济学分析

在西方经济学中，代理权腐败也被称为企业经理的道德风险，它是指代理人在最大限度增加其自身效用的同时做出损害委托人利益的行为，其根源在于委托人和代理人之间关于代理人行为的信息不对称。对委托人来讲，防止经理人做出自身利益最大化决策的唯一办法是设计有效的雇用合同，指明在所有可能的情况下经理人应该采取的特定行为。但信息不完全是一种常态，代理人为了达到自身的目标，有时会以牺牲股东财富为代价制定决策从而使自身利益最大化。在这种情况下，股东就不得不承受由经理人员最大化自身利益行为所引致的代理成本。

我国国有经济的代理权腐败主要表现为侵吞国有资产（贪污），它与受贿的预期净收益受着类似变量的影响，τ 代表贪污数，θ 代表贪污行为被发现的概率。

预期净收益　　$Y_2 = R(\tau, \theta) - C(\tau, \theta)$　　(4.13)

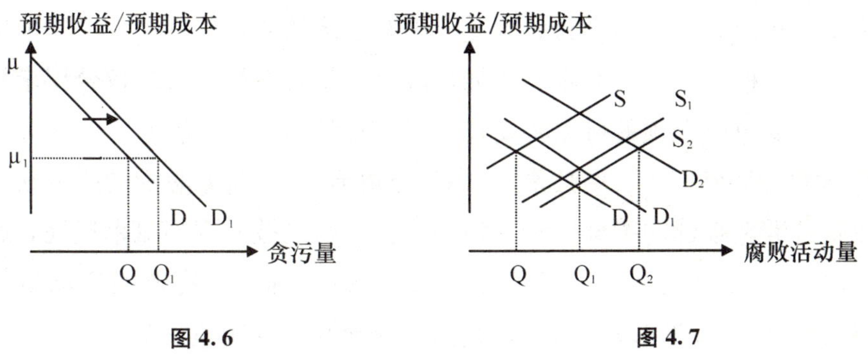

图 4.6　　图 4.7

但贪污者对其中一些变量的预期值与受贿者有差异。由于被贪污的资源在代理人的直接掌握下，比掌握在行贿人手中的钱更容易据为己有，因而更具诱惑力，贪污者对净收益的预期也更为确定和准确。另一方面，贪污被发现的可能性 θ 是与委托权腐败被发现的可能性 ρ 相关的，ρ 越小，对委托权腐败的需求就越多，由于委托权腐败对贪污者来说相当于一层保护膜，因此 θ 就越小。从这里我们也能发现为什么二者是互为促进、合谋寻租的。由于代理人掌握资源的直接性，加之保护膜的作用，代理权腐败倾向比委托权腐败更为迫切，操作成本也更低。对代理权的监督越完善 θ 越大，贪污倾向越低，我们将代理权的监督量化为 μ，这种负相关关系可以用图 4.6 表示。

在双层代理关系下，由于代理人通过寻租已经获得委托人（政府官员）的保护伞，这时在给定的监督力度 μ 下，贪污活动会从 Q 增加至 Q_1，如图 4.6。

由于双层代理结构中的委托人和代理人之间缺乏监督和制衡机制，与西方现代企业的委托代理制相比，这种代理结构潜藏着更大的道德风险。在国有企业管理结构中，公众所有权代理人职能总是要落到一个个自然人身上，作为具体代理人的政府官员个人的偏好必然产生道德风险。而公众委托人的弱势问题使公众委托人基本丧失对代理人的制约作用。一方面，双层的多环节的代理关系扩大了道德风险的空间，刺激了代理人以权谋私的需求；另一方面，由于委托人弱势，不能形成对代理人的有效制约，大大降低了政府和企业代理人滥用职权的成本，提高了腐败的净收益，从而刺激了以权谋私行为的供给。因此，国有经济的双重代理关系是当前腐败问题严重的根源。政府对企业超强行政干预是委托权与代理权合谋求租的纽带，降低政府干预就可以将委托权腐败供给从 S_2 下降到 S_1，腐败的需求将从 D_2 移动到 D_1，腐败量将从 Q_2 下降到 Q_1；监督激励的严重缺乏是促使腐败滋生蔓延的关键因素，加强监督，腐败被发现的概率提高，腐败的供给将从 S_1 移动到 S，腐败的需求 D_1 移动到 D，腐败的活动量将从 Q_1 下降到 Q，如图 4.7。因此，我们认为理顺双重代理关系、减少腐败发生的概率应该从减少政府干预、增加监督激励这两个角度入手。

第四节　所有制与治理机制

一、所有制与董事会

（一）关于董事会的理论

董事会是股东选举的在现代公司治理中起重要作用的机制或制度安排。它是“经理们必须为之负责的机构，是在法律产生效力之前对公司的活动负有责任的机构”。[①] 它的作用是制定公司的发展战略，把握公司的发展方向，并对经理层的工作绩效进行监督、评价、激励。由于一般国家的公司法均规定有关公司事务的法律责任应由董事会承担，这就决定了董事会作用的重要性。

Jensen 和 Meckling 间接地回答了董事会的存在性问题，即通过董事会这种企业内部正式的控制系统对经营者的行为进行控制从而减少代理成本。Fama 和 Jensen（1983）认为董事会处在现代公司决策和控制系统的高层，最适合于挑选、解雇、奖励重要的决策代理人（经营者）以及认可和监督决策代理人所提出的重要决策，从而解决了所有权与经营权分离的情况下，如何来安排剩余风险分担、决策经营、决策控制的问题。Williamson（1983）指出公司董事会在控制管理者导致股东绩效次最大化的专断权（discretion）以及在其他监督机制较弱或根本不存在时起到很大的作用，他认为董事会是一种替代的公司治理机制。Demsenze（1983）分析了现代公司中所有权和控制权分离需要对经营者进行不停的监督，或者需要把经营者的利益和股东的利益联结起来，董事会可以在一定程度上起到这种作用。但他指出董事会成员本人最好不要在企业内享有所有权的实际利益。Fama（1980）和 Jensen（1993）都认为董事会中的外部董事在监督 CEO 从而解雇表现较差的 CEO 方面发挥着关键作用，因为外部董事不受雇于公司内部，和 CEO 没有个人利益冲突。

Hermalin 和 Weisbach（2000）对于有关董事会的经济学文献进行了总结，并指出：尽管对于许多组织来说，董事会的存在是一项法律要求，但董事会还是一项解决组织内在代理问题的内生治理机制，正式的有关董事会（存在性）的理论似乎到此为止。他们还总结道，经典的代理问题存在于企业的所有者和管理者之间，企业的所有者或企业的股东一般被认为无法直接控制管理者，而管理者，正如斯密所担心的，当看管别人的钱财时倾向于不能充分用尽心智或不值得充分信任。对于这个

---

① 玛格丽特·布莱尔著：《所有权与控制》，中国社会科学出版社，1999 年版，第 61 页。

问题的一个解决办法是向管理者提供有力的契约性激励。但是这又引出另外一个问题：谁来提供这些激励以及谁来确保这些契约能够最优地加以设计？大多数大企业中股东太分散，不免会受到“搭便车”问题的困扰，并且由于同样的原因，无法获得适当的信息来设定管理者的报酬。这个问题以及最基本的直接控制问题（或所有权与控制权分离问题）在如下情形中可以得到缓和：其中一个大的外部股东（就像智猪博弈中的大猪一样）自身有充分的激励来解决它们［因此，许多模型都在研究大的外部股东的作用，例如 Shleifer 和 Vishny（1986）］。尽管存在例子表明大股东承担重要的公司治理角色，但它肯定不是一个通用的解决办法。再者，大股东发挥作用的舞台经常是董事会自身，也就是说，其权力来自于其在董事会的位置或者其对一些董事的控制。Hermalin 和 Weisbach 最后指出：关于董事制度的理论文献得出董事会是分散股东与管理者之间契约问题均衡解决的一部分。

（二）所有制与董事会的作用

在中国，无论是国有公司还是私有公司，其董事会的功能都发挥得很有限。由于中国的公司治理制度环境发展得很不健全，加之国有公司和私有公司的董事会的功能和职责受同一部公司法的界定，中国国有公司和私有公司的董事会的制度性缺陷表现出很多的共性，比如内部人控制、董事长和总经理兼任、大部分股票非流通等。但是国有公司和私有公司的董事会效率还是存在根本性的差异。

私有公司的董事会成员一般都是公司的大股东，或是大股东的代表，这样由与公司业绩密切相关的利益相关者组成的董事会力量就比较强大，他们在选拔总经理时，一般来说是以最大化公司业绩为出发点的，注重选贤任能。国有公司的最大股东自然是国家（当然也是一层代理人），国有公司的上层主管部门或者是国有资产管理委员会派遣的董事人选往往在董事会中掌握绝对控制权。比如，中国的国有上市公司国有股比例在 40% 以上，这部分国有股的代表人在公司中的地位当然是一言九鼎了。问题就在于这个国有公司的主管部门或控股公司所派的董事的个人利益与公司绩效之间的关联度，可能没有私有公司所派董事的个人利益与公司绩效之间的关联度大。以江苏国有上市公司为例，截至2008年底，仅21%的国有上市公司实行了股权激励，且持股比例均较低，大多数国有上市公司并没有实行股权激励。经营者持股数量偏小使得经理人员不能将个人目标与企业或所有者的目标很好地统一起来，不能产生真正有效的激励作用。由于激励机制不健全，经理人员缺乏治理好公司的有效动机，往往追求个人效用最大化，甚至利用手中职权进行“内部人控制”和“寻租”，产生道德风险。当现有激励之下获得的显性报酬不如约束之外获取的隐性收入时，经营者就会最大限度地获取“控制权收益”。而目前江苏省对经营者的行为也缺乏合适的约束机制，尚未形成具有竞争性的代理人市场，不能对现任的经理人员构成职位威胁。

二、所有制与代理权争夺

（一）代理权争夺对公司治理效率提高的积极作用

代理权争夺是由某个公司的不同股东组成的不同利益集团，通过争夺委托表决权即投票权以获得对董事会的控制权，从而达到更改公司管理者或公司战略目的的行为，即持有异议的股东（其往往是有影响力的大股东）与公司管理层或现公司实际控制者之间争夺公司控制权的一种方式。代理权争夺是公司治理中重要的外部治理机制，对提高公司治理效率有很大帮助。

其一，代理权争夺是提高公司信息透明度、促进中小股东参与公司治理的一条重要途径。持有异议的股东发动代理权争夺成功的基本前提是股东大会的支持。如果管理者设法使中小股东反对持有异议的股东的方案，那么后者就可能失败。投票权是股东接受或反对管理者提出的公司战略和管理的基本机制，股东在面临各种发展机会时应该投票赞成促使股票价值最大化和公司价值最大化的战略；同时，股东也应该投票反对管理者以股东利益为代价来谋取其本身利益的公司结构改变计划。可是，这一公司治理结构的基本机制并未能如预期的那样运行。由于股东掌握信息的有限性和股东的分散性，使获得信息的成本往往超过了投票的收益，中小股东因而放弃投票权。公司治理的主动权即掌握在大股东手中。

投票前信息的不对称是导致相对低价值投票的根本原因，而了解全部信息的股东则可从其经济利益考虑，挫败降低股票价值的提议。持有异议的股东为了保证代理权争夺的成功，就要动用更多的资源，使公司信息尽可能地向股东公开。相反，管理者则努力控制对其不利的信息，使大部分股东反对持有异议的股东提出的代理权争夺。这样，在双方反复较量和争夺的过程中，公司信息的透明度必然随之提高，公司信息的披露程度必然也随之增强。

同时，在代理权争夺中，中小股东的力量受到明显重视。管理者与持有异议的股东为了获得足够的支持，不得不提出一系列有利于中小股东利益的政策。特别是公开征集股东授权委托书，使中小股东的意志能够得到比较充分的体现，中小股东参与公司治理的热情增长。由此可知，代理权争夺实际上建立了一条促进中小股东参与公司治理的新途径，有益于公司责任机制的建立，对形成成熟的股东文化和公司治理文化有着不可替代的推动作用。

其二，代理权争夺是公司管理者头上的一把“达摩克利斯之剑”，能有效地促成管理者提高经营效率，更好地为股东利益和公司利益最大化服务。

代理权争夺作为一种治理机制，被认为是股东鞭策和罢免未能实现公司价值最大化的不称职的管理者的基本工具和标准做法。HenryG. Manne（1965）认为，代理权争夺是上市公司股东惩罚未能实现公司利润最大化管理层的最后工具。持有异议的股东提出的代理权争夺直接危及到管理者的去留问题，表明持有异议的股东的董事会席位之争已成为一种威胁，这会迫使管理者正视持有异议的股东的要求，做出让步来调整公司的经营战略。案例研究表明，即使持有异议的股东通过代理权争夺未能取得董事会的多数投票权，但是所采取的行动对影响公司高层管理者的去留发挥了极大的作用。持有异议的股东一旦提出代理权的挑战问题，对管理者所构成的威胁要大于通过股东投票权取得董事会多数的争夺战。

根据亨利·特阿吉罗和林达·特阿吉罗的统计，在 60 家发生代理权争夺的公司样本中，有 17 家公司在代理权争夺期间和之后的短时期内被出售或清算，其中有 15 次的交易明显与代理权争夺有关。在进一步对 39 家企业高级管理人员辞职情况的调查中则发现，其中有 20 人的辞职是在代理权争夺期间和此后的 3 年内与持有异议的股东的活动直接相关。也就是说，与代理权争夺有关的辞职占 51.3%的较高比例。其中，在代理权争夺结束后的一年期限内就引起企业高级管理人员辞职的有 13 人，占 39 家企业中的 33%，这远远高于同期高层管理者辞职率 11.5%的平均水平。

另外，综合实证研究提供的各种数据表明，无论持有异议的股东最终是否取得董事会选举权，高级管理层在代理权争夺不久之后将失去其职位。多数是在一年内就辞职，1/3 则在代理权争夺后的 3 年内辞职，只有少于 1/5 的公司在代理权争夺后的三年内仍然保留住其职位。因此，一旦代理权争夺成为事实，现行的管理层就将面临提前卸任的严重威胁。

因此，提出异议的股东提出代理权问题成为公司控制权市场的一个重要内容，必然影响到公司的治理结构，在一定程度上迫使管理层采取股东利益最大化的政策。

其三，代理权争夺通过股东财富效应影响着公司治理。Peter Dodd 和 JeroldB. Warner 研究了代理权争夺的效率，认为这一研究可以更好地检验公司控制权市场的有效性及在保护股东利益方面的作用。他们研究了在纽约和美国证交所交易的企业 1962—1977 年间的 96 宗代理权争夺战对股东财富的影响情况，其结论如下：（1）虽然持异议的股东实际仅在 25%的争执中获得控制权，但超过 75%的企业由于争夺而提高了价值。平均而言，在争夺期间股东获得 8.2%的超常回报；（2）无论发起代理权之争的目的是获得控制权还是仅仅为了参与董事会，股东都可以获得超常收益；（3）在争夺期间的股价的上升，并不受争夺的结果的影响。但持有异议者是否获得董事会的多数席位，则对股东收益的大小有影响。

Blackwell（1994）的研究结果显示，15 家公司的代理权争夺战导致高级管理层辞职，使股价上升了 15.16%，最终决定公司出售的活动使股价上升了2.9%。

代理权争夺的实证研究表明，无论代理权争夺的结果如何，股东财富在代理权争夺期间总是增加的，代理权争夺通过把公司资源转移到更有效使用它们的人手中而有益于股东。

代理权争夺中，有益于使公司价值获得最大程度提高的方案将得到股东大会的接纳。伴随着竞争过程中的信息披露，了解其中关键信息的中小股东从其自身经济利益出发，会支持认为相对高的公司价值提案，而往往是挑战者的方案最具有吸引力。代理权争夺的成功增加了公司战略调整的可能性，因而使市场预期公司的兼并重组的可能性也大大提高了。这种预期带来积极的市场反应，从而导致了股价上升，公司股东财富随之增加。另一方面，即使是持异议者的方案被否决或是持异议者与管理者在争夺代理权中最终达成某种妥协协议，管理者也会采取改良的政策甚至就是按照持异议者提出的方案来进行公司经营战略和决策的调整，进而提高公司资源的利用价值。这是因为管理者明白了自己已经受到威胁，即便是在这次代理权争夺中取得胜利，若不改变管理现状或调整战略，也将会导致挑战者继续寻找途径来争夺公司的控制权。这样，尽管公司股价会因代理权争夺失败而暂时下跌，但管理者采取的措施将有利于公司长期价值的提高。

（二）所有制与代理权争夺

以上的分析说明，规范、健康的代理权争夺对公司治理的意义是积极的、显著的。在非国有控股的上市公司中，股东直接或通过其选举的董事会提出经理的候选名单，以更换现有表现不佳的经理，是一件天经地义的事。当然，该股东获得成功的前提是其他股东的支持。1994年春，发生了名噪一时的“君安事件”，它是我国公司控制权市场的首起有轰动效应的代理权争夺。当时，由于在熊市中包销大量余额B股而成为深万科大股东之一的君安证券公司，通过取得委托授权的形式，联合持有深万科总计12%股权的四大股东突然向原董事会发难，提出对公司经营决策进行全面改革，但随后不久挑战者同盟中的一名大股东临阵倒戈，撤销了对君安的委托授权，并表明支持原管理层，最终使君安改组万科的计划不了了之。

但在国有公司中，名义上的所有者——全体人民似乎没有更换经理的提议权。经理替换的权力归政府或组织部门所有。这种制度安排的直接后果是现有经理会想方设法保住自己的位置，而不是如私有公司的经理那样，努力提高公司绩效是使自己的职位稳定的唯一途径。因为私有公司的经理贿赂股东（至少是50%股份以上的股东）往往成本太高，高到他无法承受，因此对私有公司而言，经理贿赂股东的情形是极少出现的。国有公司则因掌握经理任命权的政府和组织部门官员没有剩余索取权和控制权，因而变得较易贿赂。

当然，私有公司代理权竞争也并不是经常发生的，或必然能产生效果的。如对股权分散的公司而言，股东可能因有“搭便车”的动机而不愿提出代理人的新人选。因为提出更换经理的股东可能要花费成本确定股东的地址姓名，向他们发信，向他们推荐自己的候选人的优点等，这样的成本也很高，而成功后获得的收益并不是他一个人的。另外，在公司存在代理权竞争的情况下，小股东们还会觉得自己的投票影响不了大局而胡乱投票，或者甚至如英语谚语所说的那样，认为知道的魔鬼要比不知道的魔鬼更好（The devil you know is better than the devil you don't know），反而支持原经理（Hart，1995）。

需要指出的是，对国有公司而言，经理更替的可能性要大于私有公司。我国国有企业实行政府任命企业经理的制度，这是以企业国家所有为基础的，但这种制度很难保证称职的经理被任命到合适的岗位上。在有效的公司治理安排下，剩余索取权也应当和最终控制权（投票权）对应（Harris and Raviv，1989）。没有剩余索取权的最终控制权是一种“廉价的投票权”，权力的行使者无需也不可能为他的行为负责。与上文讨论的一样，政府官员并不拥有企业的剩余索取权，但是他却代表国家行使最终控制权，在国有企业这种制度安排中，这两种权力是相互分离的。基于效用最大化的原则，官员并没有动力去选择一个好经理，因为选择一个好的经理并不能为他带来最大的收益；相反，一个与自己关系不错的经理才是最有效的寻租方式（张维迎，1999）。并且选择一个好经理是要耗费成本的，包括搜寻、考核等成本，当我国外部经理市场远未达到有效的程度时，这种成本会相当高。另外，官员有权选择经理却不必为选择后果负责，企业出了问题最多只会追究经理的责任，我国现实的情况也很好地证明了这一点。因此，官员在选择经理的时候并不会重点考虑经理的工作表现，如果经理与官员的关系不够密切，努力工作和偷懒工作的经理都有可能被更换，这就导致国有企业经理更替的可能性比较高。另外，根据张维迎（1999）的观点，国有公司的经理层比私有公司的经理层更易于花费较多精力于权力斗争之中，这也将导致国有公司代理权竞争的频繁性。显而易见，这样频繁的代理权争夺对于公司治理效率改善是没有帮助的。

2005年，云大科技（600181）发布的一则提示性公告，将公司几大股东之间的控制权争端暴露无遗。云大科技（600181）称，公司第一大股东云南云大投资控股有限公司（云大投资）对有关第三大股东云南省农垦供销公司（云南农垦）所持公司3040.092万股国有法人股的拍卖程序存有异议并已起诉，致使中国和平（北京）投资有限公司（和平投资）收购该部分股权是否合法、公司控制权是否可能发生变化存在变数。此前不久，天津经济开发区（天津经开）刚于10月15日与云大投资（持有云大科技20.95%股权）控股股东云南大学（持有云大投资控股80%股权）签订了《股权转让协议》，云南大学将其所持云大投资控股51%的股权转让给天津经开，目前相关股权转让手续正在报批办理过程中。谁料天津经开屁股还没坐热，半路里就杀出了一个和平投资，天津经开第一大股东的宝座就已经不保了。

与云大科技“双龙夺珠”类似的是，*ST宁窖（600159）的股权争夺也日趋白热化。继*ST宁窖董事会发布公告不同意召开临时股东大会后，*ST宁窖董事会日前又发布公告称：公司股权托管方——北京鹏泰投资有限公司（鹏泰投资）已于2005年11月21日向上海市高级人民法院起诉*ST宁窖第一大股东——宁城县国资局，上海市高级人民法院已正式受理该诉讼。

频繁的代理权争夺拖垮了云大科技和*ST宁窖，结果是前者摘牌，后者重组改做房地产。

三、所有制与激励

（一）激励机制的理论回顾

激励制度是企业公司治理中的一项重要的内容。最优的公司治理安排应该是企业的剩余索取权和剩余控制权相对应的一种安排（Milgorm and Roberts，1994）。关于企业的剩余控制权的分配，有两种选择：股东和经营者。如果由股东来享有剩余控制权，显然因其人数众多、交易成本太高以及可能存在的“搭便车”行为而不现实（Alchian and Demsetz，1972）；将剩余控制权授予经营者可以避免以上问题，同时有助于应付企业所面临的未来不确定性情况。如果企业经理只拥有剩余控制权而没有剩余索取权，那么他的经营行为对他的收入并不产生影响，也就是他的行为不承担风险。在这种情况下，很难促使经理采取有利于企业价值最大化的行为。因此，激励制度设计的重点应在于剩余控制权和剩余索取权的结合，使经理在追求自身效用最大化的过程中能够同时实现组织的目标。目前，国外有许多学者研究经理激励问题，公司对经理阶层的激励大概分为三种类型。

1. 持股权

让经理人员拥有一定比例的持股权，是协调经理人员与股东利益最直接的方法。拥有大量公司股权的经理人员相应承受着经理层决策所带来的后果，持股比例大的经理人员工作得可能更加努力，相对于持有较少股份的经理人员来说，他们可能做出更符合股东利益的投资决策。大量的实证研究证明，在持股权与公司绩效之间存在着正相关关系，尽管联系可能是非线性的。Stulz（1988）的研究表明，经理人员拥有适度的持股权可以缓和经理人员与股东之间的利益冲突。Smith 指出，绩效改进是由于持股权增进了经理人员创造财富的动机，进而提高了营运效率。Agrawal 和 Mandelker（1987）指出，经理人员持股权会影响公司的资本结构，相对于债务水平减少的公司而言，债务水平增长公司的经理人员趋向于拥有更多的股票，这表明更大比例的持股权缓和了不同风险偏好问题。Schooley 和 Barney

(1994) 指出，经理人员持股权会影响公司的股利政策，他们发现较大比例的持股权增加了经理人员分配超额现金的动机，而不是将其用于投资，在CEO持股比例超过公司股份总数14.9%的公司具有更高的股利支付比率。

2. 报酬合约

报酬合约是协调经理人员与股东利益的关键机制，一项有效的报酬合约将以尽可能低的成本为经理人员提供做出股东偏好决策的激励。在经理人员做出大量不容易被董事会或投资者所监控决策的公司中，有效的报酬合约具有更加重要的意义。比如，新产品的发展、新市场的进入等。相对于处于成熟期的公司而言，处于迅速增长阶段公司的经理人员有更多的机会做出自身利益最大化的决策。缺乏及时与可靠的信息，使得评估处于增长中公司经理层决策的质量是非常困难的。设计经理人员报酬合约的问题在于，怎样使报酬具有充分的数额与合理的结构以吸引和留住有能力的经理人员。报酬合约一般包括薪金、奖金与股票期权。(1) 薪金。定期的绩效评价作为经理人员提升、降级与解雇的标准。实证证据表明，美国公司并没有有效地使用薪酬机制。Medoff 和 Abraham (1980) 在一项对美国两大制造业公司7629个绩效等级的研究中，发现具有最低绩效的雇员收到的薪水仅仅比具有最好绩效的但具有相同级别的雇员少7.8%。Warner，Watts 和 Wruck (1988) 发现仅仅当公司处于最低的绩效水平时，高级经理人员被解雇的可能性才显著增长。Bakeretal 指出在薪水与绩效之间的弱相关是经常的，他们认为原因在于固定薪金支付系统：A. 将重点放在支付数额上；B. 缺乏对做好工作的内在激励；C. 使雇员仅关心手边的工作；D. 会挫伤雇员的士气。一些用于减少代理成本以绩效指标为基础的支付系统存在着一些实际问题。首先，选择合适的绩效计量指标是困难的，不恰当的计量方式会使经理人员过于狭隘地集中于某一活动，或寻求起反作用的行为。其次，当经理人员的任期快要结束时，绩效评价的事后处理过程更加无效。对于任期内工作较短的经理人员来说，未来雇佣收入的现值是大的，重新谈判是一项减缓努力与任期问题的有效机制。但是对于任期内工作时间较长的经理人员来说，重新谈判的控制作用是较小的，工作时间长的经理人员趋向于是更重要的决策制定者，对于努力与任期问题而言，未来薪水的变化控制力较弱。最后，因为一个固定报酬流的现值依赖于公司的偿债能力，在报酬计划中包含大量的固定薪水会增大不同风险偏好问题。(2) 奖金。奖金也是以绩效指标为基础的报酬，它可以削减代理成本。在这些计划之下，如果达到了提前规定的绩效指标，经理人员可以收到现金、股票或二者兼而有之。将报酬与绩效指标相衔接会使经理人员工作更加努力，在制定投资决策时会以长期视角看问题，削减过度投资，合理利用财务杠杆。但奖金也有它自身的问题。首先，因为它基于会计数字，经理人员可以进行盈余管理来获取较高的奖金。其次，绩效指标的选择可能使经理人员仅仅关注会提高该指标的活动，比如以销售额为考核指标会使经理人员以牺牲利润为代价促进销售。(3) 股票期权和有限制的认股权。期股和有限制的认股权能够解决任期与努力问题，因为股价与期权的市值与未来现金流的现值正相关，同时它也能减缓不同风险偏好问题，因为期权价会随资产收益率的增长而上升。Mehran (1995) 的研究表明，以市场为基础的报酬使美国公司的持股者受益，他证明了在制造业，公司的绩效与以股权为基础的报酬之间存在正相关。然而，这种报酬制度也不是万能的。比如，当股利上升时，期权的价值下降，这增加了经理人员限制股利的动机。此外，以股权为基础的报酬使经理人员的报酬具有波动性。如果经理人员报酬的不确定性增长到足够高的程度时，他们就可能要求更高水平的报酬。这表明在控制代理成本方面，以期股和有限制的认股权可以作为持股权的替代机制。

3. 声誉激励

在竞争的经理市场上，法玛 (Fama，1980) 的研究表明，经营者的市场价值取决于其过去的经营业绩，从长期来看，经营者必须对自己的行为负完全的责任，因此即使没有显性激励的合同，经营者也会努力工作，因为这样做可以改进自己在经理市场上的声誉，从而提高未来的收入。霍姆斯特姆 (Holmstrom，1982) 将上述思想模型化，形成代理人—声誉模型，用以考察经营者对声誉的关心是如何影响经营者行为的。研究结果表明，声誉具有一定的激励作用，能够使经营者努力工作，但其努力水平不一定是最优的。霍姆斯特姆发现了一个有趣的现象：在经营者的声誉尚未在市场上建立之前，经营者会加倍努力工作，而一旦其能力为市场所认同，他就会开始偷懒。因此，经营者努力工作完全是为了给市场留下“好印象”。一个不同于霍姆斯特姆的推断是，由于经营者的价值信号不是提供给特定所有者的，而且市场的行为累积记忆功能又可使经营者的道德风险成为迟早要受到市场惩罚的不利行为，所以理性的经营者往往清醒地知道，与其偷懒、欺骗得利于一时，不如长期与市场“合作”，将行为绩效真实地提供给市场。一种典型情况是，某一经营者的市场信号甚至可以使他达到这样一点，即从这一点开始，由于大量所有者对其边际产出的浓厚兴趣，他可能由买方市场转入卖方市场的地位，并由此形成所有者之间对其需求展开竞争，结果使经营者获得“超额利润”。这就使经营者把声誉作为其追求的目标，并使声誉成为经营者努力工作的持久动力。

（二）所有制与激励机制

1. 物质激励

据统计，美国规模100亿美元以上的大公司，其首席执行官的薪酬构成是：基本年薪占17%，奖金占11%，福利计划占7%，长期激励计划占65%。1999年薪酬最高的50位总裁，其平均股票收益占总薪酬的94.92%。反观美国近二十年来企业竞争力的提高，这种长期激励功不可没（吴敬琏，2002）。而我国无论是国有上市公司还是私有上市公司，对高管的激励一般都采用年薪＋奖金＋福利的方式，采用长期激励计划的很少。

据统计，2006年实施股权激励至今，共有145家公司公布股权激励预案。但仅2008年就有45家公司宣布终止股权激励计划，其中有32家属于当年推出当年即宣布夭折。2009年以来，共有12家上市公司的股权激励计划被停止实施，一季度就有银基发展、西飞国际、华发股份、拓邦电子等公司终止，招商银行、通威股权、海油工程等公司均在4月份停止激励计划。

就已经实行了股权激励的公司来看，股权激励确实起到了激励公司经营者努力提高公司经营业绩的作用。具体来看，一般法人、管理层（员工）作为最终控股股东的公司，股权激励后经营业绩显著提升，经行业平均收益（行业净资产收益率中值）调整后的每股收益（净资产收益率）分别增加了0.137元（8.57%）和0.155元（2.62%），激励效果最好，可能的原因在于这些公司的最终控股股东有动机去监督经营者和设计比较合理的股权激励机制来促使经营者努力工作；而国有企业集团为最终控股的公司，经行业平均收益调整后的每股收益（净资产收益率）不仅没有增加，反而降低了0.1元（6.97%），激励效果较差，可能的原因是这些公司的股权激励方案设计得不合理或者是股权激励成了经营者为自己牟利的工具。

过去，国有公司的待遇相对于非国有控股的上市公司来看要差很多，但是褚时健事件发生后，从中央到地方，都在呼吁提高国有企业高管的待遇。与非国有企业相比，国有企业的高官待遇提高既快又稳定，因此很多国有企业高官表现得财大气粗。[①] 以浙江省为例，有民营企业常青树之称的鲁冠球，其担任万向集团控股的上市公司万向钱潮（000559）的董事长时年薪一栏显示为空白；而同为知名浙商的传化股份（002010）的董事长徐冠巨年薪一栏也为空白；同样的还有英特集团（000411）董事长冯志斌、滨江集团（002244）董事长戚金兴、盾安环境（002011）董事长周才良等等。有分文不取的“零年薪董事长”，自然也有“天价年薪、丰厚分红、不菲股权”的“百万年薪高管”。与2008年相比，宁波银行（002142）依旧延续了“百万年薪高管”扎堆的传统，宁波银行包括董事长陆华裕在内的总共有8人的年薪超过了百万元。通过调查，我们认为国有控股上市公司的高管薪酬在一定程度上是优越于非国有控股上市公司的，非国有控股上市公司的最终控股老板是比较“吝啬”的，在非国有控股的上市公司中股东进而董事会对提高经理的报酬是有积极性的，但是经理报酬提高对公司而言产生的成本要小于因此而给公司带来的收益。实际上，国有上市公司的业绩不比非国有公司高。但是国有上市公司高管的薪酬确实是很高，甚至出现了高管的薪酬上升比例已经远远超过公司业绩提升幅度的情况。比如，云南19家国有上市公司公布年报显示，除去2008

① 中石化前董事长陈同海曾说过的：“每月交际一二百万算什么，公司一年上缴税款二百多亿。不会花钱，就不会赚钱。”

年8月才上市的西仪股份（因无2007年业绩可作对比）和云铝股份（其2007、2008年报中除2—3名监事外，董事长、总经理等其他各位高管人员年薪没有公布）两家公司，其他17家公司中：净利润出现同比下滑的有9家，9家中有3家是亏损；高管年薪下降的有3家，其他公司的高管均出现不同幅度的增长；主营业务收入同比增加的有10家，减少的有7家；净利润同比增加的有8家，减少的有9家，9家中出现亏损的有3家，分别是罗平锌电、云南盐化和云南铜业。与之相对应的是，在17家公司中也仅有这3家亏损公司的高管年薪出现下降。

这样没有业绩支撑的高薪酬也只能存在于国有企业。因为上市公司对经营者进行薪酬激励，无需经过中国证监会的同意，激励方案只需经过股东大会同意即可。因为董事会中的部分董事是大股东的代表，他们不仅代表大股东参加股东大会的投票，而且代表的大股东的股权比例通常都比较高。一般情况下，薪酬激励方案经过董事会会议决议通过，股东大会决议也就可以通过。非国有控股上市公司的董事一般都是公司的股东，很难想象公司的所有者会拿大量的资金给不会为公司创造财富的高管。（这有一个例外，就是大股东本身也是公司的高管，大股东可能和国有股的代理人合谋侵犯小股东——国有股和流通股股东的利益，毕竟只要公司不完全是自己的，就会产生道德风险。发生这种情况的概率并不是很高，因为大股东们凑巧还都是公司高管的现象并不常见，但是毕竟出现了，如ST中西。个别的原因还是在于股份的非流通性和国有股所有者缺位。[①]）然而，

① 葛兰素是全球第二大生技制药商集团，该公司坚持认为其高层管理人士应该获得比较体面的薪酬待遇，这样才能跟得上在大西洋彼岸美国的同行竞争对手高官的待遇。也正因如此，在新的薪酬方案中，公司方面提出如果其执行长让—皮埃尔—戛赫尼尔（Jean-Pierre Garnier）一旦离开葛兰素即可获得1500万英镑（约合2500万美元）的报酬。结果这一提案遭到股东们的强烈反对。反对该薪酬计划的抗议者们高举着绘有肥猫叼着香烟图形的标语牌，讽刺葛兰素公司的高层管理人士。为此，该公司董事长克里斯多佛（Christopher Hogg）在稍后表示将对这个薪酬方案进行一些折衷，“葛兰素的董事会将非常严肃地对待股东大会的投票结果”，“我们将在未来数月内征求公司大股东们对我们提出的高官薪酬方案的意见，争取在双方之间达成平衡”。

当公司的第一大股东为国家股时，因为所有者缺位，所以也容易引发“内部人控制”问题。资产一边是国家的，一边是股民的，但控制权却掌握在管理层手里，在董事会决议很少被股东大会否决的情况下，他们有权决定自己的薪金，他们可以让自己拿到想要拿到的高薪，而且合法，尽管也许不合理。这样，经营者出于自利动机，有利用种种手段增加自己的财富、掠夺股东利益的倾向。这样的薪酬方案不仅起不到激励经营者努力工作提高企业价值和公司绩效的作用，相反，容易成为经营者掠夺股东财富的工具。

总的来看，国有公司和私有公司对待高管的股权激励都是比较少的。我们的研究表明，在这样的情况下，不同所有制的股权激励的效果还是有很大差别的，非国有控股的上市公司股权激励的效果明显。过去，我们一直认为国有企业的高管收入低于非国有控股的上市公司的高管收入，而我们的研究显示，国有企业高管的待遇不是太低，而是太高，已经远远高于公司的业绩给予的支撑。非国有控股的上市公司高管的待遇相对于国有企业是比较低的，由于监督机制比较有力，高管的非透明性收入比较少，单纯比较个别国有企业高管不足万元的年薪与非国有控股的上市公司高管十几万元的年薪是没有意义的。需要指出的是，在物质激励方面，非国有控股的上市公司并不比国有企业做得好，其在股权激励方面的有效性来自于这种所有制监督的有效性。

2. 所有制与声誉激励

声誉机制对物质机制具有替代和补充的作用。就我国上市公司来看，国有控股上市公司的声誉激励对高管的作用是小于非国有控股上市公司的声誉激励对高管的作用的。

原因在于，声誉激励并不是无条件的发挥作用。如果一个高管对他的未来有一个很好的预期，并且目前短期行为的风险很大，那么声誉激励对他是有作用的；如果存在一个经理人市场，声誉差的经理人以后谋职将很困难，那么声誉激励对他来说也是有作用的。

上文已经分析了我国国有控股上市公司，其给予高管的薪酬是很高的。但是再高的薪酬恐怕也难与将国有资产据为己有相提并论。我们在前文已经分析了国有企业经理侵吞国有资产的风险并不是很高，因为所有者缺位，监督机制不健全，在侵吞了国有资产之后，企业绩效再差，只要法律没有追究，即使声誉受损，也有两条路可以选择：当寓公或者自己创业。而且，更为重要的是国有控股公司的高管一般是由政府部门指派的，只要上层领导认为这个高管可以，那么他就可以继续干下去，甚至当企业绩效太差的时候，可能给他换一个企业继续当高管，或者让他来政府部门工作。在一定程度上，高管与上级的关系是决定性的。

对于非国有控股公司的高管而言，声誉激励的作用大一些。尽管中国还没有经理人市场，但是非国有控股的上市公司经理的聘用，一般都是选择那些在业界做得很出色的经理人，同国有公司的上级领导任命高管相反，非国有公司高管的选拔，市场的作用更为突出。当经理人觉得在一家公司干得不如意时，他可以选择离开，但是如果他还能重新被聘请当高管，肯定是因为他在业界有良好的声誉作支撑。不容否认，非国有公司也存在“59岁”现象，在最后一次博弈中，高管可以不再在乎声誉了，因为其职业经理人生涯已经快结束了，只不过发生的几率相对于国有企业小些罢了。为什么非国有控股上市公司的高管发生道德风险的概率要低于国有控股公司呢？并不是说非国有控股公司的高管的觉悟有多高，关键在于非国有公司对高管的监督一般是比较有力的。高管如果发生道德风险被发现和处罚的概率是比较高的。

四、所有制与监督

（一）监督的主体

在第一章我们已经论述了知识经济时代的公司治理是股东主导的，由利益相关者相机抉择、共同治理。那么对管理者进行监督的任务自然就落到了利益相关者身上。参与对管理层监督的主要有三方面的力量。

1. 股东

股东是公司的直接所有者，其最有动力去监督公司。公司业绩提升，其收益提高；公司业绩滑坡，其收益缩减。但是，由于上市公司股东众多，股东对上市公司的监督是“公共产品”或巴泽尔意义上的“公共域”，股东对上市公司行使监督权必须全方位搜集信息，这需要付出成本，但是一个股东对上市公司的监督所带来的利益会为所有的股东集体分享，因此单个股东并没有足够的动力来履行监督权。股东作为产权主体恪守用脚投票是“消极自由”，行使监督权是股东的“积极自由”，由于监督的公共产品性质，中小股东监督上市公司的成本太高，因此中小股东除了消极地“用脚投票”外实际上别无选择，这一部分权利基本上无条件地放弃了，投资者更多地行使消极自由是理性选择。所以，一般认为，公司的股权结构应该存在几个没有“搭便车”动机的大股东，这样有利于对董事和经理的较好的监督（Hart，1995）。

2. 银行

关于商业银行和资本市场在公司治理中的具体作用及其如何设计，已有大量文献从不同角度作出了分析。詹森等人认为，债务支出减少了公司的“自由现金流量”，从而削减了经理从事低效投资的选择空间。阿洪和博尔顿等人认为，在一个多期间的世界里，当出现不利的、公开观测到的收益信息时，将控制权转移给贷款人是最优的。另外，哈特和摩尔等人也作出了许多突出的分析。值得提及的是，德瓦特利珀特和泰勒尔对商业银行和资本市场在公司治理中的作用机制作出如下结论：

(1) 由于合同（契约）的不完全性，仅仅基于公司业绩的货币激励并不能有效地约束经理，应当让外部人（是指与经理相对应的处于公司经营管理之外的股东或债权人）拥有公司的控制权，使他们可以根据公司业绩的好坏来采取相应的对策。(2) 必须让外部人拥有公司的证券以激励适度干预公司。(3) 当公司业绩优良时，外部人应当少干预公司事务以作为对经理的激励；当业绩欠佳时，外部人应当加强对公司的干预以作为对经理的惩罚。(4) 在通常条件下，当公司业绩优良时，股东应当拥有公司的控制权；而当公司处境艰难时，债权人应当拥有对公司的控制权，这是因为在干预公司方面股东比债权人更为消极被动。

3. 员工

员工通常以企业特定需要的人力资本进行投资，因而可以被看作是公司陷入财务困境时的剩余索取人。按这种说法，他们对监督股权代理成本有着共同的兴趣，尤其是监督那些会影响企业长远发展的重要决定。合同和法律权利通常保护的是员工的固定收益索取权，包括在公司破产情况下的索取权。然而，员工的与特定企业相联系的人力资本投资通常却没有受到正式合同和规章的保护。其结果是隐性合同，或按吴敬琏所说，是企业为对人力资本投资提供某种形式的保障而在“过去所做出的承诺”，通常会作为正式安排的补充。

员工对经理层的监督主要通过监事会进行。公司法的第 45 条和 68 条规定，在由两家国有企业或国有投资主体投资设立的有限责任公司中，或在国有独资公司中，工人代表在董事会应该占有一定的比例。根据公司法第 52 条和 124 条规定，有限责任公司和股份公司的监事会应该包含一定比例的员工代表。

员工也能以所有者的身份在其权力范围内参与公司治理。虽然员工持股计划在公众持股公司受到一些限制，但在地方政府的控制下，员工所有制一直是中小国有企业所有权转变的主要形式。而发达国家的经验是员工持股计划在公司治理中的效用表现并不明显。[①]

（二）所有制与监督机制

监督行为之所以能够发生，在于监督者要比较他实施监督给他带来的收益和成本之间的关系，只有监督的收益大于监督的成本的时候，他才会监督。

对公司管理层（董事会和经理）的监督，是公司得以较好运作的重要

① 员工持股计划在发达市场经济国家中被广泛采用，但这并不能说明其对改善公司治理的效用有多大。这些计划之所以得以广泛采用是因为企业实施员工持股计划可以获得联邦税收补贴。员工持股计划一般只给员工提供参与收益分配的权力，而不提供参与公司控制的权力。只有在极少数情况下，员工持股计划才会让员工在公司治理结构中发挥重要地位。

前提。代理权竞争和敌意收购只是在公司处于极端情况下，如产生亏损、经营状况恶化、股价偏低等情形发生时，才可能对公司治理产生积极的效果。而在一般情况下，促使管理层以股东利益为中心努力工作的重要手段是对管理层进行较为有效的监督。

1. 私有公司的监督机制

在私有公司中，股东对董事和经理进行较好监督的积极性一般是存在的。因为董事和经理工作的好坏，他们是否盗取公司财产，他们是否进行黑幕交易，将会直接关系到股东的权益。但正如上文所说，小股东一般存在“搭便车”心理，所以，对经理阶层进行有效监管一般是依靠大股东进行的。实践表明，大股东对公司经理阶层的监管是比较有力的。

债权人对私有公司的监督效率，首先要看一下债权人的所有制性质。如果债权人是国有银行，而国有银行本身也是国有企业，本身也存在国有企业所有者虚位问题，那么国有银行对私有企业的监督也是很乏力的。比如 2003 年出现的“周正毅事件”，牵连四大国有商业银行几百亿的问题贷款，“周正毅事件”引发投资者恐慌，沪深股指大幅下跌，而民生银行等非国有银行却逆市上扬。若债权人是非国有银行，那么对私有公司的监督是比较有力的，因为非国有银行一旦发生“肉包子打狗式”贷款，那么损失是自己的。

由于私有公司不同于国有公司的政治背景，其很少注重员工对公司的治理，员工在私有公司中对经理阶层的监督几乎是空白。

2. 国有公司的监督机制

国有公司的小股东同私有公司的小股东一样，也存在“搭便车”的动机，虽然目前许多国有企业推行 ESOP 计划，使得企业职工对于企业具有双重身份，即员工和股东。但其实，员工或者股东的任何一种身份，都不构成必要的动力和能力促使员工去监督企业。张春霖认为，在中国 ESOP 主要目的是为企业的员工——特别是工会——提供了一个途径，使得他们能够接受为保持企业继续运行所做出的重大让步，比如临时被解雇、工资水平降低、工作制度改变等，因为这种出售也给员工们带来利益，从而抵消了他们工资和福利的减少。[①] 他们对企业的治理权利并没有得到提高。

在私有企业，能够对经理阶层进行有效监督的股东是大股东，而国有企业国有股东能够对经理阶层进行有效的监督吗？

一般说来，对代理人的监督应该由委托人来完成。国有经济的终极委托人——公众个人没有任何剩余索取权，不会因为关心企业效率而得到任何能感受到的经济回报，因而不可能有任何动力与代理人建立制衡关系。国有经济第二层次的委托人——政府，这种委托权最终要落到政府官员身上。在市场经济环境下，官员也应界定为“有限理性经济人”，其行为也满足效用最大化原则。监督是要耗费成本的，这些成本包括规则的制定、行为的考核、惩罚的实施等带来的成本，由于官员和经理之间关于经理经营能力和经营努力问题存在的信息不对称，要准确地评价一个经理的成本是很高的。为了促使官员认真监督，就要要求这种监督行为能为其带来更大的利益。官员只是代表国家行使所有者的权力，但本身不占有企业权益，也就是不拥有剩余索取权，即他的行为与经理一样不承担风险。官员努力监督，约束经理行为，可以提高企业的效益，但监督付出的成本却不能使官员分享企业业绩提高带来的好处，那么他监督的积极性就会降低。在这种制度安排下，官员会选择“一只眼睛睁着、一只眼睛闭着”的行为，降低监督成本。更有甚者，官员会和经理合谋，共同损害企业利益来牟取私利，因为这样可以带来更大的个人收益。

同经理一样，官员也存在着晋升激励。官员管辖范围内的企业业绩也是官员政绩的组成部分，企业良好的业绩表现有助于主管官员的晋升，这在一定程度上会促使官员认真监督企业。但是因为监督的巨大成本和未来晋升的不确定性，虚报业绩行为可能会被采用。每级官员都有晋升的需要，下级的“漂亮”数字也会为自己带来好处。因为不拥有剩余索取权，企业因虚报业绩而带来的损失（如更多的所得税）对官员没有影响。而且随着级别的提高，官员对企业的情况越来越不了解，复核的成本会变得很

---

① 斯道延·坦尼夫、张春霖、路·白瑞福特：《中国的公司治理与企业改革》，中国财政经济出版社，2002年版，第46页。

高。因此，“数字出官、官出数字”有其存在的制度基础，现行政府这一套制度安排并不能导致强有力的监督，无论是对于企业还是对于政府官员。

就国有企业的外部监督来说，银行缺乏动力和制度方面的支持来积极地监督和影响公司行为。国有企业的破产在很大程度上是一个行政过程，银行作为债权人在债务人无力清偿时所享有的有效权利很微弱。总体上看，国有企业的债权人一般来说也是国有银行，国有商业银行也受困于国有非金融企业类似性质公司的治理问题：它们至多只有弱的利润动机。商业银行业务和投资银行业务的分离意味着银行不能用所有权来加强它们作为债权人的权利并对公司施加更大的影响。地方政府往往在企业遇到困难时会给予它们支持，这种做法使信贷决策更多地取决于或明或暗的政府支持而不是企业本身的优劣，从而弱化了银行评估和监督公司行为的动力。

低的监督力度必然导致低的惩罚力度，即使经理从事机会主义行为被发现，也不需承担很大的成本。万家乐上市以来的业绩发展呈现一个波动的轨迹，出现了两次较大的经营危机：一次是从上市开始到 1996 年，业绩不断下降，直至亏损边缘；第二次是 1997 年资产重组后，经过“输血”的万家乐只维持了 3 年的“辉煌”，2000 年业绩再度大幅下降，回复到 1996 年的水平，被迫进行第二次的大规模重组。在万家乐的两次危机和两次重组的过程中，大部分高层管理人员都被更换。但是，根据公开披露的信息，这些高层管理人员的更换只是股权变动的结果，并没有发现在被更换的人员当中，有人为万家乐这两次经营失败负责任，也没有人因此而遭到惩罚。

第五章
法律与公司治理

法律的渊源和分类不同，法律保护的侧重点就不同，进而形成不同的资本市场规制和银企关系规制，不同的公司治理模式也就此产生。对于发达国家而言，其法律以内生性居多，法律与同样内生性的公司治理模式之间的制度冲突较小，耦合性高，公司治理制度系统有序性高。而我国涉及公司的许多法律是从国外引进的，公司治理机制也是从国外引进的，两种外来的机制经常会产生制度冲突，造成制度系统无序性高。

第一节　法律的渊源与分类

法的渊源是多种历史文化社会因素综合作用的结果，各国家、地区社会发展和法制进步过程都会在法的渊源上得到折射，它不仅包括立法者的意志，而且也包括公众的理性和良心，以及他们的习俗和惯例。[①] 历史发展情形、国家的稳定或动荡、缓慢的经济转变或者一种技术上的突破都可能促使人们援用某种而非另一种渊源。[②]

相当一部分法律学者认为没有两个国家的法律是完全相同的。但是，仔细研究会发现一些国家的法律体系在某些要紧的环节是非常相似的。最为著名和最为实用的分类是将法系划分为大陆法系和英美法系。其划分的

① 伯尔曼：《法律与革命》，中国大百科全书出版社，1993年版，第13页。

② 埃尔曼：《比较法律文化》，上海三联书店，1990年版，第42页。

标准是：第一，这两大法系的内容和形式虽曾有所变化，但基本的内容和形式仍具生命力，是活法系。第二，构成这两个法系的诸国在法律上都有直接或间接的继承关系，各国之间发生程度不同的影响，并进而对世界各国的法律发展产生了重要的影响。第三，同一法系的各国大多具有类似的历史传统，同一法系均有一个或几个代表性的国家、有一个或几个有代表性的法律文件。第四，同一法系对同类案件特别是同类私法案件的处理结果大致相同。据有的比较法学家的估计，这两个法系的法院在处理同类私法案件中，大约有 80％的案件的处理结果是相同的，约有 20％的案件的处理结果是不同的。

大陆法传统是最古老、最具影响力的，也是世界上最大的法律传统。大陆法系各国的法的渊源最初是习惯法，后来出现成文法，且占据越来越重要的位置。古希腊时期，民众大会决议是最主要的法的渊源。在罗马帝国，法的渊源分别有人民大会、平民大会、元老院的决议、皇帝的敕令、高级官员的告示和法学家的解释。地方习惯法与教会法是中世纪欧洲主要的法的渊源，此外还有王室法令、罗马法等。资产阶级革命后，欧洲大陆各国的法的渊源众多，如宪法、法律、自治法规、条约、法理、习惯、判例等。可见由于社会发展历史阶段不同，法的渊源也不尽相同，并且在一定程度上反映了法在该时期发展的社会与历史特征。大陆法当前常用的三个法律类别的代表是：法国、德国和斯堪的纳维亚的法律。

《法国商法典》是于 1807 年拿破仑时期写成的，同《法国民法典》、《法国民事诉讼法典》、《法国刑事诉讼法典》和《法国刑法典》通称为“拿破仑法典”，再加上拿破仑宪法，构成了一个完备的成文法体系。《法国商法典》被拿破仑军队带到了比利时、意大利、荷兰、波兰的部分地区、德国的西部地区。在其殖民地，法国将它的法律影响扩展到非洲撒哈拉、印度洋、大洋洲及加勒比海岸等地。法国法律的影响在卢森堡、葡萄牙、西班牙、瑞士的一些行政区也同样显著。当 19 世纪西班牙和葡萄牙在拉美的帝权解除后，法国的大陆法就成为新国家法律制定的依据。

《德国商法典》是 1897 年俾斯麦统一德国后撰写的。也许是因为较之于《法国商法典》它是几十年后才产生的，其不如《法国商法典》那样被广泛采纳，但在法律理论及学说上有重要影响，尤其是在澳大利亚、希腊、意大利、瑞士、捷克、斯洛伐克、匈牙利、南斯拉夫、日本和韩国。中国台湾的法律源于中国大陆，而中国现代的大部分法律则源于德国法典。

斯堪的纳维亚法系通常被认为是大陆法传统的一部分，但它与罗马法的关系更远一些。

普通法系包括英格兰法律及那些用英语撰写的法律，其法的渊源早期主要是判例法，如普通法、衡平法，它的两大特点是："遵循先例"和"程序优先于权利"。它们是在长期的司法审判实践中逐渐形成的一般性行为规范。此外，国会通过的条例、宪章和国王诏令以及习惯法、学说等也是法的渊源之一。随着社会的发展和国际交往的频繁，到了19世纪，英美法系国家也逐渐重视制定法，从而制定法成为了法的渊源。普通法随着英国的殖民主义发展扩展到了美国、加拿大、澳大利亚、印度等许多其他国家和地区，其主要代表国是美国和英国，中国的香港则继承了英国的法律。

现实中的基本分类一般认为是这样的，且在许多情况下，这样的分类不具争议性，因为基本的法律渊源是清楚的。而具体的法律修改则会结合其他法律来进行。例如：厄瓜多尔是一个法国大陆法国家，1977年修订了它的公司法，其中结合了普通法的部分条款；泰国基础法是建立在普通法基础上的，但同时它也受到了法国法的影响。因此，我们这儿的分类是根据最初的法律渊源而定的，而非修订后的法律。事实上，这说明了虽然一些国家的法律渊源不一样，但是在具体法律上它们还是相互影响的。

第二节　投资者保护与股权结构

一、小股东权利的弱性

为了保证公司的经营者以公司股东的利益最大化行事，各国公司法在公司治理方面设计了两种制度来保护包括小股东在内的所有股东的利益。其一是股东大会制度，股东通过股东大会行使出资者的最终控制职能，主要是选举和罢免董事，并决定公司的重大事务。其二是赋予公司董事对公司一定的义务，在英美法系中表现为信托义务，在大陆法系中表现为忠实和善管义务。股东拥有诉讼权，当公司的董事违反这些义务时，股东可以代表公司向法院对董事提起诉讼，小股东作为公司出资者的一部分可以通过这两种制度安排行使自身权利，保护自身利益。

但实际上，小股东在公司治理中基本上处于弱势地位，特别是随着公司资本基础的扩大，股份日益分散化，小股东越来越远离公司的最终控制权，这种弱势地位主要源于四个原因：

一是“理智的冷漠”。所谓理智的冷漠（the rational apathy problem），是指在股权分散的情况下，一个小股东为对公司重大事宜作出投票决定，需要付出相当的成本去获得必要的信息、对这些信息进行加工并作出决策。对小股东而言，一般说来，作出理智的判断而付出的成本要大于因投票而获得的利益，因此一个理智的股东会对积极行使投票权持冷漠的态度。

二是“搭便车”问题，所谓搭便车问题（free-riding problem），是指在存在众多独立股东的情况下，对公司管理层的监督在相当程度上具有“公共物品”（public goods）的特征，在此情况下，每个股东都希望其他股东行使监督权，自己从中获利，而不愿自己积极参与监督，因为监督的成本由自己支付，而收益则归股东共享。由此导致的结果必然是无人愿意行使监督权。

三是小股东因持股比例低对公司没有控制权，在选举董事、决定合并等重大决策方面不具有决定作用。按照贝利和米恩斯的看法，控制权是决定公司董事的权力。在存在大股东的情况下，大股东在董事选举方面具有决定性作用；在股份高度分散的情况下，管理层实际上拥有控制权。不论哪种情况，小股东都不可能取得对公司的控制权。在大股东控制的情况下，大股东利用控制地位通过自我交易等方式“掠夺”小股东。在管理者控制的情况下，管理者追求自身利益最大化，损害出资者的利益。小股东由于“搭便车”和“理智的冷漠”，难以对大股东的行为做出有效的抵抗，也难以对管理者进行有效的监督。

四是小股东的权利常常受到漠视或限制。管理层或大股东常常通过各种方法限制小股东的权力：如限制小股东的投票权，限制小股东用通讯方式投票等。这进一步削弱了小股东在公司治理中的地位，使小股东股份的控制功能受到很大影响，进而影响到股份的收益功能。

小股东在公司治理中的不利地位使其很容易受到损害。这种损害主要来源于两方面：一方面是不称职的管理层的机会主义行为带来的损害，即通常所说的代理成本。这种损害是所有股东都要承受的，但由于前述的原因，小股东显得更无能为力。不仅如此，投资者尤其是小股东的权利还经常受到管理层限制，从而使得管理层的机会主义行为更加肆无忌惮。对这种损害的抑制是公司治理机制要解决的主要问题之一。另一方面的损害即控股大股东对小股东的侵害。在企业理论中通常称其为“掠夺”，它是指控股大股东利用控制地位通过损害小股东利益增加自身利益的行为，这是大股东强加于小股东身上的不利影响。代理成本与“掠夺”这两种侵害有密切联系。当大股东控制管理层或管理层持有较大份额的股权时，代理成本和掠夺行为常常合二为一。即使大股东不参与管理，为获得大股东的支持，管理层也会作出有利于大股东的交易决策。在这里代理成本直接体现为大股东的“掠夺”。“掠夺”常常表现为下列几种形式：大股东在公司担任管理者、装修豪华的办公室、购置昂贵小汽车等，把公司费用做自己的大额预付款；大股东在公司任职支取过高的薪水；大股东与公司争夺商业机会；以高于市场价格向公司出售大股东的物业；以低于市场利率向公司借款或以高于市场利率借款予公司等。

大股东对小股东的“掠夺”是一个普遍现象，特别在公司所有权集中程度较高的国家，大股东的“掠夺”相当常见。小股东利益的易损性，使得国家采取法律措施保护小股东显得极为必要，而这种保护则依赖于相关法规的完备性及对法律的执行力度。

二、债权人的弱性

法律之所以应该对债权人的权利进行保护，原因在于在公司的两种资金提供者——股东和债权人之间，往往会存在利益的冲突。而公司决策的最终决定权，在大多数情况下往往在股东手中，因此通过法律手段保护债权人利益便非常有必要。

按照史密斯和沃纳（Smith and Warner）的观点，债权人与股东之间的利益冲突可以归结为四大类：第一，股利发放政策。股利的发放政策直接影响着企业总价值中债券价值与股权价值的比重。股利的增多，就会使得股权价值上升，而同时会削弱企业未来偿还债务本息的能力，从而使企业债券的价值下跌。第二，债权稀释问题。对于企业已经发行的债券的持有者而言，企业如果再发行新的优先级别等于或高于旧债的债券时，其所拥有的旧债权就会受到削弱。第三，资产置换问题。当企业借债融入一笔资金以后，由于债务的收益一般是固定的，因此从追求股东权益最大化的目标出发，代表股东利益的管理层总是有偏好选择更高风险（甚至净现值为负的）项目以攫取更高收益的内在动机。由于投资收益的方差增大，一旦投资成功，股东将会获得所有的额外的风险收益，从而使得股权的价值上升。而对于债权人而言，由于其最大收益是确定的，因此投资风险会随着投资的增加而下降。第四，投资不足问题。投资不足问题是指企业可能会放弃那些可以为其带来正的净现值的投资项目。如果一个净现值为正的项目所带来的好处，主要由债权人获得，那么企业就有拒绝这个项目的动机。

一般而言，由于债权人在出借资金以前，往往会与公司进行协商，并签订债务合约。因此，似乎债权人可以通过合约保护自己的权利。但实际上，这是远远不够的。因为债权人毕竟远离公司的管理，其与管理者和大股东之间存在严重的信息不对称。所以，通过法律对债权人的利益进行保护，对于整个社会融资体系的发展意义十分重大。

三、投资者保护的国际比较

法律保护是投资者保护的重要方面，法律框架的不同直接导致投资者保护水平的差异，因此法律所规定的股东权利和债权人权利以及这些权利的执行情况是投资者保护水平的重要衡量标准。La Porta，F. Lopez-de-Silanes，A. Shleifer 和 R. Vishny（以下简称 LLSV）制定了一套投资者保护指标——股东权利指数、债权人保护指数和执法效率指数。根据这些投资者保护指标和法系，LLSV 对世界 49 个有代表性的国家和地区的投资者保护水平进行了比较。

表 5.1 为 LLSV 发展地衡量各国及各法律体系股东权利的 8 个指标的情况。这 8 个指标的主要内容为：(1) 投票权是否一股一票。如一国公司法或商法规定所有公司普通股每股有一份投票权，则该指标为 1；如存在无投票权股票，公司创立者一股有多个投票权，持股时间越长投票权越多等情况的，该指标为 0。(2) 通信投票权。允许股东将其对公司事务的投票邮寄给公司的为 1，否则为 0。(3) 无阻碍出售权。法律禁止公司要求股东在股东大会前若干天不能出售其所持股票的为 1，否则为 0。(4) 累积投票权或比例代表权。法律允许股东累积投票选举董事，或者根据股权按比例委派董事的为 1，否则为 0。(5) 受压少数股东机制。少数股东（一般指持股 10%以下的股东）有权挑战董事会或股东大会的决定。例如可以在法院对董事会的决定提出挑战，或拥有在反对某些公司重大决策时可以要求公司收购其股票的权力为 1，否则为 0。(6) 优先权。法律赋予股东优先购买新发行股份的权利，这种权利只能经由股东投票加以取消，拥有此权利为 1，否则为 0。(7) 召开特别股东大会的权利。提议召开特别股东大会的最低股份比例的情况。该比例一般在全世界介于 1%—33%之间，若为 10%以下，可得 1 分。(8) 对抗董事权。将上述 2—7 项权利归结为对抗董事权。由表 5.1 可知，普通法国家（地区）在股东权利保护方面做得最好，法国法系的股东权利保护做得最差。德国和斯堪的纳维亚国家居于中间。而根据孙永祥的研究，中国法律的对抗董事权得分仅为 2

分，低于各个法系平均值及所有国家平均值。

关于法律保护债权人权利程度的分析，LLSV 曾以有抵押权为例，提出 5 个指标对各国保护债权人程度进行对比。这五个指标分别是：第一，进入破产重组程序以后，债权人可以因债务人到期不还债而获得债务人为贷款作抵押的抵押物。但进入破产重组程序后，有些国家允许债权人获取贷款抵押物，另有一些国家则不允许。无疑，前一种国家对债权人权利保护较为充分。第二，一些国家保证在重组后，有抵押的贷款人有权有限获取抵押物，另有一些国家则不给予有抵押的债权人以这样的优先权。在后面这些国家里，有抵押的债权人要排在工人和政府后面，才有权获得偿还，其债权人权利的保护便没有前一些国家好。第三，在一些国家，经理只要单方面宣布重组，就可以不经债权人同意而使公司进入重组程序；而另一些国家则规定由法院或债权人任命一个小组进行重组工作。后者得以有可能排除经理作为内部人在重组中的作用。另外，LLSV 还提出一个补偿性的债权人权利指标，即以公司是否存在法定偿债准备金规定的国家，公司将被迫维持一定数量的现金，以避免被破产清算。由表 5.2 知，英美法系国家对债权人权利保护最为充分，而法国大陆法系国家则最不充分。另外，根据孙永祥的理解，中国法律对债权人保护程度低于世界平均水平。如果再考虑到我国法律执行上比较松懈且随意性大的因素，我们似乎可以得出结论：中国法律对债权人权利的保护是非常不够的。

一般说来，若一国的法律条款设计对投资者保护的力度较弱，但该国的法律执行制度严格的话，一样能够在一定程度上起到保护投资者利益的作用。执法质量由以下指标衡量：(1) 司法体系的效率，根据国际商业公司（一家私人风险评估机构）对各国影响商业的法律环境的效率和整体性所作的评估，数值越大说明效率越高；(2) 法律规则，根据“各国风险指南”对一国的法律和秩序传统所做的评估，较小的数值表明存在较差的法律和秩序；(3) 腐败水平，根据“各国风险指南”对各国政府中的腐败状况的评估，评分较高意味着腐败程度较低；(4) 会计标准，用以考评一国公司年度报告是否包括或漏掉了公司的一般信息、收入陈述、资产平衡等类别。根据 LLSV 等的回归分析结论是：对投资者法律保护完备的国家同样也是执法严格的国家，亦即普通法系国家（如英美），执法质量要高于大陆法系国家（如德日），见表5.3。

表5.1　各国股东权利的比较

国家或法系	一股一票	通信投票权	无阻碍出售权	累积投票权或比例代表权	受压少数股东机制	优先权	特别股东大会持股要求	对抗董事权
英国	0	1	1	0	1	1	0.10	5
美国	0	1	1	1	1	0	0.10	5
英国法系平均	**0.17**	**0.39**	**1.00**	**0.28**	**0.94**	**0.44**	**0.09**	**4.00**
巴西	1	0	1	0	1	0	0.05	3
法国	0	1	0	0	0	1	0.10	3
意大利	0	0	0	0	0	1	0.20	1
墨西哥	0	0	0	0	0	1	0.33	1
法国法系平均	**0.29**	**0.05**	**0.57**	**0.29**	**0.29**	**0.62**	**0.15**	**2.33**
奥地利	0	0	0	0	0	1	0.05	2
德国	0	0	0	0	0	0	0.05	1
日本	1	0	1	1	1	0	0.03	4
韩国	1	0	0	0	1	0	0.05	2
中国台湾	0	0	0	1	1	0	0.03	3
德国法系平均	**0.33**	**0.00**	**0.17**	**0.33**	**0.50**	**0.33**	**0.05**	**2.33**
丹麦	0	0	1	0	0	0	0.10	2
芬兰	0	0	1	0	0	1	0.10	3
挪威	0	1	1	0	0	1	0.10	4
瑞典	0	0	1	0	0	1	0.10	3
斯堪的纳维亚法系平均	**0.00**	**0.25**	**1.00**	**0.00**	**0.00**	**0.75**	**0.10**	**3.00**
全体样本平均	**0.22**	**0.18**	**0.71**	**0.27**	**0.53**	**0.53**	**0.11**	**3.00**
中国	1	0	1	0	0	0	0.10	2

资料来源：La Porta，Lopez-de-Silanes，Shleifer and Vshiny，“Legal Determinants of External Finance,” *The Journal of Finance*，1997，Vol. 52，No. 3，p. 1131.

表 5.2　各国（地区）债权人权利保护情况

国家或法系	进入重组后抵押物可否获取	有抵押债权是否最先偿付	债权人可否限制重组	经理不一定进入重组程序	债权人权利总分	法定偿债准备金与资本金的比例
英国	1	1	1	1	4	0.00
美国	0	1	0	0	1	0.00
英国法系平均	**0.72**	**0.89**	**0.72**	**0.78**	**3.11**	**0.01**
巴西	0	0	1	0	1	0.20
法国	0	0	0	0	0	0.10
意大利	0	1	1	0	2	0.20
墨西哥	0	0	0	0	0	0.20
法国法系平均	**0.26**	**0.65**	**0.42**	**0.26**	**1.58**	**0.21**
奥地利	1	1	1	0	3	0.10
德国	1	1	1	0	3	0.10
日本	0	1	0	1	2	0.25
韩国	1	1	0	1	3	0.50
中国台湾	1	1	0	0	2	1.00
德国法系平均	**0.67**	**1.00**	**0.33**	**0.33**	**2.33**	**0.41**
丹麦	1	1	1	0	3	0.25
芬兰	0	1	0	0	1	0.00
挪威	0	1	1	0	2	0.20
瑞典	0	1	1	0	2	0.20
斯堪的纳维亚法系平均	**0.25**	**1.00**	**0.75**	**0.00**	**2.00**	**0.16**
全体样本平均	**0.49**	**0.81**	**0.55**	**0.45**	**2.30**	**0.15**
中国	0	1	0	1	2	0

资料来源：Ibid.，p. 1136.

表 5.3　对执法质量的测量值

变量	普通法国家	法国民法国家	德国民法国家	斯堪地纳维亚国家	世界平均水平
司法体系效率	8.15	6.56	8.54	10.0	7.67
法律规则	6.46	6.05	8.68	10.0	6.85
腐败	7.06	5.84	8.03	10.0	6.90
会计标准的评级	69.62	57.17	62.67	74.00	60.93

资料来源：同上。

四、中国投资者保护现状

（一）中国的小股东保护

通过上面的分析我们已经清楚地意识到，由于中国处于大陆法系下，并且中国的证券市场发展历程比较短，中国对股东的保护是很不完善的。下面我们将就中国的一些相关法规谈谈具体的法律漏洞。

在中国的证券市场上，各种形式的造假层出不穷。从琼民源开始，到东方锅炉、ST 红光、大庆联谊、银广夏的财务造假，在我们的证券市场上，虚增利润，有目的地编造上市公司前三年的报表，涂改缓交税款的批准书，隐瞒重大事项，漏记利润支出和债务，提前确认收入，伪造银行对账单等各种形式的财务造假已经到了令人触目惊心的地步。根据国家发布的 2009 年第 4 号审计结果公告看，目前国内上市公司造假行为触目惊心，具体有如下特征：首先，上市公司造假行为走向集团化、全面化和普遍化。上市公司近年资本操纵、信息批露违规、财务造假行为屡见不鲜，从银广夏、德隆系到科龙、南京熊猫，众多跳水庄股的股价操纵史，同时也是一部财务中介机构、股评黑嘴、市场研究组织、证券媒体摇旗呐喊、推波助澜的帮凶史。因为上述庄股问题巨大、后果严重、损失惨烈，在有关部门和社会舆论追究责任、反思制度缺陷、声讨操纵恶行时，往往忽略了相关中介在其中所起的作用。从审计署最新审计公告看，在16家被检查对象里面，竟然有14家会计师事务所的37名注册会计师出具的19份审计报告存在失实或疏漏，仅有2家公司能够独善其身。从其中所揭露的为上市公司审计的会计事务所配合作假账的问题，我们又一次感受到目前资本市场造假黑幕问题的严峻性和普遍性，更加深刻地感受到对于配合违规行为的责任追究及社会监督的重要性。其次，上市公司财务造假行为呈现隐蔽性、深入性、技巧性的发展趋势。一些中介机构因为客观业务能力、工作责任心的原因未能发现问题、揭示造假，甚至主观上主动配合上市公司或者作庄机构操纵报表，提供虚假财务信息误导投资人的行为，给广大投资人造成巨大损失。这样的后果，从某种角度与造假行为的新特征有关。近年，随着监管机构对违规行为打击力度的加大，操纵行为更加隐蔽，造假方式手法也更加多种多样，显示出目前证券行业监管任务仍然比较艰巨。在2005年9月26日公告的《16家会计师事务所审计业务质量检查结果》中批露的十个主要问题中，有七例属于其注册会计师未能查出上述问题。如在《检查结果》中，湖南某上市公司为掩盖其利用募股资金和银行贷款1.94亿元、转移账外买卖股票的事实，与当地的开户银行相互串通，通过伪造银行存款对账单方式，多计存款1.31亿元，少计贷款7100万元，造成资产、负债均不实。天职孜信会计师事务所有限公司对该上市公司进行审计，其注册会计师未能查出上述问题。本案例中银行主动配合造假，给审计机构的工作增加了难度。第三，上市公司财务造假行为不仅没有收敛反而日见猖獗。《检查结果》批露的十个主要问题，包括掩盖违规投资或者担保事项二例、多提成本挤减利润逃避税收一例、掩盖违规投资或者担保损失虚增利润二例、虚报投资项目在建工程进度一例、掩盖大股东占用上市公司资金二例、掩盖资产置换风险一例、逃避税收一例，问题总金额达到9.6亿元，平均每家上市公司问题金额近亿元，其中有关机构的审计错弊责任让人惊叹。上述数据再次表明，目前上市公司违规行为的根本治理任务非常艰巨，从源头和支流两个角度，同时对上市公司、投资机构、中介机构、媒体等各方面的治理行为，直接关系到中国资本市场的未来。第四，少数审计机构在利益驱使下主动配合上市公司造假。审计《检查结果》批露的十个主要问题中，包括中勤万信会计师事务所有限公司掩盖违规担保损失虚增利润一例、德勤华永会计师事务所有限公司逃避税收一例和中鸿信建元会计师事务所有限责任公司掩盖担保事项一例，都属于对该上市公司进行审计，已经查明上述问题，但其注册会计师未予以指明。

一项调查显示，对于上市公司披露的财务会计信息，只有8.45%的个人投资者认为完全可信，而所有的机构投资者都认为不完全可信。这反映出上市公司财务信用的缺失已成为相当普遍的共性问题。在这样的信息不对称情况下，小股东的知情权根本无从谈起，对其利益的保护更是无从谈起，小股东成为中国证券市场发展中贡献最大、风险最大一族。

小股东的不完善保护是由许多因素造成的。

首先，刑事起诉的提起少的可怜。虽然《公司法》和《证券发行和交易暂行条例》没有对错误陈述的刑事责任作出规定，但人大常委会《关于惩治违反公司法的犯罪的决定》有明确规定。根据该《决定》，制作虚假的招股说明书、认股书、公司债务募集办法发行股票或者公司债券，数额巨大、后果严重或者有其他严重情节的，处五年以下有期徒刑或者拘役，可以并处非法募集资金金额5%以下的罚金。相类似的条款被吸收到1997年的刑法中。尽管有这样明确的条款和许多错误陈述案件，但直到2000年才有第一个对董事由于欺诈性的错误陈述而处以刑事责任的案件。在处罚力度上，就目前公开报道的处理结果来看，大多数都只被追究了行政责任，刑事责任很少被追究。从行政责任看，《公司法》规定：向股东和社会公众提供虚假或隐瞒重要事实的财务会计报告的，对直接负责的主管人员和其他直接责任人员处以1万元以上10万元以下的罚款。《证券法》第177条的处罚有所改进，但差距不大，罚款最多增加到30万元。刑事责任按《刑法》第161条的规定，最多被处以3年有期徒刑外加不超过20万元的罚金。而银广夏造假期间股价上涨440%，其所获巨额利润与事发后受的处罚相比，简直是九牛一毛！

其次，有关错误陈述的民事赔偿机制不仅很不完善，而且没有得到有效实施。跟相对清楚的刑事责任条款相比，仅有几条较为粗略的民事责任条款。《证券发行和交易暂行条款》第 77 条规定，任何违反该条款及给他人造成损害的人都应该依法承担民事责任。由于该条款规范了错误陈述、内幕交易、操作市场和中间机构欺诈客户等至少四类的不良行为，要经验不太丰富而又无立法权的法官去处理因筹资公司或中间机构在披露文件中作了错误陈述的案件是非常困难的。由于这一原因，该条例中的第 77 条从未被用来处理被告的错误陈述行为。根据《证券法》第 63 条，发行人，承销的证券公司公告招股说明书，公司债券募集办法，财务会计报告、上市报告文件、年度报告、中期报告、临时报告，存在虚假记载、误导性陈述或者重大遗漏，致使投资者在证券交易中遭受损失的，发行人和承销的证券公司应当承担赔偿责任，发行人和承销的证券公司中负有责任的董事、监事、经理应当承担连带赔偿责任。第 63 条针对的是上市公司和承销商由于在披露文件中作欺诈性、过失性的错误陈述和重大遗漏而产生的民事责任。该法第 202 条针对的是因中间机构欺诈性的错误陈述而产生的民事责任。依据该法第 202 条，为证券的发行、上市或者证券交易活动出具审计报告、资产评估报告或者法律意见书等文件的专业机构，就其所应负责的内容弄虚作假并且给他人造成损害的，承担连带赔偿责任。该条至少有两个缺陷。第一，欺诈性的错误陈述在司法实践中是难以证明的。更好的办法是要求被告由于过失性的错误陈述而给他人造成损害也承担民事责任。第二，没有必要只要求中间机构仅承担连带责任。如果过错完全是由中间机构造成的，他们可以独立承担民事责任。纵然《证券法》第 202 条有些缺陷，该法第 63 条对过失性的错误陈述的民事法律责任的规定还是相对清楚的。然而，虽然存在许多欺诈性和过失性的错误陈述案件，至今还无一个要求被告赔偿股民损失的法院判决。

第三，缺少足够的股东救济措施是另一个造成中国微弱的公司治理制度的因素。《公司法》和《证券法》都无清楚的使个别股东能以公司的名义对从事不良行为的公司董事和经理提起诉讼的条款。美国的证据表明，更需要监督的公司及股东和管理阶层利益冲突更大的公司的诉讼案件更常见些。还有，公司中股东派生诉讼的提起会增加行政总裁的更换机率。

日本的经验也是非常有借鉴意义的。日本 1993 年修改后的商法降低了提起派生诉讼的费用，从那时起日本的股东派生诉讼增加了5倍。日本的经理人员已经增加了他们对公司和股东义务的意识。中国的法律改革以便使股东能提起派生诉讼也是完全必要的，其中一个重要的原因是中国的上市公司绝大部分是大股东控制的。截至2006年9月底，我国共有境内上市公司1396家，国有控股（参股）上市公司1067家，其中没有进行股权分置改革的公司为218家；国有股绝对控股的有347家，占国有控股（参股）上市公司总数的32.52%；国有股相对控股的有431家，占国有控股（参股）上市公司总数的40.39%；国有股参股的有289家，占国有控股（参股）上市公司总数的27.09%。国有控股（参股）上市公司中，国有股相对控股的所占比重最高，国有股绝对控股的次之，国有股参股的数目最小。通过测算，在已有上市公司中，国有股绝对控股的上市公司的国有股平均持股比率是66.26%；国有股相对控股的上市公司的国有股平均持股比率是38.87%；国有股参股的上市公司的国有股平均持股比率是12.56%。这进一步表明，内部人控制了其中绝大部分的上市公司。没有股东直接诉讼和派生诉讼的威胁，小股东的利益是难以得到保护的。

（二）中国的债权人权利保护

第二次世界大战后日本和德国的经验表明银行可以在公司项目融资方面发挥很大的作用。作为经济中的老练参与者，银行可以成为公司治理的良好监督者。可是，在中国并没有认真地尝试过让银行在债务公司的公司治理中发挥积极的作用。法律对债权人的微弱保护和对银行的限制可以解释为什么中国的银行不能在公司治理中发挥重要的作用。

1. 中国公司法律制度对债权人保护的缺陷[①]

（1）股东有限责任制度的异化、绝对化为企业的投资者保护与股权结构逃废债行为提供了安全庇护。有限责任是企业对外承担责任的一般原则，是世界各国公司法的共同规则。但由于我国公司法律制度中欠缺对公

① 来源：http：//www.eduzhai.net/lunwen/64/872/lunwen-310018.html。

司股东有限责任的规制以及当代中国社会信用基础和信用理念的薄弱，使得公司有限责任制度成为公司股东逃避法律监督的工具，甚至异化为一种法律难以追究股东责任的障碍，成为公司企业逃废银行债务、获取法外利益的工具。受立法缺陷的影响，在目前的司法实践中，更是存在着将有限责任绝对化的倾向，即认为不管在何种情况下，股东的责任仅限于其出资额，而不管股东的欺诈行为给债权人造成了多大的损害。甚至在有确凿的证据证明某个公司的股东利用另一个公司的名义隐匿资产、逃避债务的情况下，某些司法审判人员也不敢动用另一个公司的资产清偿原公司所欠的债务，给债权人的利益造成了重大损害，也助长了债务人的逃废银行债务的气焰，损害了社会正常的经济秩序。

（2）关联交易规制的空白给银行的债权保护带来了被动和无奈。近年来，随着我国大型企业集团的相继组建和国外跨国公司的大量涌入，关联公司带来的“公司问题”已日益突出。目前我国《公司法》等法律领域均没有对关联交易专门的、系统的规定，在从属公司债权人的利益保护、从属公司及其少数股东权益的保护、关联交易及董事抵利益交易的规制等方面均是空白。在此情况下，我国目前的法人制度实际上是严格的股东有限责任，缺乏相应的制衡机制以规范控制企业利用关联交易损害债权人利益的行为，从而使商业银行在面对关联企业客户通过关联交易侵害银行债权时，难以找到真正合法有效的手段来维护自己的合法债权。实践中关联企业逃避银行债权的种种表现，恰恰就是利用了现行公司法律制度的弱点。如某市一大型企业集团下属十几家子公司，通过关联交易，企业的利润常常被转移到一家职工持股的、注册资本仅为100万元的子公司中，然后年年进行利润分配，债权银行对此束手无策，数千万贷款均成为不良贷款。

（3）公司合并制度中片面追求公司合并的效率，对债权人的利益保护不足。现阶段我国在公司合并的实践中银行债权保护方面存在许多问题，债权人利益得不到适当保护，侵犯债权人利益的现象时有发生，尤其是在不少地方政府为了追求政绩对一些公司进行强制性合并、组建大型企业集团时侵犯债权银行利益的现象更为突出。造成我国公司合并中债权人保护方面存在问题的原因是多方面的，但主要的还是立法方面的原因，即公司法律制度对公司合并中的债权人保护程序中存在的缺陷与不足。

（4）未明确规定公司董事对公司债权人的责任，使公司债权人在受到损害时缺乏保护自己利益的手段。董事在执行职务时是否就其过错行为对公司债权人负责，公司法没有规定。公司董事与公司债权人的关系可从两方面来分析：一方面，董事在对外代表公司进行活动时，是否就其侵权行为直接对债权人承担责任，我国公司法没有规定，但依据民法通则的有关规定，可知公司董事的侵权行为就是公司的侵权行为，应由公司对债权人承担责任，而董事免责。另一方面，董事在执行公司职务时，是否就其致公司的损害而对公司债权人承担赔偿责任，我国公司法也没有规定。因此，董事损害公司资财的行为，公司债权人是无能为力，不能加以干预的，这势必会侵害公司债权人的利益，因为它们削弱、动摇了债权实现的基础。

（5）债权人自治制度的缺陷及其对债权人的软约束，加大了债权保护和债权实现的成本。我国立法确立了破产债权人自治制度，但立法存在较多缺陷，我国公司法未规定公司重整制度，不利于在公司财产状况恶化时，促进公司通过重整重新获得再生，进而避免因公司破产而使债权人遭受更大的损失。同时我国没有协调公司债权人的法律机制，以致使得公司财务状况一旦出现恶化时，各债权人纷纷从自身本位利益出发，采取不同的债权保护措施，对公司的资产采取法律强制措施，甚至对公司进行法律制裁，加大了债权保护和债权实现的成本，同时使得个别有可能化解暂时财务危机重新获得发展的公司丧失时机，走向破产或清算，扩大了公司全体债权人的整体利益的损失范围。

（6）对公司清算制度的规定不完备，使公司债权人在公司需要清算时无法保全债权。虽然公司法规定了不同公司的不同清算主体，但对清算主体在未按有关规定履行清算义务对公司进行清算时应负何种责任，并未明确规定，以致现在公司被关闭或解散时，其法定清算人置之不理或相互推诿，法院在处理时，也最多只是要求清算人对关闭、解散的公司进行清算而已，使得银行在进行债权保全时追索无门，进行呆坏账核销时又因债务公司并未消亡而存在政策障碍，左右为难。此外，清算组在清理公司债权、债务关系时，如果发现公司在设立以后有从事欺诈债权人的行为，而公司债权人或清算人可否对此采取某种措施，我国公司法没有规定。

（7）对于不同行业的有限责任公司规定不同的最低注册资本额，使作为平等市场主体的公司债权人的利益不能得到平等有效的保障。我国公司法第 23 条根据不同的公司类别规定不同的注册资本最低限额。当然这种分类的立法本意在于强调不同经营性质的公司对最低资本额要求的差别性，体现区别对待，但其弊端也是明显的：首先在于这种分类本身并无多大的科学性和合理性；其次更在于随着市场经济的发展，企业越来越适应市场的需求而从事多种经营，很难再把生产与销售、批发与零售等截然分开；最后在于作为平等市场主体的公司债权人的利益。由于受行业注册资本额差别性的影响而无法得到平等有效的保障，从而减少了某些行业经营的风险，这势必造成行业差别的扩大，不利于经济的发展。

（8）公司越权行为绝对无效的原则，使公司债权人的利益不能得到有效的维护。我国公司法第 11 条规定：公司的经营范围由公司章程规定，并依法登记。公司应当在登记的经营范围内从事经营活动，而对公司债权人从事其登记的经营范围以外的经营活动的处理原则未作明确规定，但依照民法通则的有关规定，可知这种行为是越权无效行为。根据这一原则，势必给公司债权人带来以下后果：其一，公司如果超越其经营范围与公司债权人从事交易活动，其行为对交易双方均无约束力，任何一方都没有向对方承担履行越权契约责任的义务。因而即便公司明知自己越权而仍然与债权人缔结合同、从事交易，它也有权拒绝履行自己的义务，如果它已根据越权契约履行了自己的义务，而该义务的履行没有给公司带来预期利益，公司还可以提起越权无效之诉，从而使公司债权人的合理期待权因公司拒绝履行越权契约而落空。其二，如果公司债权人没有查阅公司章程或虽然查阅公司章程但未知公司越权，公司还可以以公司债权人有过错为由而提起损害赔偿之诉，从而使公司债权人的交易安全权因公司越权无效抗辩权的行使而被剥夺，因此严重地影响了公司债权人的利益。

2. 法律保护与股权结构的关系

为研究投资者法律保护与股权结构的关系，我们借用LLSV研究的假设，即用λ表示影响控股股东剥夺外部股东的技术（成本）的参数，定义为投资者法律保护程度，投资者法律保护越完善，λ越大，控股股东剥夺外部股东的成本就越大，从而控股股东可获得的私人收益就越少。假设一大股东A和上市公司B，大股东A可以通过直接控股、双重投票权、交叉持有和金字塔结构等形式对上市公司A拥有控制权，以获取私人收益。假设取得控制权的最低股权比例是S，下面我们以直接持有和金字塔结构（现金流所有权与控制权分离的典型形式）两种控制形式为例，考察股东的法律保护状况、控股股东私人收益与所有权（现金流所有权）结构的关系，以获得结论。

（1）大股东直接控股的情况

当大股东A以直接控股的形式控制公司A时，其控制权比例与现金流所有权比例是相对应的，假设其在该公司的股权比例就是最低的标准比例S，上市公司利润为R，大股东转移公司利润的比例为M，用C表示大股东A转移利润的成本，它是转移利润比例M和股东法律保护程度λ的函数，其中，$C_\lambda>0$，$C_M>0$，即当法律保护程度越高、转移利润比例越大时，转移成本越大。当A控制上市公司B后，其收益来自于两个部分：一是根据现金流所有权分得的红利S（1－M）R；二是通过转移定价、转移资产等形式从上市公司获得的私人收益MR－C（λ，M）R。

因此，大股东A的总收益函数可表示为：

$$Y=S(1-M)R+MR-C(\lambda,M)R \tag{5.1}$$

通过选择M最大化其收益的一阶条件是：

$$Y_A=(-S+1-C_A(\lambda,M))R=0$$

可求得：

$$C_A(\lambda,M)=1-S \tag{5.2}$$

(5.2) 式表明，当外部股东所拥有的现金流所有权 $1-S$ 较高时，大股东获取私人收益的成本由自身承担的就越小，从而通过正常分红所获取收益的可能性越大，即大股东在上市公司的现金流所有权越高，大股东对小股东利益剥夺的激励就越小，这与詹森和麦克林对企业家在职消费的假设条件是一致的：企业家的现金流所有权越高，它通过正常途径分配红利的激励越大。从而给定投资者保护水平 λ 时，较高现金流所有权减少了大股东对小股东的剥夺。根据 LLSV 假设 $C(\lambda, M)=\frac{1}{2}\lambda M^2$，利用 (5.2)，我们可以得到：

$$M=\frac{1-S}{\lambda} \tag{5.3}$$

$$M^{\lambda}=\frac{S-1}{\lambda^2}<0 \tag{5.4}$$

从 (5.3) 和 (5.4) 式中我们可以发现，大股东 A 转移利润的比例与股东法律保护程度和其所有的现金流所有权成反比。当股东法律保护越强时，大股东所能窃取的利润比例就越小，在极端情况下，λ 趋于无穷大时，即股东法律保护完美时，可转移利润的比例为 0，此时控制权不再具有吸引力，因此没有人会锁定控制权，所有权结构将极度分散。在给定投资者法律保护程度时，大股东所有的现金流所有权越大，其窃取利润的比例就越少，因此可以得出以下结论，即大股东在上市公司中所拥有的现金流所有权越大时，其所获取的私人收益就越小。

(2) 大股东通过金字塔结构控股的情况

在金字塔集团结构下，大股东 A 可以通过其下属子公司层层控股，利用更少的现金流所有权对公司 B 实施 S 比例的控制权。假设 A 对公司 1 的控股权比例为 S，公司 1 对公司 2 的控股权比例也是 S，依此类推，公司 n—1 控制 A 的股权也是 S，即金字塔结构的层次为 n>2。在这一金字塔结构下，A 在公司 B 中拥有的控制权是 S，而其在该公司拥有的现金流所有权却只有 S^n＜S，所以通过改写（5.1）式中获得大股东 A 的总收益函数：

$$Y'=S'(1-M')R+M'R-C'(\lambda, M')R \quad (5.5)$$

$$C'M(\lambda, M)=1-S^n \quad (5.6)$$

比较（5.6）与（5.2），由于 S＜1，有 $1-S^n>1-S$，我们可以发现，通过选择金字塔结构，A 获取私人收益的激励增加了，而且金字塔结构层级越多，其转移利润的边际收益越高。

同理得出：

$$M'=\frac{1-S^n}{\lambda} \quad (5.7)$$

比较（5.7）与（5.3）可以发现，通过金字塔结构大股东获取了更多的私人收益，而且金字塔层级越多，即 n 越大，大股东 A 获取的私人收益越大，从而按正常途径分红的激励就越小，对中小股东的剥削程度就越深。

由以上论述可以得出如下结论：在股东法律保护较弱的情况下，大股东常常愿意锁定控制权以获取私人收益，而且为增加私人收益的获得，其更倾向于利用金字塔结构、交叉持股等形式，以较低现金流所有权掌握上市公司的控制权。而在股东法律保护较好的环境下，大股东获取私人收益成本较高，从而没有激励利用金字塔等结构获取私人收益。由此我们可以解释为什么越是在投资者法律保护不完善的国家里，所有权结构越集中，而且控股股东往往通过金字塔结构和交叉持股等形式控股公司，在美国和英国等股东法律保护状况较好的国家里，所有权结构集中的情况很少，金字塔结构和交叉持股现象就更少，而交叉持股现象在股东保护比较不完善的大陆法系国家，如日、德则是非常普遍的。所以说，股权集中是对法律对股东权利保护不足的一种补偿。

由于小股东的利益没有得到保障，LLSV 等发现德、法等欧陆国家证券市场的相对规模要比英、美等普通法系的国家小。英国法系的国家其所有权集中程度相对较低。我国上市公司所有权集中程度排名全世界第一，远远高于世界平均水平。见表 5.4。

表 5.4 各法系 10 家最大国内非金融公司的所有权集中情况

法系	前三位大股东持股比例之和		公司市值的平均值（百万美元）
	平均值	中位值	
英国法系平均	0.43	0.42	6586
法国法系平均	0.54	0.55	1844
德国法系平均	0.34	0.33	8057
斯堪的纳维亚法系平均	0.37	0.33	2644
全体样本平均	0.46	0.45	4521
中国①	0.76	0.84	3644

资料来源：La Porta，Lopez-de-Silanes，Shleifer and Vshiny，“Legal Determinants of External Finance，” *The Journal of Finance*，1997，Vol. 52，No. 3，p. 1147.

第三节 法律与主导型公司治理模式的选择

法律对金融机构和资本市场发展的规制直接决定着各国选择何种主导型的治理模式。英美国家的法律在信息披露制度、关联方界定及会计准则的选择等方面规定严格，使得资本市场能够迅速而有效地发展起来，同时，法律又对金融机构与企业间交叉持股进行了多方限制，使得银行在参与公司治理方面作用有限。而德日国家对资本市场的管制比较宽松，使得

① 其中，中国的数据是孙永祥的估计值。见孙永祥：《公司治理结构：理论与实证研究》，三联书店，2001 年版，第 60 页。

资本市场的发展规范性弱于美国，同时，德日国家鼓励金融机构拥有企业债权使得两国形成了以银行为主导的治理模式。

一、法律关于资本市场发展的规制

资本市场在何种程度和水平上参与公司治理，取决于资本市场的规范性。资本市场是否规范，主要取决于法律关于资本市场发展的规制。具体来说就是：内幕交易的界定、信息披露制度、会计准则的选择。

（一）内幕交易

企业购并是资本市场参与公司治理的重要手段，强制要约收购是上市公司收购的下位概念，规定当收购者收购一个公司的股份使其持有量达到该公司股份总数的一定比例时，法律强制其向所有的股东发出收购要约。英国的城市法典规定：任何人获取一家公司 30%或以上的股份，或持有一家公司不少于 30%但不多于 50%的股份时，如在 12 个月之内独自或与共同行动者一道取得了超过 2%的有表决权的股份，则除非委员会同意，参与该组一致行动的人须按城市法典所载计算基础，向每类权益股本的持有人以及向任何一类有投票权非权益股本的股份持有人，发出要约。不同类别的权益股本的要约必须是按照同等基础做出的。

欧洲经济共同体有关公司接管的法规也对公司收购中的强制收购制度作出了规定：在发盘者收购的目标公司股份上的表决权数已达目标公司总表决权数的 1/3 时，发盘者即有以同等条件公开收购目标公司全部股东所持股份的义务。对于公司收购的上述出发点规定，各国在立法时只能降低，不能升高。

我国的《证券法》在第 81 条规定："通过证券交易所的证券交易，投资者持有一个上市公司已发行的股份的 30%时，继续进行收购的，应当依法向该上市公司所有股东发出收购要约。但经国务院证券监督管理机构免除发出要约的除外。"这一条的立法主旨在于使目标公司的中小股东在公司控制权易手时，有平等的机会将自已持的股份卖给收购者，以保护中小股东的利益。而我国的《证券法》在末尾处加了一句“经国务院证券监督管理机构免除发出要约的除外”。这意味着公司收购的强制要约义务如果得到证券监督管理机构的豁免，就可以不履行。但是免除的标准是什么却没有明确，这就给暗箱操作提供了条件。

同样是在上述全面要约收购的情形下，如果法律对关联方的界定较为宽松，对有关关联方强制信息披露的要求也不是特别严格，或严格但无法较好地监控，则极有可能出现在收购兼并以后，表面上公司的第一大股东并没有超过50%或30%的全面要约收购界限，但实质上，通过将其他部分股权转让给收购方关联方的方式，收购方可能会控制远远超过全面要约收购界限的股权，而没有对公司其他股东发出全面要约收购。在这种情况下，全面要约收购界限的有效性便依赖于法律对关联方的界定，对内幕交易的禁止。①

为规避法律规定，收购人往往与他人联手共同在股市买入目标公司股票，等到收购方宣布达到首次披露的持股数额时，实际上已经拥有了目标公司不止这个比例的股份，给目标公司带来实质上的不公平。各国证券法大都规定了关联人持股的禁止性规定。在这个问题上，最重要的是如何界定关联人。美国规定，两个或两个以上的人作为一个合伙（Partnership）、一个有限合伙（Limited Partnership）、辛迪加（Syndicate）或其他群体，为了获得、持有或安排目标公司的证券而行动，这样的辛迪加或群体应被推定为一个人，受威廉姆斯法13（d）信息公开要求的约束。《香港守则》则采取列举方式较全面地规定了关联方持股的概念，确定了一致行动人，包括一家公司的母公司、子公司、同属一个集团的并列公司及上述公司的联营公司、公司的任何董事（包括该董事的近亲属、有信托关系的公司及

---

① 内幕交易为什么要禁止？内幕交易实质上损害了证券市场参与者对证券市场的信心。普通投资者只有相信证券市场是公平的才会入市投资，否则入市的动机只能是投机。一个只有投机的证券市场是不健康的，并且会逐渐萎缩。内幕交易打击了入市者的信心，正如一个充满腐败和内幕勾当的政府直接伤害的是选民对政府的信心一样。因此，内幕交易必须得到规制，而在要约收购中则尤为重要。

所控制的公司）、财务顾问及合伙人等。

在禁止内部交易和市场操纵方面，美国严格限制内部人员（如经理、董事及持有公司发行股票10%以上的大股东等）利用未公开信息从事公司证券交易，一经查处，就要没收非法所得、加倍处罚甚至受到监禁。证券法还要求内部人必须定期向证券管理部门汇报其拥有和交易公司股票的情况。对于制造虚假信息、欺诈等市场操纵行为，也作了很明确的规定，并用法律严加制裁。相比之下，德国在这方面要宽松得多，直到1994年由于欧洲一体化的要求，德国才通过了随意性较大的反内部交易法律，在此之前主要靠非法律手段（如自律、承诺等）来限制内部交易。德国公司的内部人不一定要公开其证券交易，仅从1995年开始，主要股东在投票权变化超过规定幅度时，才要求公开其投票权。日本也被视为反内部交易法规非常宽松的典型，其法律及执行程序传统上被认为是为了保护证券业而非个人投资者，只是一系列沸沸扬扬的内部交易案件才迫使国会于1998年修改了证券交易法，修改后的法律与美国的更接近。

我国《证券法》的一个重大立法缺陷就是没有规定关联人持股的问题，使得内幕交易有机可乘。关于公司收购的持股预警，我国《证券法》第79条规定，通过证券交易所的证券交易，投资者持有一个上市公司已发行的股份的5%时，应当在该事实发生之日起3日内，向国务院证券监督管理机构、证券交易所做出书面报告，通知该上市公司，并予以公告。在这条规定中，根本没有体现对关联交易的规制问题。而在我国的《股票条例》中只是规定为，任何法人直接或间接持有一个上市公司发行在外的普通股在达到5%时都有公告的义务。“间接持有”这一词就有很大的弹性和立法的模糊性，究竟何为“间接持有”在很多时候很难判断。而我国第一例的公司敌意收购事件——“宝延事件”中，宝安公司就利用了这一法律空缺，它的两家关联公司宝安华日保健用品公司和深圳龙岗宝灵电子灯饰公司在公告前购入延中的股份已达到10.65%。这严重违反了《股票条例》的相关规定，但由于我国证券交易相关法律没有作出明确规定，证监会对于宝安公司只是处以100万元的罚款，剥夺了其收购的股份55%的表决权。因此我国在证券立法中明确规定关联人的范围、界定关联人持股行为是很必要的。

（二）信息持续披露制度

信息持续披露制度是公开原则在证券市场中的集中表现。规范和监管证券市场的重要目的就是保证市场的稳定、有序和高效，保护股东的合法权益。而要达到这一目的，最可行的办法就是建立全面的、持续不断的信息披露制度。持续信息披露有利于公司改善经营管理，公司一旦如实公开自己的真实情况，就得接受股东的监督。美国法官布兰迪斯（Brandies）的名言“阳光是最好的杀虫剂，电光是最好的警察”，[①] 也说明了信息披露的重要性。

强制公司持续披露信息是美国监督和约束公司经营管理人员的有效方法。根据美国证券立法，持续信息披露文件包括证券发行公司的年度报告书、中期报告书、季度报告书等定期报告文件，以及临时报告书等报告文件。年度报告书应向股东公开以下内容：最近两个营业年度的资产负债表和最近三个营业年度的损益表；陈述会计师对会计账目和财务公开资料的不同观点；公司管理人员对公司财务状况和经营结果的讨论与分析；公司管理人员及其雇员的主要业绩等。中期报告要求公司公开营业年度前 6 个月的营业与财务状况，包括总销售量、营业收益、纯利益、特殊事项等。季度报告书包括财务报告、证券承销进展、股东投票权等事项。临时报告书包括发行公司控制权发生变动；在正常营业外的发行公司或控股公司重要资产的得失；重要诉讼手续的开始与终结等等。

自 2001 年 10 月美国华尔街惊曝上市公司财务造假丑闻以来，包括美国安然公司、世界通信公司、复印机制造商施乐公司等世界著名公司都深陷其中。安然公司和世界通信公司甚至宣告破产保护，世界五大会计师事务所之一的安达信因“安然事件”名声扫地面临重组，美国最大的综合性投资银行之一的美林公司也难逃干系。整个美国资本市场深深陷入投资者

---

① Goulding S. Principle of Company Law. U. K.: Cavendish publish Ltd., October, 1996.

信心危机之中。面对如此严峻的形势，美国国会迅速作出反应，于2002年7月出台了《2002年公众公司会计改革和投资者保护法》（或称《萨宾纳斯—奥克斯莱公司改革法》），其核心内容就是加强董事经理人员对公司经营状况信息披露的真实性。具体地讲，该法案针对上市公司的管理，主要增加了以下严厉的措施：（1）要求首席执行官和财务总监个人对公司财务报表的准确性负责，对于蓄意违反者最高可处500万美元以下罚款或者20年以下监禁，或者两者并处；（2）要求公司实时公布任何导致公司财务健康状况发生变化的事件；（3）建立联邦投资者补偿账户，向投资者赔偿因为公司欺诈行为而造成的资金损失；（4）将投资者的诉讼时效从1年延长到2年。该法案很快被付诸实施，阿德尔菲亚通信公司前董事长等高层职员因欺诈案遭到逮捕。美联储主席格林斯潘表示，随着通过不法手段获利的机会逐渐消失，今后财务欺诈问题将会大大减少。这一系列政策措施也有助于恢复投资人的信心。

德国只要求上市公司公布年度和半年度会计报表及相关资料，且后者不一定要经过审计。另外，在德国，投资者要从公布的会计资料中寻找有关投资信息，需要较高的会计技能和较多的时间。日本在会计信息披露方面也不要求上市公司公布季度会计资料，只公布经过审核的年度和半年度会计报表，但由于日本的会计准则在许多方面借鉴了美国的做法，其会计信息披露在降低企业内外部非对称信息方面所起的作用，介于美德两国之间。

虽然目前我国信息披露规则比较完善，行政执法也十分严格，但上市公司信息披露违规仍然时有发生，[①] 其重要原因是我国上市公司信息披露法律责任体系存在缺陷。主要表现在：一是《公司法》和《证券法》在实

---

① 上海证券交易所副总经理徐明分析说："据交易所的日常监管来看，上市公司信息披露的及时性与公平性仍然存在较大的缺陷，而且在强制性信息披露上还存在不少较为严重的违法违规行为，造成股东、董事、监事、高管与社会公众投资者之间信息严重不对称。"据统计，1996年至2007年间，沪深两市上市公司共计发生461起信息披露违规事件，涉及未及时披露违规的有323起，达到70.1%。

体和程序方面不完善。《公司法》对公司利益冲突、董事和经理责任及利益的配置、内幕交易、经理人报酬等现代公司运作的核心内容没有作详细规定;《证券法》缺乏强有力的反欺诈条款和法律责任条款。二是对信息披露的法律责任的规定不够完善。《证券法》中民事赔偿责任条款过于原则，实施难度较大，同时也缺乏关于临时报告信息披露法律责任归属的规定。三是信息披露的法律责任可操作性差。如对于披露行为违规如何认定、怎样追究责任人的民事和刑事责任以及当事人之间的责任如何划分等问题，规定过于原则或抽象，司法实践十分困难，法律条文很难落实。四是对虚假信息披露的民事和刑事处罚标准尚不够严格。目前已结案的证券民事诉讼总共只有两起，且这两起诉讼也不是对虚假信息披露者的诉讼赔偿。

（三）会计体系的选择

值得注意的是，会计体系在公司治理中扮演着一个潜在的重要角色，因为投资者特别是小股东是通过公司基础的会计标准披露的公司信息，来了解他所要投资的公司。更重要的是，管理者和投资者之间的合约依赖于公司的一些可靠的收入或资产评估指标。所以，会计标准对于资本市场的良性发展是至关重要的。

由于市场的不完美及不完全，西方的会计学术界及实物界早就放弃了衡量只有在理论层面上才有意义的“经济利润”，而致力于会计在“决策”与“政策”的用途。前者指财务报表能够帮助公司的外部人作出投资及信用评估等的决策;后者则指会计的数据可以作为政策及契约执行的依据，例如决定管理层报酬、员工红利、股利和公益金的分配以及所得税额的核定等。[①] 法律对中小股东利益保护力度大的英美国家会计偏重于决策用途，而对于中小股东利益保护不足的德日国家则偏重于政策用途。

---

① 西方的研究以契约来泛指包括契约及政策方面的用途。在中国，政策对会计的影响比正式的契约（经理聘用合约及银行贷款合约等）大得多，所以本文以“政策”来泛指这方面的用途。

这两种不同的用途有不同的信息需要。在决策的用途上，由于投资及贷款政策都有赖于未来的利润或现金流量，所以会计信息必须能够预测未来的利润或现金流量才算有用。会计报表反映的是过去发生的交易，除非过去的利润有持续性，否则不一定能帮助预测未来的利润。会计报表不仅需要披露当期利润，对利润的组成部分（如主营业或非主营业）以及按产品或地区分类的分部信息的披露也同样重要。另外，会计报表还强调“充分披露”的原则，就是说只要对预测未来有帮助，就需要披露出来。而披露的方式，不一定在报表本身，通过附注的披露便可满足决策的需要。所以，会计信息在决策的目的时，指标多元，目的在于预测未来。

在政策的用途上就大不相同了。股利、红利、所得税等通常都取决于同一个利润数字，所以会计报表上特别强调最后净利润数字的确定。对未来的预测不是强调的重点，不讲究利润成分的详列以及在附注里的完全披露。虽然理论上股利、红利、所得税等必须取决于过去的业绩，但是由于牵涉到各方面的利益，会计利润很容易受到各方面的加压而被扭曲。会计信息用在政策的用途时，指标一元，目的不在预测未来，也不一定反映过去。

在对投资者保护不全、尤其是股权保障不完备的国家，通常由大股东直接参与公司治理。大股东的代表或者控制董事会，或者直接成为管理层，对公司而言，他们是内部人。他们需要的信息可以得自例行的董事会议或者公司内部各管理层，不需要像外部投资者一样，要等到年度终了或者季度终了，才能依靠公司的报表来了解公司的状况。一般说来，这些国家的会计不重决策而偏重政策用途。各种政策的考虑便容易破坏会计的中立性，使会计利润受到扭曲。

第一个影响会计的是税务政策。在股权集中的欧陆国家及日本，会计准则和税务法规一样，由政府制定。政府机关为了方便起见，常常只制定一套会计准则，财务和税务公用。所以在这些国家，财务会计和税务会计基本上是一回事，会计因此受制于税务法规。为了稽核的方便，税法通常会尽量减少给公司管理层主管判断的空间，例如坏账准备、存活减值，通常有严格的限制。在投资决策的用途里，这些账项的处理，却是要允许判断的空间，会计报表才有信息价值。税务的考虑越重要，会计信息对决策的有用性就越小。

第二个影响会计数字的因素是股利政策。由于公司的股利和控股公司的现金流量直接相关，股利的多少又取决于当期的利润，所以控股公司有干预利润决定的动机。另外，管理层的报酬和员工的红利也取决于同一个利润数字，管理层和工会代表当然也会给会计单位施加压力，核算出合乎他们利益的利润数字。

股权集中的国家如德日国家，会计的独立性低，每年的利润是上述各方利益整合的结果。这几方面的利益有一个共同点，就是大家都偏好年度间均匀平稳的会计利润，因为这对政府的税收、控股公司的股利收入以及管理层和员工的红利都有利。利润均饰之后当然减轻了反映公司业绩的作用，也使会计报表失去了对外部人的决策价值。但是在成文法国家，由于小股东的地位和发言权都相对微弱，他们的信息需要对公司的财务会计起不到牵制的作用。

在英美等普通法系国家，股权分散，公司外部人（通常由基金等机构投资者主导）的决策需要就成为财务会计服务的主要对象。因此，外部人的需要对税务、股利、报酬和红利这些政策方面的压力会产生强大的制约力量。如果这种力量大到使政策的需要无法满足，政策方面便会按自己的需要，要求公司提供另一套报表。所以在英美等普通法国家，财务会计和税务会计脱钩很早就被视为理所当然的做法。在这些国家，股利对于利润也相对比较富有弹性，股利并不一定是利润的一定乘数。因此这些国家的会计报表，比较能够反映公司的业绩。

我国上市公司的股权集中，小股东利益保证并不完善，政府对经济的直接干预仍然比较多，这就导致我国会计准则和税务法规由政府制定，上市公司的财务会计与税务会计基本上是一回事；会计报表难以满足外部人的决策需要，上市公司的市价无法有效地反映财务报表所显示的业绩，股价的升落对公司管理层也产生不了奖惩的效果。

会计信息是外部投资者参与公司治理的重要信息来源，能够顺利地获取真实的及与业绩相匹配的会计信息是外部投资者参与企业治理的一个前提条件，否则外部投资者对企业一无所知，参与治理是无从下手的。英美国家的会计报表，比较能够反映公司的业绩，也就提供了外部投资者用脚投票及并购的土壤。而德日国家的会计信息失去了中立性，只有内部人才知道企业的真实经营状况，所以该会计体系适合于内部监控型。中国的情况与德日相似，但缺乏类似德日那样强有力的银行监控体系。

二、法律关于银企关系的规制

（一）美国关于银企关系的规制

在美国投资银行的发展史上，立法起着非常关键的作用。1933 年《格拉斯—斯蒂格尔法》明确规定了商业银行业务要与投资银行业务彻底分离。任何以吸收存款为主要资金来源的商业银行，一般不能同时经营证券投资等长期性业务；而投资银行在经营证券业务的同时不准经营支票存款、存单存款、贷款等商业银行业务；商业银行的人员不得在投资银行兼职，商业银行不得设立从事证券业务的分支机构或附属机构。

20 世纪 80 年代中期以后，美国联邦储备银行开始放宽对银行经营业务的限制。1986 年，美联储允许银行通过在各州持股子公司形成银行控股公司（BHC），银行控股公司可以通过子公司参与市政债券、按揭贷款等证券业务，也可以通过持股保险公司而介入保险业务。但是，美联储仍然通过“美联储第 20 条”中对子公司的有关规定，严格限制银行控股下属子公司的经营范围和收入比例。

1999 年美国通过了《金融服务现代化法案》，银行的分业经营限制进一步被打破，普通商业银行可以组建金融控股公司（FHC），这标志着占据美国银行业监管主导地位长达 60 多年之久的分业经营体制完全被打破。

《金融服务现代化法案》同时禁止非金融机构兼并银行、证券或保险公司；禁止非金融机构经营储蓄贷款业务或收购联邦保险的储蓄贷款机构。特别是该法案实施不久，出现了一些超越法案的现象：越轨合一，即由金融控股公司的同一部门从事信贷、投资业务，而且以投资银行涉足信贷业务为主。例如，花旗集团在 2001 年将贷款承购业务合并到旗下投资银行所罗门史密斯邦尼的固定资产部门。这种由同一部门从事信贷和投资业务的越轨混业经营，产生了“信贷市场收敛”现象。因此，监管者不得不重新考虑对商业银行从事投资业务的监管问题，以恢复公众信心。

2002 年 7 月，布什总统签署了《塞本斯—奥克斯利法案》，将刑事犯罪的量刑标准引入上市公司的治理结构，规范企业会计制度，提升信息披露标准，同时要求上市公司及其银行严格限制对企业高层的贷款。这是自《里格—尼尔法案》之后美国联邦政府开始收紧金融管制的信号，以金融控股公司为主要形式的综合型经营模式开始受到挑战。

可见，美国虽然在 1999 年放宽了银行对企业投资的规制，但近年又有紧缩的倾向。而且，企业对银行投资的大门仍然是紧闭着的。另一方面，相对于日、德，美国对企业发行股票、债券的管制最松，以此鼓励企业进入直接融资市场。

美国企业债券发行和交易必须遵循的法规主要有 1933 年的《证券法》、1934 年的《证券交易法》以及 1939 年的《信托债券法案》。这些法律所要求的企业债券的发行注册都只是为了信息的充分披露，而不是为了限制某些证券的发行，某一证券是否要发行上市完全由发行公司自己决定。当然，企业债券在交易所上市的条件相对严格一些，例如纽约证券交易所要求上市的证券发行公司在规模、盈利和股东数目上都要达到一定的标准。因此，能够到纽约交易所上市的企业债券十分有限，绝大多数的企业债券都在没有任何限制的场外柜台交易市场（OTC）交易，而场外柜台交易市场只要定期提供报告就行了。值得关注的是，美国在企业债券发行上的要求如此宽松，并没有导致人们所担心的乱发债券、乱融资、大量企业违约的情况发生。根据穆迪公司的统计，美国高收益债券每年的违约率大约为 4%；虽然高收益债市的坏账比例在 1991 年达到历史最高点，超过了 10%，投资者的回报也相当可观，高达 34.58%。因此，只要信息披露充分、监管到位、市场中介运作有效，企业债券市场是可能在保持快速发展的同时保持较低违约率的。

（二）德日关于银企关系的规制

日、德着重发展以银行为中介的间接融资，对企业发行股票、债券则严加管制（如日本在1979年，只有三菱电子和丰田汽车两家公司符合在日本国内市场发行无担保债券的条件），以便国家通过银行系统实现对经济的强大干预，实行赶超型战略。

其中，德国允许和鼓励全能银行，允许银行从事商业贷款和证券投资业务，持有非金融企业的股票，并对银行的持股比例不作限制，还允许银行代表股东行使投票权，从而大大强化了银行对企业的控制。根据德国实行的全能银行原则，银行可以提供从商业银行业务到投资银行业务的广泛服务（包括信贷、信托、证券投资等），可以无限量地持有任何一家非金融企业的股份，德国银行的持股率平均为9%。德国反托拉斯法也没有对其作出任何限制。

但是，德国政府对非银行金融也采取了严格压制的政策，这一点也与日本相类似。一直到20世纪90年代以前，德国的非银行金融都受到政府的约束。德国政府对非银行金融的约束主要通过两个手段：一是严格而繁琐的发行审批制度；二是对证券交易课以重税。当局一般要求企业发行申请必须得到德国经济部的批准，这样，企业往往不能在所选择的最佳时间发行证券，及时得到所需的资本。因此，相对于银行贷款融资而言，发行债券的实际成本较高，并且证券交易税还会给二级市场加上沉重的负担，由于这两个因素，德国企业发行商业票据和长期债券长期受到阻碍，股票的发行和交易同样受到各种税赋的制约，其结果是：客观上使得发行股票和发行债券作为一种外部融资形式与银行贷款相比缺乏竞争力。

日本将商业银行与投资银行的业务分开，禁止交叉。1987年之前，日本的反垄断法规定，商业银行可持有一家企业股份的上限为10%；1987年以后，这一比例下降为5%（但对超过5%范围的股票处理问题，却设定了十年延缓期，这等于对银行没有限制）。保险公司最多可持有一家公司10%的股份，共同基金和养老基金在投资分散化方面不受任何限制。

但是，与英美等市场经济高度自由化的国家不同，日本存在着严重的“金融抑制”，这突出表现在两个方面：其一，日本政府对非银行金融采取了严格压制的政策，直到20世纪80年代中期，日本法律和管制环境一直限制企业从银行以外的金融源融资。例如，直到20世纪80年代初期，日本企业仍然难以直接从外部金融市场筹资，国内债券市场只对少数政府拥有的公司或电力等公用事业开放，1987年以前，日本完全禁止企业发行商业票据，直到1987年政府才允许企业发行商业票据，对股票的交易虽然没有直接的限制，但对股票交易课以重税的情况一直延续到1988年。其二，政府的利率管制。在20世纪80年代中期以前，日本政府一直实行严厉的利率管制政策，政府以官定利率的形式人为地压低存贷款利率。通过保持低储蓄利率，银行可以以低市场利率贷出资金并仍然获利，这样就可以使非银行金融逐渐丧失竞争力，从而为银行控制企业打开了通道，使以“主银行”（main bank）为特征的金融机构对企业的影响虽低于德国，但远高于美国。

（三）中国关于银企关系的规制

中国人民银行试图借鉴日本模式中的主办银行制度，针对国有大中型企业颁布了《主办银行制度管理暂行规定》，希望银行能更深入地参与对企业的治理，《商业银行法》在第43条规定：商业银行“不得从事信托投资和股票业务，不得投资于非自用不动产”，“不得向非银行金融机构和企业投资”。在2003年10月人大常委会第五次会议对该法律进行的二次审议中，第43条的第二款被修改为：商业银行不得向非银行金融机构和企业投资，但是“国务院另有规定的除外”。上述规定使得银行仍很难对企业合法派员管理，这个规定刚开始执行，尚未总结到非常成功的经验。再加上日本在东南亚金融危机后经济持续低迷，理论界对日本的模式提出了诸多的质疑，认为不能重蹈日本的覆辙，所以，对主办银行制度现在很少提及。①

我国银企关系的制度设计是以防范金融风险为首要目的，主张对企业经营行为的监督只能以外部监督为主，而反对银行对公司治理的内部参与，认为银行参与公司内部治理会引起更大的金融风险。我国银行对借款企业的“三查”制度，对国有企业的监事会制度，对企业的授信制度，都是强调从企业的外部对企业经营行为进行监督。这些制度中提及的银行对企业的监督制度都不是经常有效的制度，而更多的是随机性甚至随意性。所以银行对公司治理的参与是一种消极的参与，它对公司治理效率的提升不可能起到很大作用。银企合作协议一般一年一签，也难以体现银行与企业之间的长期稳定的合作关系，而且银行的贷款主要限于流动资金贷款，所以银行并不关注企业的长远发展。在这种制度下，银行仍然只是债权的消极防护者，只重金融服务而忽视监督机制的建立。

三、法律规制与主导型治理模式的选择

由于美国和日本、德国对直接融资和间接融资的鼓励和限制大相径庭，造成三国的资本市场发育（见表 5.5 和 5.6）和银行的实力出现很大差异。其中，银行部门资产占 GDP 的比重分别为：德国 146%，日本 167%，美国仅为 62%。在数年世界十大银行的排行榜中，日本也是最多、最靠前，其次是美国，德国则排在日、美之后（见表 5.7）。

---

① 商业银行准入主管部门的人民银行，除了重申引进国内机构投资者所持有的股份不能超过总股本的15%、引进的个人投资者所持有的股份不能超过5%的规定外，更多的是表示欢迎并支持民间资本和外资入股中小商业银行，鼓励商业银行通过增资扩股迅速增加资本金，尽快达到巴塞尔协议规定的8%的资本充足率，以提高自身抵御风险的能力。随着银行业竞争的加剧，我们相信企业参股四大国有商业银行只是时间的问题。

表 5.5　法律与证券市场规模

国家	外部股值/GNP	每百万人口拥有的上市公司	每百万人口 IPOs（1995，7－1996，6）
英国法	0.60	35.45	2.23
英国	1.00	35.68	2.01
美国	0.58	30.11	3.11
斯堪的纳维亚法	0.30	27.26	2.14
德国法	0.46	16.79	0.12
德国	0.13	5.14	0.08
法国法	0.21	10.00	0.19
法国	0.23	8.05	0.17
样本平均	0.40	21.29	1.02

资料来源：La Porta，Lopez-de-Silanes，Shleifer and Vshiny，"Legal Determinants of External Finance，" *The Journal of Finance*，1997，Vol.52，No.3，p.1138.

由于美国法律鼓励资本市场发展，鼓励企业从资本市场筹资，资本市场成为公司治理作用发挥的重要保障，进而发展成市场导向型的治理模式；而德日鼓励银行参与企业事务，鼓励企业从银行筹资，使得银行能够有力地干预企业经营，进而发展成银行导向型的治理模式。

而对于中国来说，无论是资本市场还是银行都没有足够的能力参与到公司治理中来。资本市场在中国发展时日尚短，关于资本市场发展的法律规制很不健全，这种情况使得市场导向在中国无从谈起。而《商业银行法》第43条规定：商业银行在中华人民共和国境内不得向非银行金融机构和企业投资。银行对公司治理的参与只是一种消极的参与，它对公司治理效率的提升不可能起到很大的作用。这就使得我国的治理模式既游离于市场之外，又游离于银行之外，表现出监控体系的缺失。

总之，美国的资本市场管制以提高资本市场的配置效率和治理效率为导向，德国以提高银行和大投资者在融资和公司治理中的效率为导向，日本介于二者之间，在一些方面接近美国，但更多靠近德国。于是美国的公司治理中就表现出资本市场主导的特征；而德国和日本则表现出金融机构主导的特征。市场导向型的美国公司治理模式注重发挥兼并收购这种外部治理手段的作用，而银行主导型的德日治理模式则比较不注重这种外部治理手段作用的发挥，而关注于内部监控。我们国家的公司治理的主导模式则既不是市场导向也不是银行导向，在公司治理有效主导模式的选择上出现了制度真空。

表 5.6　美国、日本和德国的资本市场比较　　单位：10 亿美元

	美国	日本	德国
股票市场			
上市的公司数	6923	1689	666
上市公司的资本总额	5018.7	3600.6	499.7
调整交叉持股后的资本总额	4737.7	1281.8	179.9
资本总额占 GDP 的比重（%）	74.5	76.5	11.5
调整交叉持股后的资本总额占 GDP 比（%）	70.3	27.1	4.1
债券市场			
发行债券的市场价值	5885.4	4394.9	1940.9
发行债券占 GDP 的比重（%）	87.4	93.4	44.7
政府及政府的代理机构	3465.6	3090.0	793.6
私人银行	947.2	789.5	925.0
私人非银行企业	251.7	432.8	2.0
国外机构	220.9	82.6	220.3
债务与自有资本比率	0.87	3.98	1.83

资料来源：Ditetl. H，“Capital market and corporate governance in Japan，Germany and The United States，” *Routeldye*，1998，p. 121.

表 5.7 2003 年全球十大银行排名

排名	银行	资产规模（10 亿美元）
1	美国花旗集团	1097.19
2	日本瑞穗集团	1029.69
3	瑞士银行	851.69
4	日本三井住友银行	826.60
5	德意志银行	795.74
6	日本东京三菱银行	784.52
7	美国摩根大通	758.80
8	荷兰 ING 集团	751.78
9	英国汇丰银行	748.89
10	法国巴黎银行	745.41

第四节　公司法对公司治理规制的比较研究

理论上一般认为，公司法的法律条款可以理解为公司参与各方之间签署的契约的一部分。公司法的规定，是所有各类公司共有的契约。公司章程只是把公司法中没有明确的，而当事人认为必须明确的内容写出来，进而与公司法一道构成约束有关公司参与各方权利的总的契约。

公司法之所以被世界上几乎所有国家认同，主要由于以下几方面的原因：一是在世界各国公司运作的过程中，确实存在共通性，因而公司运作需要有共同的要求与准则。如对董事诚信义务的要求等等，这就使得公司法的存在变得很有必要。二是公司法的存在有利于降低公司成立与运作的交易成本。由于有公司法的存在，各相关方在成立公司之前，对公司的整个内涵、概念以及当事人之间的权利便有了大致的了解，因而有利于减少各方协商、谈判的成本，进而提高公司设立与运作的效率。三是公司法规范的格式及内容，有利于法官对种类繁多的各类公司的运作及有关各方的行为进行判断，有利于减少司法成本，否则过分非标准化的章程和合约将影响司法的效率与成本。本节将对公司法对公司治理规制进行国别比较研究，指出中国公司法的立法缺陷。

一、股份公司的组织机构设置

众所周知，股份公司的组织结构有两种模式。一种是以德国法为代表的二元制模式，即除股东大会外，公司要设立监事会与董事会。董事会负责公司的管理，而监事会则负责监督董事会，董事也是由监事会任命的。也就是说，公司的管理职能与监督职能是分别由两个不同的机构来行使的。另一种是以英美为代表的一元制结构，即公司不设监事会而只设董事会。换言之，董事会既是公司的管理机构，又是监督机构。传统上，美国股份公司的管理职能由董事会来行使，而董事则由股东直接选举产生。

这种不同的公司制度设计使得我们有必要在结合外国公司立法的经验的基础上检讨我国现行的股份公司制度设计。我国公司法确定了股东大会、董事会（经理）与监事会构成的股份公司结构。这种结构从表面上看似乎采取了二元制，然而实际上与德国公司法为代表的二元制度有着本质的不同，原因就在于德国的董事会被置于监事会之下，董事会成员是由监事会任命的，其报酬也由监事会决定，而监事会的成员中，既有股东的代表，也有员工的代表（大型公司）。反之，我国公司中的董事会与监事会两个互不相干的机构分别只对股东大会负责，这样一来，在实践中我国公司的监事会形同虚设也就不足为奇了。公司法对“二元制”的规定与“二元制”设立的目的——监督制衡就存在明显的制度冲突。

二、股份公司的法人代表制度

按照德国股份公司法第 76 条，董事会可以由一人或者数人组成。对于注册资本超过 300 万欧元的股份公司，董事会的成员人数不得低于两人，除非公司章程约定董事会由一人组成。也就是说，即使是对股份公司，德国法律也没有硬性要求必须设立集体性质的董事会，不过这显然是与德国股份公司中监事会的特殊权力分不开的。而按照德国股份公司法第77条，只要董事会由多人组成，董事会的管理公司的职权就只能由全体成员共同行使。虽然公司章程可以作不同的约定，但公司章程不能约定少数董事会成员可以违背多数董事的意见作出决议。在实践中，虽然德国的大型股份公司中也经常设有“董事长”一职，但是董事长却无权违背多数董事的意见单独作出决定，董事长主要起着召集董事会的作用，这与我国公司法第114条第1款的规定基本吻合。此外，实践中很多公司的章程约定公司的对外民事行为（例如签定合同）通常要两名董事签字以后才能发生效力，而公司的章程则必须经过商务登记，外人通过查看公司的商务登记，就知道公司的法律文件必须经过哪些董事签字后才发生法律效力。这表明，德国股份公司法没有采纳董事长的法定代表人制度，而是体现了董事会集体决策的原则。小型股份公司虽然可以不设立董事会而只设立一名独立董事，但是由于执行董事由监事会任命，因此他仍然受到监事会的有效约束。

现在再看美国的情形。就董事会内部而言，美国学者直到今天还强调，董事会内部成员之间的关系不是等级关系，而是一个集体机构，即认为董事会内部是按照一致表决或者多数表决形成决议的。某些学者还认为现行的法律同样承认了董事会集体管理制度。但是，早在1933年，著名法学家贝利和米恩斯就指出，美国大公司内部的董事会结构与法律所设计的、以股东民主为基础的集体表决制度存在着很大差距。明显的事实就是，美国的大公司的管理职能并非由董事会行使，而是实际上掌握在首席执行官（简称CEO）手中。

首席执行官的权力来自五个方面。第一，美国公司的董事会成员多数兼任公司的高级管理人员（即执行董事或“内幕董事”）。执行董事受到首席执行官的约束，出于职业前途考虑，就必须按照首席执行官的意志来表决。第二，虽然在当时也有所谓的局外董事，即不参与公司日常管理的董事，但局外董事的任命通常也由董事会向股东大会推荐。第三，股东大会选举董事流于形式，大型股份公司的董事会事实上能够自行补充董事。因此，首席执行官就能够借此防止股东大会选举出不听他调遣的董事。第四，执行董事与局外董事之间拥有的信息极不对称。执行董事掌握着公司的一切重要的信息，由于首席执行官的影响以及受自己的职业前途所决定，他们在事实上形成了一个集团，不会轻易向局外董事透露公司的内幕信息。第五，如果首席执行官同时也是董事会的主席，首席执行官的权威就更加稳固，而事实上在大型公司中经常如此。在这样的情况下，董事会就成了许多公司的象征性组织。这种局面一直维持到20世纪70年代。20世纪70年代以后，为了限制首席执行官的权力，才渐渐确立了独立董事制度，以防止首席执行官滥用职权。不过，即使有了独立董事制度，首席执行官的权限仍然缺少有效的监督。可见，在美国，由于股份公司的管理职能与监督职能集中于董事会一身，而首席执行官的权力事实上更大，这就使得法律必须采取措施防止首席执行官滥用职权。在这种制度设计的差异下，美国的大型公司的董事以及高级管理人员的报酬远远高出其德国同行的报酬就顺理成章了，这是因为德国股份公司的董事会成员的报酬是由监事会决定的，而美国股份公司的报酬事实上在很大程度上是由董事们自己决定的。

我国公司法第113条规定，股份公司的董事长为公司的法定代表人。实践中，董事长不仅在对外民事与经济活动中代表公司，而且在诉讼中也是公司的诉讼代表人。由于我国的大型股份公司仍然以国有公司为主，而大型国有公司的董事长基本仍然是由国家或者有关主管部门直接任命的，并非真正由股东大会民主选举产生。即使由股东大会民主选举产生，由于国家是这些公司的最大股东，因此主管部门仍然能够通过股东大会任命国家委派的董事长。

鉴于上述原因，我国公司法放弃了德国股份公司法第77条中明文规定的董事集体代表（Gesamtvertretung）制度。从实际运作上看，我国公司法规定的法定代表人制度似乎更加接近实践中美国公司的首席执行官（CEO）制度。然而问题是，按照美国公司法的实践，首席执行官却在事实上操纵着公司，因此即使在美国，今后的任务也不是如何进一步扩大首席执行官的职权，而是如何防止首席执行官滥用权力。

以上的国际比较充分表明，无论是实行二元结构的德国公司法，还是实行首席执行官负责制的美国公司法，都在采取措施防止将公司的权力过分集中在一人身上。为了体现公司民主，建议我国在未来立法时进一步从严界定董事长的权限，即规定董事长原则上只负责召集董事会，公司的管理决策则必须实行民主表决。同时，也应当废除董事长为公司的法定代表人的硬性规定，而应当允许公司的章程就此作出约定，即允许由两名或者多名董事共同代表公司并就此进行公司登记。公司重大的经济行为（例如与第三人签定重要的合同）必须由有权代表公司的董事共同签字后才能发生效力。笔者认为，无论对目前的国有股份公司还是对将来日益增加的民办股份公司（即真正的大众化公司）而言，强化大型公司的民主决策管理都是十分必要的。

三、公司民主与监事会制度

对大型公司而言，公司民主管理是一个新兴的课题。一方面，大型公司雇佣着成千上万的员工，因此任何大型公司在任何国家都已经不可能完全按照股东的最大利益来管理，而必须在股东利益与员工利益之间寻求适度的平衡，这是因为股东利益、员工利益都是与公司的利益紧密联系的，这就要求公司管理与决策必须在一定程度上照顾到员工的利益。另一方面，强化公司的民主管理也有利于调动员工的积极性。

按照德国有关企业职工参与企业管理的法律规定，凡是雇佣员工超过5人的企业，可以由职工选举产生职工委员会，委员会有权参与企业的经营决策，尤其是在招收与解雇员工方面，必须与职工委员会进行协商。此外，雇佣员工超过2000人的企业，监事会中必须有1/3的员工代表。监事会在任命董事会成员时，应当有董事代表员工利益，即所谓“劳方董事”。德国法律的这些规定不但从制度上确保了监事会对董事会的有效监督，而且在一定程度上保障了员工对公司的民主管理权，从而能够保障员工的利益。有很多国家虽然在公司管理结构上没有采纳德国等国家的二元制模式，即分别设立监事会与董事会，但是由于不少国家的劳动法同样规定了职工参与企业管理的内容，因此即使在实行公司单一管理结构的国家，仍然在一定程度上体现了公司的民主管理原则。

虽然我国的公司法与企业法同样体现了职工民主管理的精神，但是在具体规定上却不能充分保障企业职工的决策参与权，个中的原因首先在于我国的公司法没有对监事会成员中的股东代表与职工代表成员的比例作出具体规定；其次是如前所述，按照我国公司法，监事会虽然名义上有权监督董事会，但是由于董事会成员并非由监事会任命，而是直接由股东大会选举产生，因此我国公司的董事会在法律上只能服从股东大会的决议，即只能服从股东利益。这样的规定不仅导致监事会在实践中无法充分发挥对董事会的监督职能，而且导致公司的管理决策与职工的民主管理在一定程度上脱节。

四、对关联公司约束

在对关联公司的法律调整上，各国法律采取了不同的立法模式。一种是分散调整模式。在这种模式下，公司法仍然以单个公司的人格独立为原则，对关联公司与公司集团（企业集团）则不作专门性的规定，有的国家的公司法则对母子公司间的法律关系作了规定。对关联公司之间的信息披露规定，则主要体现在各国的证券法中。对关联公司之间的民事责任承担问题上，基本上也是按照传统的揭开公司面纱理论、公司人格否认理论或者直接责任理论来解决。

另一种模式则是集中调整模式，其中以德国为典型代表。德国股份公司法在第 15 条至 22 条中不仅对关联公司作出了定义，而且对关联公司之间的信息披露义务也作出了规定，这就形成了对关联公司的一般调整。在此基础上，德国股份公司法对公司集团（康采恩）以及公司归附制度作了专门规定。按照德国法，凡是在成员之间签定了支配合同（或者说集团管理合同）或者通过了所谓“公司归附程序”的公司集团，集团的核心企业就有权对整个集团行使统一管理权，成员公司的董事会原则上必须服从核心公司发出的指令，即使这种指令不利于本成员公司而只利于整个公司集团的利益。与此同时，德国股份公司法也强化了对从属公司的债权人与少数股东的保护。从这个意义上说，德国的上述规定具有“公司集团组织法”的特征。除此之外，葡萄牙、巴西、斯洛文尼亚、中国台湾地区和深圳经济特区的有关规定等也全部或者部分地借鉴了德国股份公司法的对公司集团或者关联公司的集中调整模式。

我国现有的公司法是以公司之间相互独立、互不参股为原型而设计的，因此现有公司法的规范对关联公司几乎没有涉及。而我国公司法又规定公司可以对其他公司投资，公司甚至可以设立子公司，这就为形成关联公司奠定了法律基础。其次，我国证券法专章规定上市公司收购，使得公司之间相互持有股份已经变成现实。第三，外资收购内资，公司间协议转让资产也已经从理论变成了现实。关联公司之间的不正常业务往来、虚构年度利润以及虚增资产，尤其是关联公司之间的相互担保几乎形成公害，而关联公司之间的人事连锁现象则加剧了关联公司之间的暗箱操作现象。这一切不仅不利于公司控制权的正常转移，而且打击了投资者的信心，损害了债权人的利益。现有公司法显然不能应付公司关联化带来的挑战。

我们认为，随着公司之间关联关系的发展，各国公司立法对关联公司作出回应是必然的趋势。在调整的方式上，也没有绝对“正确”或者“错误”的标准。但是，无论如何应当对关联公司作出最低层次的调整，即从法律上界定关联公司，规定关联公司之间的信息披露义务以及规范关联企业之间的正常业务往来。这一部分规定，就构成了一般意义上的关联公司法。至于是否应当在此基础上进一步对公司集团作出规定，即是否承认公司集团的核心企业对成员公司的统一管理权，则应当依据各国的国情以及是否有相关的法律规定而定。

第六章

资本市场与公司治理

早在1958年6月，Modigliani和Miller发表于《美国经济评论》的“资本结构、公司财务与资本”一文中的研究表明：在完善的资本市场上，一个公司的资本结构与其价值无关（irrelevant）。但完全竞争的资本市场在现实中并不存在，而不同的资本结构影响着不同公司治理结构的制度安排。正如米勒教授所言：适当资本结构的选择可改进公司治理结构，提高治理效率，而好的治理结构又能确保公司经理层得到适当的资金来完成有利可图的项目。也就是说，资本结构可通过股权和债权特有作用的发挥及其合理配置来协调出资人与经营者之间以及出资人内部股东与债权人之间的利益和行为。

资本市场对公司治理的作用主要体现在以下几个方面：一是资本市场的融资机制，使投资者有权选择投资的对象，从而改善和提高公司的治理结构；二是资本市场的价格机制，可使出资者了解公司经营信息，降低了股东对管理层的监控信息成本，降低了公司治理的成本；三是资本市场的控制权争夺，可以强制性纠正公司治理的低效率。其中，价格机制是核心，通过价格机制使得公司的价值得到实时的反映，进而使公司的利益相关者对此作出及时的反应，导致成本降低，资本结构和股权结构发生相应的变化，从而调整公司的经营管理，提高公司的价值。控制权争夺实质上是对公司治理的一种优化，优化的结果是公司价值的提升。而融资机制是对控制权争夺的一种深化，融资机制的实施会改变公司的资本结构和股权结构，从而影响公司的治理结构和效果。由于各国资本市场发展水平不同，其对公司治理机制的作用也大相径庭。

上一章中我们已经说明，由于资本市场管制的上述差异，造成了日、美、德资本市场发达程度存在明显差异。其中，美国的资本市场最发达，商业银行、投资银行、各种基金、保险公司、证券资信评估等机构之间分工很细，竞争激烈，使资本市场能汇集和转换大量分散的信息，提高了市场的透明度，加之不断的金融创新，有利于大量分散的投资者和企业进入资本市场直接融资。德国的管制则抑制了资本市场的发育，由于公司内外部之间存在大量的非对称信息及大股东的操纵，资本市场的透明度不高，不利于分散的投资者和企业进入资本市场直接融资。日本由于管制上的特征，其资本市场的发育程度介于美、德之间。三国资本市场的发达程度可通过表 5.6 得到大体说明。

从表 5.6 可看出，美国的资本市场最为发达，日本次之，德国最低。在股票市场方面，德国仅有 666 个上市公司，美国则多达 6923 个，日本为 1689 个。去除企业交叉持股部分的重复计算，上市公司资本总额占 GDP 的比率，德国只有 4.1%，日本为 27.1%，美国则高达 70.3%。另外，在三国之间，德国股票市场的流动性最低，最大 50 个公司的股票交易占整个市场股票交易额的 89%，其他公司的股票交易率很低（Deitl，1998）。日本股票市场的流动性虽比德国高，但远低于美国，上市公司股票分布中，近 70%被法人股东持有，他们主要利用持股来稳定长期交易关系，很少进入股票市场进行短期交易（Aoki，1992）。美国公司的股东主要由个人及机构投资者构成，他们很重视股票的收益率特别是短期收益率，交易频率很高。在债券市场上，三国之间也有很大差异。发行债券价值占 GDP 的比例，德国为 44.7%，日本为 93.4%，美国为 87.4%。通过表 5.6 可以算出，在发行债券总额中，私人银行所占比率，德国高达 47.7%，日本和美国分别只有 18.0%和 16.1%，这反映了德国债券市场上银行的重要影响。另一方面，非金融企业发行债券占债券总额的比例，德国仅有 0.1%，日本为 9.8%，美国则高达 21.3%，这在很大程度上反映了三国对企业发行债券管制的宽严程度。

目前的趋势是中国的公司治理将更多地借助于市场的力量进行权利制衡，但是通过本章的分析，我们认为中国资本市场尚不足以发挥如人们所期待的那样高的治理效果，因为中国资本市场是行政化的而非市场化的，这样的资本市场与公司治理的监督制衡机制是冲突的，导致制度系统无序性增大，公司治理效率低下。

第一节　融资机制与公司治理

一、股权融资和债权融资

资本市场的重要功能之一是融资功能。对一家要进行投资的企业来说，可供融资的来源是双重的，包括内源融资与外源融资。所谓内源融资，即依靠公司业已实现的一部分利润作为投资的来源（提取的折旧费也可归入此类）。外源融资主要包括债务融资和股权融资。其中，债务融资包括银行贷款和发行债务，虽然这两种方式形式上不同，但它们都构成企业的债务；股权融资进一步又可分为发行新股和配股，它们在企业资产负债表上并不表现为企业的债务，而表现为一种资产。

现代企业融资理论认为，由于资本市场是不完善的，不同融资方式的成本有很大差异，企业融资方式的选择取决于融资成本（Harris，Raviv，1991）。对企业内源融资来说，在不考虑税收的条件下，融资成本实际上是一种机会成本。如果企业的内部留利不进行投资，那么可以转作其他用途，如分配给股东、存入银行、购买国债、转借给其他企业等等。因此，它的成本是资本市场所要求的税后利润率，这种税后利润率既可能是向股东支付的股息率，也可能是资本市场的利率。

对企业的债务融资而言，融资成本是由以下各部分构成的：（1）利息率。（2）企业财务恶化或破产成本（Bernake & Campbell，1988）。（3）举债的代理人成本。和内源融资相比，后两项是债务融资的额外成本。此外，如果经营绩效不佳，企业在借贷市场上根本就得不到所需的资金。

至于股票融资的成本，具体则包括：（1）股息率。（2）股票发行的交易成本。（3）税收成本，股票融资需要支付红利所得税，而债务融资支付的利息通常是免税的。(4) 发行股票的负动力成本。和股票融资相比，债务融资存在着一系列收益。由于经营者不是企业 100%的剩余索取者，他们有动力从事企业价值非最大化行为。而通过债务融资可以约束经营者的这类非最优行为。其一，在经营者持有企业股权水平不变的条件下，企业债务融资比例的增加会提高经营者的工作动力。其二，股票融资需要企业支付红利，债务融资需要企业支付利息，但利息支付具有强制性。这就减少了企业的“自由现金流量”(剩余留利和折旧费之和)，使得经营者从事企业价值非最大化行为的活动余地缩小 (Jensen，1986)。其三，和股票融资相比，债务融资使企业的破产概率上升，经营者所受到的压力加大，为避免破产风险，经营者会更加努力地工作，减少不必要的奢侈消费。这些都有助于缓解经营者与股东之间的利益冲突，降低了代理人成本，从而构成了债务融资的收益。债务融资的成本和收益最终决定了企业的资产负债比率，在这种意义上，股票融资的成本相对增加。(5) 发行股票的信息不对称成本。在经营者与外部投资者之间存在着信息不对称，因此外部投资者通常会把新股票发行看成是企业质量恶化的信号，相应的低估它们的市场价值 (Myers & Maijluf，1984)。经验研究显示：当一家企业用债务回购股票时，该企业的股票价格会上升；反之，当它通过发行股票来偿还债务时，其股票价格会下降。

从理论上来说，很显然内源融资的成本最低，股票融资的成本最高，债务融资的成本介于两者之间。正是这种融资成本的差异决定了企业融资方式的选择：企业融资方式的选择顺序是内源融资、债务融资、股票融资。发达国家企业融资方式的历史和现状均已证明这一点。例如，1981—1991 年间，美国公司新投资的 74.7%来自于内源融资。此间，股票融资的比例为－11%，这也就是说，企业回购的股票数量大于企业发行的股票数量。进而，上市公司平均每 18.5 年才配股一次 (Samuel C.，1996)。

在市场经济条件下的企业中，债务和股权不应仅仅被看作是不同的融资工具，而且还应被看作不同的治理结构 (Williamson，1988)。设计合理的融资结构应能限制经营者以投资者的利益为代价，追求他们自身的目标。从资本结构的古典理论 (早期的资本结构相关论)、新古典理论

（MM的资本结构无关论），到资本结构问题的现代理论（非对称信息、代理成本、控制权竞争和财务契约等），尽管对资本结构的研究越来越多，但对最佳资本结构的确定却一直未得到解决。无论债务融资还是股权融资都会对公司治理产生影响。

股权融资通过内部控制与外部控制对公司的治理施加影响。在内部控制中，内部控制的有效与否与股票的集中程度、股东性质和董事会及有关法律法规规定的投票比例有关（袁国良，2000）。通常情况下，大股东存在监督企业运作的动力，同时小股东“搭便车”（Free Riding）也使公司决策向大股东的意见倾斜。因此，股权融资使得股东通过内部的投票机制对公司的经营和治理进行监督。但若内部控制的机制失效，股东会通过转让和出售股权的方式改变经营者，强制性地达到公司控制的目的。

相对于股权融资，债务融资可在一定程度上抑制经营者的过度投资。因为过度的债务融资会使公司的成本上升，债务杠杆比例增大，而且面临付息还本的压力，公司经营者不得不谨慎对待，减少投资的随意性，否则公司会面临破产的威胁。一旦债务融资较大，公司经营者知道出资者也会加大对公司的监督和控制，因此在融资过程中，经营者会权衡融资的方式。尽管股权融资相对于债务融资没有还本付息的压力，但融资的大小受到公司业绩的影响，投资者会根据公司的业绩进行投资的选择，为获得融资的机会，公司经营者会通过改善公司管理，提高公司的营运水平，提供优质的产品和服务来改善公司的业绩。同时，融资结构还可以对经营者的经营激励、对公司的清算或退出、对公司的并购产生影响，进而对公司的治理产生影响。

二、发达国家企业融资方式的比较

就企业融资来源结构而言，发达国家的企业融资有差异也有共性。

（一）美国市场化的关系型融资模式

美国作为市场经济国家的典型代表，依靠发达的市场经济体制和相对完善的金融市场，为中小企业找到了市场化的关系型融资模式。在美国，关系型融资并不涉及政府行为，而是资本市场供求力量自发作用的结果。市场化的关系型融资体现在企业的融资结构中：

1. 内部融资

中小企业的第一笔资本来自于“内部人融资”。这部分融资往往是企业主、企业主的朋友和家庭成员了解企业并相信企业能够成功而提供的融资，因而它是建立在意会信息基础上的企业的第一笔关系型融资。

2. 外部融资

（1）股权融资。1933 年，美国银行法允许商业银行信托部以信托名义代客户买卖股票，1982 年后，又允许商业银行以证券经纪人名义代客户买卖股票和证券。出资者（包括商业银行）都可以通过银行信托部与企业进行人事和资本参与，掌握企业的内部信息，特别是较难获得的意会信息，在此基础上就形成典型的关系型股权融资。（2）债权融资。美国的中小企业债权融资是典型的关系型融资。它有两个重要特点：第一是就近融资。据美联储统计，尽管随着信息技术的进步，中小企业融资与主要融资银行之间的距离有拉大的趋势，但中小企业在选择融资渠道时，还是首先考虑当地银行而不是外地银行。第二是集中融资，即中小企业融资往往集中在一家银行而不是分散在多家银行。研究表明，美国中小企业从一家主要银行获得的融资平均在 76％以上。

（二）日本的关系型融资模式——主办银行制度

日本的主办银行制度是指包括工商企业、各类银行、其他金融机构和管理当局间一系列非正式的惯例、制度安排和行为在内的企业融资和治理体制。具体内容包括：（1）企业选定一家商业银行作为其主要的往来银行，即主办银行，并由该银行提供最大份额的短期贷款。（2）主办银行作为客户企业的最大股东，不仅长期持有该企业的股份，而且不论这种股票的价格如何变动，一般都不出售其持有的股票，除非它想放弃这种主办银行的地位。(3) 主办银行除了以股东的身份参与客户企业的董事会以外，还向该企业派遣财务、计划等高级职员参与经营管理。(4) 主办银行不仅参与客户企业的债券发行以及其他相关业务，而且还向该企业提供基本结算账户和信息咨询，通过电子计算机网络观察基本账户上的资金流入与流出的变化，掌握其财务状况。(5) 若干家以同一银行为主办银行的企业，通常以该银行为中心形成企业集团，集团内部的企业不仅可以从主办银行那里得到贷款，而且可以通过主办银行的安排，从其他金融机构那里获得“协调融资”。(6) 当客户企业发生财务危机时，主办银行出面组织援救，如允许该企业延期还本付息或者向该企业提供紧急融资等，在该企业重组时，主办银行亦拥有主导权。

（三）德国的关系型融资模式——自我筹资

德国的中小企业同样面临着融资困难，80％的中小企业采取的是“自我筹资”的形式。德国的中小企业若寻求外部融资，通常首先尝试的是私人融资，例如通过家庭成员筹资。一般小业主喜欢采取向有钱的父亲或其他富有的亲属融资的方法，方便省力，不存在官僚主义，融资成本低。家庭成员或亲属提供给中小企业的这种融资具有典型的关系型融资的特点。其次，德国中小企业还经常通过顾客来融资。如果顾客对中小企业业主比较熟悉，并且对某些中小企业的产品或服务感兴趣，通常愿意为未来将得到的产品和服务支出预付款。再次，德国中小企业还常常通过供货商贷款促进企业的发展，如德国有许多经营餐饮业的中小企业获得啤酒厂的贷款。一方面，啤酒厂通过规定餐馆必须销售该啤酒厂的产品获取关系型租金；另一方面，餐馆也能获得及时的资金支持。此外，德国的中小企业，特别是一些中型企业还和银行建立了紧密的关系型融资关系。银行掌握绝大多数投票权，控制股东大会，间接参与企业的经营。有些大银行甚至通过控制监事会直接管理企业，企业也从往来银行获得源源不断的资金支持。

三、融资方式与治理机制

融资方式不同就使得股权结构不同，进而形成不同的治理机制。美国的融资结构以股权为主，因而形成了以机构投资者和分散的个人股东持股为特征的股权结构。德日的融资结构以债权为主，银行既是公司的债权人，同时又是公司的大股东，因而形成了以银行为主导的治理机制。

一直以来，美国的股权结构都是高度分散的，有大量的个人股东。但是近 20 年来，美国资本市场上机构投资者得到快速发展，目前在总量上约占美国全部上市公司股本的 50%，主要的机构投资者是共同基金、保险公司、养老基金和捐赠基金等。这些机构投资者把众多分散的小额投资者的资金集中起来，进行分散风险的组合投资。应该说，机构投资者的快速发展，为美国个人投资于企业开辟了交易成本更低、风险更小的中介机制。尽管美国机构投资者快速发展，但由于这些机构都是实行分散投资，机构投资者投资于单个企业特别是大企业的比重并不高，因而使得美国企业的股权结构高度分散，许多企业往往有成千上万个股东，而且最大股东持有的股份多在 5%以下。

这种股权结构对美国企业治理结构的影响是：投资者作为所有者（委托方）难以真正对企业经理人员（代理人）起到监督作用。这是因为：一方面，占有股权微不足道的小股东有“搭便车”（free riding）的倾向，他们既不关心、也无力左右企业经理人员的工作；另一方面，由于机构投资者并不是真正的所有者，而只是机构性的代理人、代理基金的受益人运作基金，他们是“被动的投资者”（passive investor），主要关心企业能付给他们多少红利，而不是企业经营的好坏和投资项目的运营情况，当机构投资者发现其所持股票收益率下降时，就会立即抛出所持股票套现退出，而根本无意介入改组企业经理人员。因此，由于美国企业股权结构的高度分散，企业所有者无力、也不愿意采用投票选择的方式约束或改组企业的经理人员。换言之，通过“用手投票”机制来约束经理人员，借以改善企业治理结构的作用是很小的，对企业经理人员的约束主要来自于市场的力量和作用。

从企业股权结构来看，与英美国家企业不同的是，日本的企业产权制度主要是以法人为基础的，即日本企业法人持股占有相当高的比重。企业法人的股票持有在1949年只有5%左右，20世纪70年代中期开始超过25%，此后一直保持在25%左右。金融机构的持股在1949年约为10%，20世纪60年代中期开始迅速上升，20世纪90年代初超过了40%，之后开始下降，2004年度不足20%。与英美等国企业之间单向持股不同，日本的企业之间往往相互持股，若干相互持股的公司形成了一个较为密切的关系网，相互支持、相互依赖，形成了所谓的“企业集团”。根据投资金额计算的企业法人之间的交叉持股在2001年度仅为1.57%，到2005年度提高到2.94%。[①]

由于以主办银行为首的银行贷款几乎成为日本企业资金来源的唯一渠道，且银行往往与企业之间相互持股，主办银行就牵头对企业实施相互控制。如果企业经营状况良好，支付正常，则主要由各有关企业依相关持股关系进行，基本上是被动的监督；而一旦企业经营出现异常，财务危机显现出来，整个治理结构马上就转入由主办银行牵头的积极干预状态。一般来说，如果某个企业不能对其某一债权人履行清偿义务，债权人就会将所拥有的债权转让给银行，由银行决定采用何种干预方式。当然，主办银行体制与相关公司是一种动态的监督关系，对于经营状况较好的企业，相机控制几乎毫无作用，但对出现财务危机的企业，控制权常常会落入主办银行手中。

从企业的股权结构来看，由于个人对企业的直接投资甚少，德国企业的持股结构多为法人持股，这与日本企业类似。德国企业的所有权集中度很高，持股者主要为银行、创业家族、基金会、其他公司和政府等。虽然德国银行一般并不是企业的第一大股东，它持有的股份只占德国国内所有上市公司股份的9%，但是银行除直接持有公司股票外，还能代表其所托

---

① ［日］伊藤正清：《企业法人交叉持股的倾向显著》，大和综合研究所工作论文，2006年12月11日。

管的许多个人股份参加每年召开的股东大会行使投票权，例如在 1988 年末，德国银行中储存的客户的股票就达到 4115 亿马克，约占国内股市总值的 40%，再加上银行自己持有的股票，银行直接管理的股票就占到德国上市公司股票的 50%，并且一些全能大银行常常从债权人开始发展成为企业的大股东。这样，银行在许多公司监事会中占有席位，并直接影响着管理层，因此德国的全能银行对企业具有很大的有效投票权利，德国银行已成为企业治理结构中一个非常重要的力量，对企业的治理结构产生着重要的影响。

第二节　价格机制与公司治理

市场价格机制是对某一段时间内在市场挂牌的上市公司而言的。在市场有效的前提下，股票价格能较好地反映上市公司的业绩。一般情况下，因为公司绩效与经理人员的工作能力和努力程度正相关，所以股票价格在某种程度上可以视为股东（市场）对经理人员表现满意程度的一种指标。股票价格越高，表示股东对经理人员的满意度越高；如果公司股票价格走低，则反映了股东对公司业绩和管理人员的一种不满意心理。价格机制通过两种方式影响公司治理机制，而价格机制能够真正发挥作用的基础是市场中中介机构的有效性。

一、中介机构的客观性是价格机制有效性的基础

市场审计评价机制主要依赖资本市场中的中立机构（组织）客观公正的评价和相应的信息发布活动从客观上对经理人员所产生的监督效果。这些中立机构（组织）包括会计师、审计师、税务师事务所和证券公司、各类型基金公司、投资银行等投资咨询机构。前三类事务所在开展业务的过程中有正常的渠道了解和掌握客户公司的财务资料，从而有可能对公司经营绩效和经理人员业绩作出最贴近现实的评价，并能在此基础上利用特殊

的审计机制产生监督经理人员的客观效果，最后起到减少代理成本、提高公司治理效率的作用。证券公司等投资咨询机构出于提高投资组合业绩的需要，必须通过证券分析师对公司财务资料等相关信息进行全面深入的分析，也有可能起到与三种事务所相同的监督作用。John Doukas 等人（2001）对证券分析师所跟踪的 7000 家公司 1988—1994 年的数据资料进行系统研究后认为，证券分析师的活动能有效降低因所有权与控制权相分离而引致的代理成本，尤其是对专业化公司经理人员非价值最大化行为方面有更加明显的效果。

威斯特和惕尼克提出了资本市场的外在效率。外在效率指的是资本市场的资金配置效率，即资本价格是否能根据有关信息做出及时快速反应将资金分配于最有效率的企业和项目。衡量外在效率的两个直接指标是：（1）价格能否自由地根据有关信息而变动；（2）资本的有关信息是否能及时充分地披露和均匀地分布，使每一投资者在同一时间内得到等量等质的信息。显然价格变动方式和信息完整性、时效性是影响资金配置效率的关键。若存在人为的操纵价格、信息披露不充分等，资本市场就会误导资金流向，流向投机而不是投资项目，这样的市场外在效率低下。价格是资本市场的核心，价格的形成合理与否对价格功能的发挥至关重要。资本市场价格是在交易过程中形成的，是以交易利益最大化为目标的各方交易博弈的结果，而这又取决于资本市场的竞争结构和信息结构。竞争结构说明了各交易主体在交易竞争中的相对地位；而信息结构最终决定交易主体在交易中能获得的交易利益的比例并形成交易客体的价格。中介组织的存在将改变资本市场的竞争结构和信息结构，使价格的形成更加合理，如通过引入市商、投资银行等中介机构来改善竞争结构；加强资信评估、培育专业的投资咨询机构等改善信息结构，从而提高资本市场的价格有效性。

二、价格机制影响公司治理的作用机制

首先，市场价格机制是通过“用脚投票”的方式来进行的。效益好的公司会受到投资者的追捧；相反，效益差的公司自然就不太受欢迎。这样

一来，效益好的公司市场价格就较高，效益差的公司市场价格就较低。当股东发现公司业绩达不到自己的预期，他就会卖出股票，不再保留自己的股东身份；同理，市场上的其他投资者也基于同样的原因而缺乏买入股票的动力，两种力量共同作用的结果就是公司股票价格的下降。这种预期与现实的差距越大，股票价格下降的幅度就越大。如果公司表现超出投资者的预期，上述两种市场力量就会发挥相反方向的作用，股票价格也会随之上涨。超出的幅度越大，股票价格的上涨幅度就会越大。所以，我们完全可以将股票价格视为股东对公司（包括经理人员）监督活动的指标。

其次，价格机制对经理层的激励也有重要影响。在委托—代理的框架内，委托人与代理人的目标函数往往不一致，因此需要对代理人进行监督激励，以促使代理人尽可能地为公司价值最大化服务。为了最大限度调动经理人员的积极性，委托人往往制定各种类型的奖励计划，最典型的被认为是将经理人员的所获奖励与其经营绩效挂钩，而公司股票价格是公司价值的最佳反映，所以股票期权成为最主要的激励方式。而这一方式是否有效及其有效程度的大小除了取决于计划自身的科学性和周密性以外，关键在于股票市场是否有效及其有效程度。如果经理人员努力工作，公司绩效也不错，但股票价格不能反映公司价值的增量，就会挫伤经理人员的积极性，激励机制也就失去了作用。相反，如果股票价格的泡沫成份太大，也会助长经理人员的机会主义倾向。总之，股权市场是激励机制的基础，股票价格与公司价值的相关性或证券市场有效性的大小是激励机制的关键。

而融资结构则会对此种激励的大小产生影响。我们可以借助孙永祥的一个简单的数学模型①来表示这种影响机制。设经理的股权融资金额为 i，其他股东的股权融资金额为 j，则通过股权融资获得的资金总额为 $i+j$，而经理所占有的股份比例为 $\frac{i}{i+j}$，假定公司的债权融资金额为 c，同时公司的资产收益为 x，债务利息率为 y，容易理解，经理的股权收益率为：

---

① 孙永祥：《公司治理结构：理论与实证研究》，三联书店，2002 年版，第 147—148 页。

$$G=\frac{i}{i+j}\left[(i+j)\times x+(x-y)\times c\right]$$

即

$$G=i\times x+\frac{i}{i+j}(x-y)c$$

毫无疑问，随着债务融资量 c 的增加，经理的股权收益也趋增加。特别地，如果公司能获得足够多的债务融资，以支持公司运作或项目开发经营，进而公司可以直接减少其他股东的股权投资金额或者可以通过回购股份减少其他股东的股权投资金额，则 c 增加及 j 减少的双重作用可以较大地增加经理的股权收益。

三、美日德价格机制在公司治理中的作用

在前文我们介绍美日德资本市场特征的时候已经谈到，美国的资本市场最发达，日本居中，德国资本市场规模最小。由于美国一直很注意对资本市场的监管，美国资本市场的中介机构发展最为充分，分类最为齐全。在美国 2001 年 12 月发生安然事件后，美国国会在次年就通过了《2002 年撒宾纳斯—奥克斯莱法案》。该法案不仅对《1933 年证券法》和《1934 年证券交易法》的许多内容做了修改和补充，而且对会计行业的监管、审计独立性、财务信息披露、公司责任、证券分析师行为、证券交易委员会的权利和职责、法律责任等诸多方面作了新的规定，奠定了安然事件后美国会计管理体制的新框架。可见，美国很注重中介机构在市场中的作用，当发现中介机构可能存在非中立性的倾向时，能够很快作出反应，以维护中介机构在资本市场上的中立性，保证价格机制作用的发挥。

由于美国资本市场的价格机制是有效的，加之美国公司的股权结构是高度分散的，美国众多的中小投资者常常采用“用脚投票”的方式，对公司经营进行消极监管。

同样，美国由于具有有效而发达的资本市场，美国公司管理层的激励机制以股权激励为主，当公司经营业绩好，公司股票价格看涨，经理阶层的收入也将提高；而当公司经营滑坡，公司股票价格下跌，经理阶层的收入就下降。这样，有效的资本市场使得经理阶层的利益能够在一定程度上与股东的利益保持关联，能够有效地激励经理阶层努力工作。Hall 与 Liebman（1998）发现，在 1980—1994 年的 15 年中，美国公司首席执行官（CEO）每年平均获取的期权提高了 7 倍（按发行时的价值计算），至 1994 年权益基础的报酬占 CEO 总报酬的比重已经将近 50%，而在 1980 年，这一比重仅不到 20%。20 世纪 90 年代以后，这一趋势更加明显。Hall 与 Murphy（2002）发现，1999 年度 S&P500 公司中，有 94%的公司向其高层管理人员授予了期权，而在 1992 年仅为 82%；授予日股票期权的价值占 S&P500 CEO 总报酬的 47%，而在 1992 年，这一比重仅为 21%。Murphy（1999）的研究也显示股票期权使用日益增加。①

日本和德国则注重发挥银行和大投资者在资本配置和公司治理中的作用，在上述管制方面采取较宽松的规制。如不要求上市公司按季度披露财务报表，直到 1994 年由于欧洲一体化的要求，德国才通过了随意性较大的反内部交易法律，在此之前主要靠非法律手段（如自律、承诺等）来限制内部交易。德国公司的内部人不一定要公开其证券交易，仅从 1995 年开始，主要股东在其投票权变化超过规定幅度时，才要求公开其投票权。日本也被视为反内部交易法规宽松的典型，其法律及执行程序传统上被认为是为了保护证券业而非个人投资者，只是一系列沸沸扬扬的内部交易案件才迫使国会于 1988 年修改了证券交易法。特别是德国和日本对银行的管制很宽松，其中德国允许全能银行的存在，允许商业银行进入证券投资领域，并对商业银行持有非金融企业的股票不作任何限制。日本虽然将商业银行与投资银行的业务分开，禁止交叉，但允许商业银行持有非金融企业 5%以内的股票。很显然，日德式的资本市场管制，造成公司内外部人

---

① Deeg, R., "Institutional Change and the Uses and Limits of Path Dependency: the Case of German Finance," MPIFG Discussion Paper, No. 6, 2001.

之间较大的非对称信息，使股票不分散的风险被参与公司治理的好处所补偿，从而有利于大股东的形成，并发挥银行在公司治理中的作用，但不利于中小投资者进入市场，进而阻碍了股票市场的发育。与美国相比，德日比较忽视对资本市场中介机构的监管，德日公司的内部交易问题比较严重，公司的财务透明状况比较差，价格机制在公司治理中的作用比较有限。

日本公司的激励机制主要以低薪＋声誉激励为主，美国式的股权激励在日本并不常见；德国的激励主要有工资、红利、保险补偿金和股票优先认购权等形式。由于德国的证券市场不发达，价格机制的真实性并不很高，股票优先认购权这种激励机制在实际的激励中作用非常有限。2003年颁布的《德国公司治理准则》第4.2.1条规定，董事会成员的薪酬应该由固定的薪金和浮动的薪酬组成。浮动的薪酬应该包括一次性支付的报酬和一年度支付一次的报酬，并且应当与公司的经营业绩挂钩，从而成为对董事会成员的长期激励。

第三节　控制权争夺与公司治理

一、公司控制权争夺的理论分析

公司控制权争夺是指在资本市场条件下，不同的利益主体通过购并、代理权争夺等手段以公司控制权为目标的争夺。在资本市场条件下，公司控制权争夺有两个基本条件：第一，公司所有权与控制权的分离。在资本市场的作用下，体现所有权的股东处于分散状态，某一利益主体不可能完全拥有公司股权。股东结构的多元化，使公司控制权从公司所有权中分离出来，通过委托—代理关系掌握在管理者手中，造成了公司所有权与控制权的分离。第二，公司所有权所有者的转移对公司控制权的监督作用。管理者虽然掌握公司的控制权，但是控制权的掌握是以委托—代理方式来体现的，如果委托人发生了变化，控制权亦会发生变化。因此，依靠资本市场的交易机制，通过不同的利益主体提出购并或代理权争夺，为公司所有权的所有者提供了对公司控制权实施有效的、低成本的监督机制。

公司控制权市场理论首先是由美国乔治·华盛顿大学法学院 Henry G. M（1965）提出的。Manne 认为，公司控制权是一项有价值的资产，这一价值与规模经济或垄断利益无关，而是存在一个活跃的公司控制权市场。公司购并不是由于获得规模经济或垄断利益而产生，而是公司控制权市场新的意义产生作用的结果。在公司控制权市场中，缺乏效率的公司管理者如果不向公司的股东负责就会直接被股东所撤换或因股东接受收购者的购并计划而被撤换。这些公司收购者是由公司管理者经营不善所带来的，其直接原因是因为公司经营不善，效率太低，造成公司股价太低。

Manne 认为，公司控制权市场理论的基础是公司管理者的经营效率与股票市场价格的关系。在一个有效的资本市场中，公司的经营效率会真实地反映在公司的股票价格上。缺乏效率的管理者没有采取切实可行的经营行为来使公司的资产得到有效的利用，从而也就未使公司的股价达到最大化。即当一个公司管理者缺乏经营效率时，这个公司的股价就不能反映出该公司价值的真实能力。这就为公司的收购者创造了一个控制机会，公司的收购者可以通过收购公司的股票获得公司的控制权，并指定一个新的管理层来提高公司的经营效率，使公司的股价最大化。在这过程中，收购者获得了投资回报，而社会资源也得到了有效利用。

Peter Dodd 和 Jerold B. Warner 提出了公司控制权市场中代理权争夺的效率问题。代理权争论理论认为，代理权争夺可以使公司的资源有效利用，从而有益于股东。代理权争夺引起对有表决权的股票的需要增加，从而推动股价上扬；当管理者的地位得以巩固或未来的控制权争夺可能性下降时，具有表决权的股票的需求减少，从而股价下跌。股东结构对代理权争夺的成功率有直接关系，股东分散，征集委托表决权的成本就大，成功率就低；股东集中，征集委托表决权的成本就小，成功率就高。

公司控制权争夺的方式主要有购并和代理权争夺两种方式。公司购并是公司控制权争夺的主要方式。公司购并可分为公司兼并和公司收购：公司兼并是指收购公司通过资本市场购买目标公司的全部股权，使目标公司失去法人资格或改变法人实体的一种行为；公司收购是指收购公司通过资本市场收购目标公司的部分股票，以取得目标公司控制权的行为。

公司购并是一种金融创新。在公司控制权市场中，兼并和收购都以公司控制权作为主要目的，收购又是兼并的一种重要手段和操作方式，也是兼并的一种特殊形式。但作为公司控制权争夺的不同方式，兼并和收购又具有不同的特点：在公司兼并中，目标公司的企业法人资格随着兼并而消失，使目标公司的控制权实质转移到了收购公司的控制权手中，使收购公司的控制权的权力更大；在公司收购中，目标公司的企业法人资格仍然存在，收购公司只是通过控股目标公司，从而取得目标公司的控制权。

代理权争夺是持有异议的股东，通过资本市场征集委托表决权，以获得股东大会控制权的行为。股东权益的委托性是代理权争夺存在的基础。股东表决权可以委托给其他股东，造就了委托表决权的争夺，控制了委托表决权就能控制股东大会，进而控制董事会并掌握公司控制权。

代理权争夺的原因是持有异议的股东对公司的经营状况或发展战略不满，而自身又没有足够的资本资源通过购并公司的股权来获得公司控制权，因而转向征集委托表决权的低成本公司控制权争夺方式。持有异议的股东要想获得其他股东的支持，必须提出具有吸引力的战略调整规划，包括兼并重组计划、资产重组计划或主业发展调整计划，显示出新的公司管理层有能力通过公司发展战略的调整给公司经营带来好处，给公司股东带来收益的增加，以获得其他股东给予的委托表决权的支持。

代理权争夺对公司控制权的获得具有暂时性。持有异议的股东通过代理权争夺取得公司控制权，但对公司控制权起最终作用的仍是体现公司所有权的股权，如果持有异议的股东的发展战略调整未能达到预期效果，就会失去其他股东的支持，从而失去公司控制权。

关于代理权争夺对公司治理效率的影响，我们在第二章中已经深入探讨，在此不再赘述。

二、美日德公司控制权争夺在公司治理中的作用

美国资本市场高度发达，股权结构高度分散，在企业经营状况不佳、经营业绩下滑时，其股票价格将会随之下跌，当股票下跌到远远低于企业的资产价值以下时，由于股票价格较低，其多数股权极易被其他战略投资者收购，然后这些收购者凭借所掌握的股权，提议召开新的股东大会并接管公司，将原来的经理层撤换，这就是兼并接管机制对企业经理人的约束，即企业经理人时时存在着被“恶意收购”的风险。企业经理人为了避免企业被接管以致于使自己失业，就会尽力经营好企业，使企业保持良好的业绩，这样就可以使企业股票价格保持在较高的水平而不易被收购。美国企业兼并接管市场是美国企业治理的基本约束机制，尤其是 20 世纪 80 年代兴起的杠杆收购方式，使得美国企业出现恶意收购的狂潮。据统计，在接管活动达到高峰的 1988 年，美国企业接管交易的总价值达到 3411 亿元，为当年世界收购总额的 70%以上。

美国资本市场高度发达，且一贯重视对中小股东权利的保护，委托表决权机制在 19 世纪末就已经实行。但是股东结构对代理权争夺的成功率有直接影响：股东分散，征集委托表决权的成本就大，成功率就低；美国资本市场上中小股东众多，实行委托表决机制的成本非常高，代理权争夺就不能被经常地采用，其在控制权市场上的地位也自然就不显著了。但是，自 20 世纪 90 年代以来，由于美国各州普遍颁布法律限制恶意收购，削弱了恶意收购市场作为股东对管理者监督机制的作用，于是对公司管理者的监督又转到了代理权争夺上来。

特别是美国自 20 世纪 90 年代开始大力推进网络在委托表决权中的应用。最早试图运用网络于该领域的是美国 1989 年的 Parshalle V. Roy 案，在该案中被告试图运用网络向代理人授予代理权，法院最终判定所谓的“数字化代理”由于缺乏必要的签名或其他股东可以辨认的签名而无效。但德拉华州后来采取了不同的态度，《德拉华州普通公司法》（1992 年修订本）第 212 节 C 项第 2 款规定：“一位股东可以用通讯的方法授权他人

代替自己行使权力。”1995 年 11 月 6 日，美国证监会对证券信息发布条款进行了更为广泛的解释，规定公司可以利用网络向股东发布信息以提高投资者“接近、研究、分析信息”的能力。美国证监会之所以作如此解释，是其认为使用电子技术可以为中小投资者提供一种比传统方式更为便宜的获取信息的手段。

相对于美国，日本和德国的资本市场规模比较小，资本市场中不但机构投资者占主导地位，更重要的是银行和企业交叉持股。银行既是债权人同样也是股东。目前，德国证券市场相对而言仍不够发达，很多德国公司并不急于上市，只有少数大型公司受到了股票市场的压力（Lane，2003）。1996 年，德国上市公司仅有 681 家，而同期美国上市公司数为 7740 家，英国为 2450 家，法国为 686 家，日本则为 2334 家。从控制权市场来说，尽管德国发生了一些敌意接管的案例，但其数量仍然远远低于英、美，甚至可以说是微不足道的（Jacoby，2001）。而在日本，直到 1998 年为止，都没有发生敌意接管案例，即便在 2000 年以后，日本发生的敌意接管案例也为数不多，日本经济产业省工作小组还于 2005 年 3 月 7 日公布了反制敌意收购纲要，允许日本企业采用“毒丸”计划对敌意收购进行抵抗。因此，德日企业对经理人员的激励与监督主要不是来自于股票市场，而是来自于银行体系。

第四节　资本市场与公司治理模式

关于公司治理结构的分类标准很多，但一个与企业融资制度相联系的分类是莫兰德 1995 年提出的关于市场导向型和网络导向型的划分。前者的主要特征是存在一个非常发达的金融市场、股权较为分散，对经理人员的约束主要通过竞争性的经理市场和活跃的公司控制权市场来实现的，这种体制主要存在于美、英、加等国；后者的主要特征是公司股权的集中持有、银行债权的比例较大，金融机构在公司监控中起很大作用，这种体制主要存在于日本、德国等地。

与上述公司治理结构分类十分相近、但更明确地阐述了企业融资制度与公司治理结构关系的研究是E. 伯格洛夫做出的，这是一个从公司融资理论引申出来的分析框架。伯格洛夫将融资类型分为“保持距离型融资”和“控制取向型融资”，与这两种融资类型相对应的公司治理结构是“目标型治理”和“干预型治理”。实质上，这两种治理结构与莫兰德提出的两种治理结构是不谋而合的，市场导向型与“目标型治理”、网络导向型与“干预型治理”实质上是从不同侧面观察的同一事物，但伯格洛夫的框架更清楚地显示了企业融资制度在公司治理结构中所发挥的作用。

伯格洛夫认为，当一个企业主或经理没有足够的内源资金去实现可能获利的投资时，就必须寻求外源资金，为使出资者愿意出资，企业主必须向出资者提供可靠的保障，这种保障可以是确认出资者在特定情形下对企业的资产和现金流量具有所有权（如通过提供抵押品）或是放弃投资决策的一部分控制权，使出资者享有一定的控制权。以前者为保障的融资称为“保持距离型融资”；以后者为保障的融资称为“控制取向型融资”。

“保持距离型融资”所引致的公司治理结构称为“目标型治理”，这种制度的基本特点是：（1）出资者多为资产组合取向型的，强调风险的分散化，不太关心实际的控制，只要他们的本息得到了偿付，并不直接干预企业的经营战略决策；（2）一般而言，银行融资相对较少且多有担保，债券融资较多，债权、股权结构较为分散，公司间相互持股较少，股票转手率高，其代表国家主要是英、美等国家；（3）对企业的事前监控、事中监控及事后监控是分离的，三者分别由投资银行、信用评估机构及金融市场进行，对经理人员的约束主要是通过公司控制权市场和破产程序等外部机制来实现的。股权持有者可通过转让股份（“用脚投票”）、债权持有者在利益得不到保障时可通过出售担保品或通过向法院申请破产清算以威胁经理人员，由于这些威胁的存在，经理人员不得不努力工作，从而减小代理问题。

“目标性治理”要发挥作用必须具备一些条件，这些条件包括：发达的金融市场、竞争性的劳动与经理市场、高度流动性的资产市场、规范的投资银行与信用评级机构等中介机构、完善的法律特别是破产清算法律制度等。但即使完全具备上述条件，“目标性治理”也不是尽善尽美的。首先，这类治理结构会使经理人员产生短视行为，为了使自己不被其他经理人员替代，经理人员往往将注意力主要集中于短期盈利而非长期发展；其次，由于股权、债券的过度分散，有可能使监控者缺位，这是“目标性治理”潜在的最大的缺点。监控企业是需要付出监督成本的，出资者监控企业的动力源自其监控收益与成本的比较。就监控成本而言，大额出资者与小额出资者实施有效监控的成本基本是一致的，但他们获取的收益却相差很大，出资多者获益多，出资少者获益少，因而小额出资者监控企业的净收益往往很小。这样小额出资者的理性选择便是放弃企业的监控权而“搭大额出资者监控的便车”，由大额出资者实施监控，而当资本所有权相当分散后，出于监控收益与成本的比较便都放弃了监控权，从而造成监控者缺位。向公司高级职员和董事直接赋予股权以及股票期权等权益基础的激励（equity-based incentive）的大量使用，使得内部股权所占比重大大提高，从而使美国公司的所有权结构变得更为集中，并使得所有权与控制权分离的问题在一定程度上被逐渐克服（Thomsen，2001）。Holderness 等（1999）发现：1995 年，在纽约交易所（NYSE）上市的公司中，管理层和董事持股比重已经达到 12.2%；所有美国交易所上市的公司中，这一比例高达 21.1%。而在 1935 年，这一比例仅分别为 8.6%和 12.9%。内部人持股的上述变化不仅发生在大公司，而且也发生在小的新生公司中（Thomsen，2001）。这说明在“保持距离型融资”情况下，由于股权过度分散化导致的内部人控制现象很普遍。

与“保持距离型融资”相对的是“控制取向型融资”，这种融资制度的特点是：（1）投资者多为控制取向型投资者，即有对企业实施控制的偏好；（2）企业控制取向型融资比例高，股权、债权较为集中，银行贷款在外源融资中的比例较高；（3）公司间持股很普遍，股权转手不频繁等。

“控制取向型融资”引致的公司治理结构被称为“干预性治理”，即通过干预企业的重大经营决策来监控企业。在这种治理结构下，对企业的事前、事中及事后监控往往集于工商企业或商业银行一身，金融中介机构在这种治理结构中具有重要作用。实质上，“干预性治理”又具有两种形态：

一是集中性股权持有者如工商企业、共同基金、金融机构等的直接干预，这种体制中董事会起主导作用；二是债权持有者的相机性控制权，即债权人享有“状态依存”性控制权，之所以这样，是因为债权人仅在企业无力履行义务的状态不佳时期才行使控制权，此时控制权才从内部人手里自动转移至债权人（银行）。这种控制权的变更可以转移企业所有权，也可以不转移所有权。内部人要防止控制权的转移，必须保持企业的良好状态，从而达到有效治理结构的效果。后一种干预状态数日本最为典型，存在于日本几十年的主办银行制即是这种治理结构的代表。

“干预性治理”特别是相机性治理要发挥作用的前提是：内部人控制的企业从长远看有生命力且企业最好是团队取向的生产组织，金融机构自身状况良好、具有监控能力等。其优点是：(1) 能够减小企业破产的概率进而减小社会震荡；(2) 由于经理人员被替换的可能性较小，可能更愿意从长期角度考虑决策，从而有利于企业的长期发展。但是这种治理结构的缺陷也是显而易见的：(1) 由于银行只在企业经营状况不佳时才进行控制，因而在银行控制之前内部人掌握实际控制权，从而会存在经理人员努力不足的问题；(2) “控制取向型融资”使企业与银行的关系过于紧密，容易导致银行贷款的过度集中，进而使银行不良贷款增加，日本银行比英、美等国的银行有更多的不良债权似乎与此有关，解决这一问题的一个可能办法是组成银团（辛迪加）贷款使银行贷款分散化，但这一方法又面临一个如何协调众多银行的问题；(3) 由于信息披露制度和法律规范的不健全，银行可能掩盖问题企业的严重性等。

第五节　中国资本市场与公司治理机制

一、中国资本市场的制度缺陷

从总体上来说，我国资本市场中存在的最主要的制度缺陷是中国特色太为浓烈。在我国的资本市场上，资本的本性不突出——资本不追逐利润或追逐利润的动力不强，市场的特点不明显——市场经济中因竞争机制的存在和作用而引起的价格形成→资源流动→优化组合功能发生了中断，资本机制与市场机制都被不同程度地扭曲了，资本不是原本意义上的资本，市场不是具有完善功能的市场。这样在实践中，资本市场所具有的优化资源配置的功能和作用大打折扣，不能发挥其应有的作用。中国资本市场的制度缺陷主要包括体制缺陷、机制缺陷、功能缺陷及法律缺陷。因为法律缺陷我们在上一章已经探讨过了，在本章我们主要讨论其他三方面的缺陷。

（一）体制缺陷

由于行政权力和行政机制的大规模介入，我国资本市场被严重行政化，已经成为“行政化”的资本市场。

市场的行政化是我国资本市场的显著特点。我国的资本市场从发展之初就被纳入到行政化的轨道，随着时间的推移，这种行政化的色彩越来越浓烈。市场上融资的私募机制不健全且渠道狭窄，公募行为则完全纳入了行政审批的范围。从世界范围内资本市场的发展趋势来看，公司进入市场融资的行为从最初的特许主义（经过国王或国会的特别许可），发展到后来的核准主义（由国家设立的行政管理机构审核批准），再发展到后来的准则主义（符合准则要求的公司到国家行政管理机构备案登记），一直到现在大部分国家已发展成为严格准则主义：一方面提高公司的设立基准；另一方面进行严格的检查监督，这样就使政府与企业之间、企业与投资者之间从权利与义务的倾斜状态逐步发展到对称状态，体现了权利与义务相对称这一市场经济最本质的要求。但在我国资本市场的发展过程中，市场经济所要求的权利与义务相对称的原则没有能够得到真正的贯彻，政府通过行政机制和行政手段，对股票发行、上市和流通进行全程的行政干预，在相当程度上扭曲了资本机制和市场机制。

在股票的一级市场上，政府采取额度控制、行政保荐的办法，完全垄断了股票的发行市场。什么企业能够公开发行股票与上市，在什么时候才能发行与上市，按什么价格来发行和发行多少，都是行政审批和行政选择的结果。由于缺乏一个公众化的和社会化的股票一级市场，而且在一级市场上没有竞争机制的存在和作用，这样既堵塞和封闭了真正具有社会化特点的市场融资体系和融资渠道，又使得企业行为不断向行政权力和行政机制倾斜，股票的发行和上市行为在这里就演化为企业对政府的“公关”行为。烦琐的和冗长的“公关”过程与巨大的和不正常的“公关”代价，在扭曲了上市公司的行为机制的同时，也弱化或排斥了市场的选择机制和竞争机制。更为重要的是，这种行政化的发行体制与企业改制和上市同步进行的运行模式，导致了在市场上未上市的股份有限公司的数量非常稀少，这又使得股票二级市场失去了通过在一级市场的竞争来选择优质企业上市的最重要的社会环境和经济条件。

在股票的二级市场上，因一级市场上行政选择而导致的“包装”、“伪装”行为不可能经得起股票二级市场的检验，上市公司一年绩优、二年绩平、三年绩差、四年绩劣已经成为我国沪深股市中一个比较普遍的现象。由于在公司上市时是由行政机构作“保荐人”的，因而一旦上市公司原形毕露，面临 ST、PT 甚至可能被摘牌的状况时，行政机构就不得不出面来组织“资产重组”，而在实际上，这种“资产重组”大都带有虚假的或不正常的行为，它或者成为“报表重组”（做假账或关联交易）和“题材重组”（与庄家联手制造题材从而拉抬股价），或者成为“资格重组”（保上市资格或配股资格）和“信用重组”（把注入的重组资金全部、部分抽回或让上市公司提供巨额贷款担保），真正以优化资源配置为目的的资产重组虽然也有，但所占比例非常之低。这样，就把我国原有体制下政府对企业的“父爱主义”保护移植到了我国的股票市场之中，使股票市场因竞争而产生的优胜劣汰机制无法形成。不仅如此，我国的股票市场还带有典型的“政策市”的特点，政府对股市态度的变化往往成为股市起落的最重要原因，股价指数的高低常常成为调控市场方向和力度的最主要指标，而政策的组合方式和力度又成为调控的最基本手段。这样，从股票的一级市场到二级市场，行政权力都全方位地、大规模地介入进来，再加上上市公司中 50%的国有股和法人股（大多为国有法人股）对公司各个权力机构的控制，我国资本市场上的行政化或非市场化的弊端就变得越来越明显。

可以说，我国的资本市场已经在相当大程度上发生了“蜕变”，是一种被行政权力和行政机制控制或钳制的“有计划”的资本市场。

作为公司融资的来源之一，证券市场直接影响着企业的资本结构，资本结构进而又影响着企业的股权结构。当企业增加内部融资时，现有股东的股权比例上升，负债率下降；当企业增加债务融资的比例时，现有股东的相对投资份额增加，负债率上升；当企业增加股票融资的比例时，现有股东的股权被稀释，负债率下降。因而，选择不同的融资方式和资本结构决定了不同利益相关主体在企业控制权中的份额。如果企业对某一种融资方式形成一种稳定的偏好，通过资本结构的改变，企业的控制权和组织管理机制最终将会发生变化。

依照这种逻辑，国有企业上市的结果首先是企业负债率的下降，国有股权被稀释。尽管国有股权被稀释，但政府并没有失去对上市公司的控制权。绝大多数国有上市公司并没有因为上市而从根本上改变内部组织、管理及运行机制，和尚未改制的国有企业相比并未发生本质的变化。其中，一个最根本的原因是社会流通股（即可在证券市场上流通的股票）占总股本的比例很少超过50%，剩余的不可流通部分仍然由国家持有。这就意味着，除国家之外，任何股东都不可能对公司拥有绝对控制权，即便拥有全部的社会流通股。在国有股权不进入市场流通的前提下，国有股（包括法人股）的价格与社会流通股的价格是不同的，结果便形成了同一企业不同股东持有的股票权力相同而价格不同的奇怪的现象。自然，国有股不会受到二级市场股票价格波动的影响；国家股东不会介意二级市场股价的变动。而同时，政府作为最大的股东却有权任免、奖惩企业的经营者。近一段时期许多国有上市公司出现了配股价低于二级市场价格的现象，这是企业经营者长期忽略二级市场价格（或社会股东利益）的一个必然后果。

（二）机制缺陷

由于竞争机制、约束机制和激励机制的三重缺失，我国的资本市场在很大程度上失去了发展和进取的动力源泉。

缺乏产权关系明确的市场主体、缺乏通过正常竞争而形成的市场价格、缺乏市场主体间通过价格而形成的有效竞争，是我国资本市场上资源流动和动态组合机制不健全从而不能形成有效的资源配置机制的根源。资源配置机制在我国资本市场上的失效，不仅在于行政权力和行政机制排斥或在一定程度上取代了市场竞争和市场机制，还在于市场和企业的约束机制与激励机制的不健全。

在约束机制方面，我国绝大部分上市公司是由国有企业改造而来，由于行政机制的介入与市场机制的缺失，上市公司中比较普遍地存在着“转轨”不转制现象。对许多上市公司来说，从国有企业改变为股份制的上市公司，最主要的变化只有两个方面：一个方面是“翻牌”，即把名称改为股份有限公司，并建立了与之相应的组织结构，在财务上执行了股份制的会计准则，在市场上按规范式披露企业信息；另一个方面是“圈钱”，不但可以在上市时按高水平的溢价募集来巨额社会资金，而且只要能保住配股资格，就可以年复一年地从市场中不断得到不需付出成本和回报的廉价资金，至于股东的利益和对股东的回报，则被搁置一边。由于在大部分上市公司中，国有股都处于绝对的控股地位，而这些国有股大都处于产权虚置和所有者缺位状态，这就使得任何一个行政部门特别是上市公司的原主管部门都可以以国有股代表的身份来干预企业，但却不对这种干预的后果承担任何责任。

在激励机制方面，我国上市公司中普遍存在着激励机制不健全的现象。在发达的市场经济国家，上市公司中普遍实行经营者的即时薪酬（工资和年度奖金）和长期薪酬（股票期权和限制性股票等）相结合的激励制度。根据美联社公布的一份最新调查，美国标准普尔 500 指数部分成分股公司的首席执行官（CEO）2008 年的平均薪酬下降 7%至 760 万美元。这份美联社进行的调查还发现，尽管上述公司的股价和利润均值在 2008 年分别跌去 36%和 31%，但仍有 80%的 CEO 拿到年终奖金。尽管包括工资和奖金在内的现金类酬劳平均水平相比前年下降两成至 240 万美元，却仍是美国普通工人工资水平的 48 倍。此外，在统计样本中收入最高的前 10 名 CEO 累计入账 5.38 亿美元，比 2008 年减少了 5000 万美元。调查还显示，2008 年降薪幅度最大的 10 个 CEO 中，4 个来自金融服务类公司。不过总体来看，原材料供应和加工企业老总的薪水平均降幅最大，达到26%。美联社的调查还指出，如果公司股价没有回升的话，这些美国大公司CEO的钱袋子可能还要更“瘪”些。据统计，2008年人均120万美元的股票期权奖励在目前市价尚“无利可图”。

而在我国的上市公司中，由于普遍没有长期薪酬激励计划，公司管理层持有的数额极少的股票在任职期内也不能出售，上市公司股票价格的变化与公司决策者和经营者在利益上并无任何联系，因而这些决策者就很难有进行长期和有效决策进而实现“阳光下的利润”的积极性。在这种情况下，一些上市公司的决策者往往采取在暗地里与庄家配合的办法，进行牺牲公司长远利益的大比例送股和转股，通过跟庄而获取灰色甚至黑色收入。

（三）功能缺陷

具有协调的、符合经济运行现实和发展趋势的资本市场结构，是从总体上提升市场竞争力和资源配置效率的必要条件。在这方面，我国资本市场的内在结构也存在着明显的制度缺陷。在总体设计上，我国的资本市场只有现货市场，即股票、债券等的现货交易，缺乏期货期权及其他金融衍生品市场，在现实中这种单方向的结构设计存在明显的弊端，使我国资本市场上只有做多机制而不具备做空机制，不具备期货期权市场中特有的价格发现功能、套期保值功能和风险规避功能，这就大大抵消了资本市场本身所固有的优点和优势。至于目前人们在市场上所讲的“空头”和“空方”，实际上还是多方的退出或者至多说是“多”翻“空”，与发达市场经济国家中的“空头”和“空方”在内涵和作用上都相距甚远。

在我国，资本市场的基本功能从一开始就被定位于“为国企筹资”，即股市的存在就是为“国有企业增资减债、解决国企经营和资金短缺的燃眉之急”提供筹资渠道。这种“功能错位”造成的直接后果是：一大批效益不好、业绩极差的国有企业在政府的直接介入和干预下，通过弄虚作假被“包装”上市，而这些原本不合格的“上市公司”由于无法产生盈利或盈利偏低，其股票大多不具备长期投资价值，投资者只能在股市的追涨杀跌中进行短期投机操作。

在市场经济条件下，资本市场的最主要与最核心的功能是资源的配置和再配置。通过具有独立意志和利益的经济主体之间的竞争，来形成市场价格，并通过市场价格来引导社会资金的流量、流向、流速和流程，从而完成资源优化和合理组合的配置过程。为了实现这样的功能，资本市场必须同时具备三个方面的条件：

（1）价格形成的机制必须是市场化的。前文我们已经讲到，价格机制主要是通过“用脚投票”和“经理激励”的方式发挥作用的。但是，价格机制的有效性是关键。正如前文所说，中介机构的有效性是价格机制有效性的重中之重。虽然我国资本市场的中介机构随着资本市场的发展不断壮大，各类中介机构也从无到有逐步壮大，但相对而言，中介组织尚处于起步阶段，存在两个主要问题：首先，政府与中介组织的关系不清，两者的市场定位不明确。一方面，政府职能转变尚未完成，把某些该由中介组织完成的事情留在自己手中导致放权未到位；另一方面，现有市场中介组织相当部分属于官办，政府色彩太浓，容易使中介组织作用扭曲，不能有效维护资本市场的“公平、公开、公正”的市场竞争环境。其次，中介组织缺乏风险、责任与收益的对称机制。本应实行合伙制的会计师事务所、律师事务所等中介机构纷纷放弃被西方国家证明是行之有效的无限责任制而推行发起设立有限责任制，使中介组织缺乏风险、责任与收益的对称机制，结果在执业的过程中违法违规严重，服务中介非但没有起到“经济警察”的作用，反而与罪犯同流合污、弄虚作假，扰乱市场秩序。在琼民源案件中，有的中介公然出具假证明，有的注册会计师甚至连会计审计工作底稿都没有看就奉命签了字，中介机构很难对上市公司说“不”。由于中介机构的弱有效性使得中介机构不能充分发挥“第三只眼”的监督作用，中国资本市场价格的形成就充满了行政性及投机性的色彩。

（2）市场上聚财→用财→生财机制的健全和完善。这三个环节，实际上表明了钱从哪里来、来了怎么用、用了怎么样的问题。要使这三个方面的环节紧密衔接和相互作用，就必须使这三个环节都处于一个统一的市场环境和统一的运行机制之下。在一个有效的资本市场上，聚财之道可以扩大用财之道和健全生财之道；反之，没有用财之道就没有聚财之道，没有生财之道就更不会有人把钱交给你去使用。如果用市场方式聚财而用行政方式用财，并且不能生财或生财能力不高时就到市场上以配股、增发的方式再来聚财，那么资本市场的资源配置和优化机制就不可能形成，而可能会处于一种恶性循环状态，其结果就必然是以牺牲社会效率为代价。这正是我国资本市场现实的真实写照。在绝大部分市场经济国家特别是在实行法定资本制的国家中，通过发行股票来募集资金一般只能是一次性的，在公司股票上市后，如果还需要筹集资金，那就只能通过债权市场来进行。在强有力的约束机制与激励机制的制约下，公司的决策者和执行者只能通过提升企业的竞争力来取得在资本市场上的地位和在产品市场上的份额。但在我国的许多上市公司中，开放式的连续股权融资机制成了掩盖企业自身财务状况缺陷的最重要手段。公司上市后，保配股资格成了许多管理者和经营者甚至政府心照不宣的对企业关爱的目标。这样一来，资源合理组合和优化配置的功能就基本失效或在相当大的程度上失效，在聚财→用财→生财这一因果链条中，剩下来的唯一功能就是聚财，即人们常说的圈钱功能了。

(3) 市场必须具有自我扩张、自我收缩、自我协调和自我选择功能。这也就是说，股市规模的扩大与缩小、股票价格的上涨与回落、股份公司的上市与退出，都应是市场的自身行为而不应是行政行为，更不应是政府行为。但在我国，资本市场的上述三方面的功能都被不同程度地打上了行政化的印记，资本市场自身的发展机制与创新机制或者不健全，或者被扭曲，特别是在失去了市场的自我协调与自我选择机制的情况下，市场上的掣肘因素就会大于协调因素，市场的优胜劣汰功能不但很难建立起来，就是建立了也很难发挥其应有的作用。

综合以上方面，我们认为，目前中国资本市场是行政化而非市场化的资本市场，那么这样资本市场是如何参与公司治理的呢？

二、中国资本市场参与公司治理的实践

（一）中国资本市场与融资机制

一般来说，企业选择某种融资方式，总是要全面衡量各种融资方式成本的高低。与发达国家的融资成本迥异，我国的股权融资成本很低。

1. 股权融资的低成本

（1）理论上上市公司需要向股东支付红利。它具体表现为股息率，即使公司没有向股东支付对公司也是一种成本，只不过是股东放弃了现在获得红利的机会，以便将来获得更多的红利。红利实际上转化成了一种股权。股息率的水平一般应该高于债券利息率或银行存款利率，因为股票投资是一种风险投资。在证券市场上，股息率表现为市盈率的倒数。从融资成本的角度来看，新股发行的市盈率相比市场市盈率是一个更符合实际的指标。2009 年 10 月 14 日公布发行价的 9 家公司中，宝德股份以 81.67 倍的水平成为 9 家公司中发行市盈率最高的公司，最低的是华星创业，发行市盈率为 45.18 倍。9 家公司共将募集资金 45.3096 亿元，其中华谊兄弟募集 12.0036 亿元，成为 9 家公司中募资最多的公司。假定上市公司上市前的盈利数据真实或对未来的盈利预期符合实际的话，股息率大致在 1.22%—2.21%之间。显然，这一水平低于借款利率。

公司上市之后，如果经营不善导致股息率降低，股价应该相应的下降。而股价的下降一方面可能会导致大股东通过内部控制机制对经营者进行惩罚（如撤换）；另一方面还有可能导致被敌意兼并者收购，结果也将对经营者予以惩罚。而在中国证券市场上，这类机制基本上是不存在的（下文我们将讨论原因）。结果是上市企业一旦完成新股发行之后一般就不会再关注二级市场上其股价的变动，除非为了以高价格进行配股或者保证内部职工股顺利上市。最终，许多企业的股票价格跌破发行价，比如，中信银行、建设银行、中国石油、中国中冶、招商证券等等。

正如中国证监会主席尚福林所言：“新股发行制度改革以后，市场对

于发行价值的约束机制尚不健全。我们这次新股发行制度改革有一个非常大的变化，就是证监会不再对发行价格实行窗口指导，取消窗口指导之后的发行价格和以前的发行价格相比，发行价格是在往上走。这说明市场对于发行价格的约束机制还不健全，所以这个改革其实还没有完成，我们还需要不断地培育和完善市场机制。”①

（2）股票发行的交易成本。这是企业需要付出的一项真实成本。然而，我国目前二级市场股价与一级市场股价的差异较大，新股一般是通过上网发行，只有极少一部分认购资金能够中签。认购过程中需要把巨额认购资金冻结一段时间，这部分资金所产生的利息收入在很多情况下足以抵消发行股票的交易成本并有余。

（3）红利支付的税收成本。这是企业无法逃避的一项成本。在我们的日常观念中，红利税是由股东支付的，似乎与企业无关。但如果我们清楚企业本身就是股东，这种税收自然就构成了企业的成本。在这里需要指出与目前我国上市公司税收有关的另一种现象：虽然中央政府已经统一了上市企业和非上市企业的税率，但在实际实施过程中，几乎所有的地方政府都要对上市企业实行税收减免政策，其结果是客观上上市企业的税负低于非上市企业。综合起来看，上市公司并未承担额外的税负。

（4）发行股票的负动力成本。对现阶段的国有企业来说，无论是债务融资还是股票融资，经营者的动力没有明显的区别。其一，经营者基本上不持有企业的股权，债务融资谈不上会增加经营者的相对投资份额。对国有上市公司而言，这一点表现得尤为明显。其二，在政府既是企业债权人（通过国有商业银行发放贷款）又是最大股东的前提下，选择何种融资方式都不会对经营者的行为和工作动力产生重大影响。因而，从企业的最大股东（政府）角度看来，发行股票的负动力成本是可以忽略不计的。

（5）发行股票的信息不对称成本。在所有者与经营者分离的条件下，信息不对称是一种客观存在。但是，信息不对称要导致股票发行对企业的

① http：//stock. hexun. com/2009－12－18/122077926. html.

市场价值低估至少需要满足两个条件：第一，企业的债务融资是在真正意义的市场上进行的。假如贷款人不是根据企业的“质量”发放贷款的，那么投资者对企业选择不同融资方式的动机和能力也就无从进行比较。这也就是说，哪些企业能够获得贷款并不完全取决于它们偿债能力的高低；当然，哪些企业上市也和其“质量”缺乏必然的联系。第二，证券市场上的投资者必须为自己的投资决策负责。反之，投资者根本无法根据经营者的融资决策判定企业的“质量”。这也是判定投资者队伍乃至证券市场质量高低的一个主要标准（张维迎，1997 年）。显然，我国资本市场的现状还不满足这两个条件。比如，中捷股份（002021）因控股股东中捷控股集团有限公司（以下简称中捷控股集团）违规占用上市公司资金近 1.7 亿元，而遭到深交所公开谴责，公司董事蔡开坚、财务总监唐为斌被公开认定不适合担任上市公司的高管。2008 年 5 月 26 日，举行了公开致歉说明会，就控股股东违规占用上市公司资金一事，向投资者公开致歉。这起 A 股市场首例因大股东违规占资而召开的致歉说明会，险些演变成为各高管为自己撇清事件干系的澄清会。这场占资事件以高官的离去而告终，事实上，夏草认为中捷股份虽经有关部门调查，但仍存在疑点。夏草怀疑，中捷股份自 2005 年以来，存在明显高现金、高负债舞弊征兆，怀疑大股东占资时间至少可以提前至 2005 年，且最高占资约有 3 亿元，而非 2 亿元左右。[①]

综合以上各项，我国上市公司的股票融资成本是极低的。除去红利支付之外，上市公司基本上勿需付出额外的成本。况且，红利水平的高低对公司又是无约束力的，致使相当大一部分公司实际上是近乎免费融资。尽管我们现在还难以对其进行量化，但有一点应该是可以确认的：相对于债务融资，这是一种较低成本的融资来源。这可以说是西方的“啄食理论”的一个悖论。另外，目前中国上市公司中的众多国有股是非流通的，希望在这种情况下通过股权融资参与公司治理显然是不可能的。

---

① http：//news. hexun. com/2008－05－27/106254945. html.

2. 债权融资的软约束

股权融资与债权融资是企业融资体系的两个轮子。在发达的市场经济国家中，债权融资的比重已经远远高于股权融资。2008 年，美国企业通过债券市场进行的融资额为同期发行新股融资额的 8.6 倍；而在我国，股权市场与债权市场却存在着场内与场外的双重反向失衡。在沪深两个证券交易所之外，债权市场远远大于股权市场。场外的一级股票市场不发达，是我国股票市场中竞争机制不健全、不完善的一个重要方面，也是我国上市公司虚假“包装”能够大行其道的一个重要根源。而在沪深两个证券交易所之内，则是股权市场远远大于债权市场。债券数量过少和交易总量偏小既反映了企业对股权融资与债权融资明显不同的偏好，也反映了债权市场对企业、特别是上市公司制约的显著不足。

即使选择债权融资的企业，银行对他们的约束也是弱无效的。中国目前的银行以国有居多，国有企业向国有银行贷款，最后钱还不上，最多也是“肉烂在锅里”。对有关责任人的处罚力度很弱，所以银行对国有企业的监督动力很小。对于非国有企业，由于国有银行的所有者缺位，国有银行对其监督也是乏力的，如周正毅事件中国有银行的上百亿不良贷款。非国有银行对于私有企业存在一定的监督，因为企业经营不善，银行的还贷就没有保证。但是，由于整个中国企业的公司治理机制并不完善，银行在企业中的作用远没有德日企业那样关键。非国有银行在一定程度上能够保证贷款的严格，但是当款项下达到企业后，非国有银行在企业治理的作用也很有限。

企业融资结构的失衡，也加大了企业的外部监督成本和资本市场的总体管理费用。债权人和股权人对企业实施的监督是一个相互促进、密切相关的过程，在股权分散、“内部人”控制现象严重的情况下，代理人可以通过讨好部分大股东（比如关联交易）而损害大多数股东的利益（比如不分红），并可以利用虚假信息进行掩盖。此时，债权约束对于提高对代理人的整体约束水平十分重要。由于债券是固定承诺契约，它可以校正企业私有信息积累所产生的潜在风险的不断集聚。一旦企业债务出现问题，它就不可能再在资本市场中“逍遥”下去。

债权监督在法律上属民法范畴，债权人信息要求的强制性和对权益损害的追偿，受到法律的保护。这种机制增强了违规处罚信息的可置信度，有利于降低资本市场的综合管理成本。反之，市场债权约束机制的缺乏，势必使金融管理当局独自承担大量监督职责，效率低，成本高。

综合以上，我们认为，在中国资本市场上，无论是股权融资抑或是债权融资，融资方式都不能很好的起到参与治理的作用。在这里，中国资本市场的治理作用明显缺位。

（二）中国资本市场与价格机制

苑德军（2002）的研究显示，根据 Ljung-Box Q 统计量判断，在一定显著性水平下，沪深两市日收益序列标准残差均存在自相关，因而总体上不支持沪深股市通过弱有效性检验，即沪深股市的股票定价缺乏效率。自然，股票价格引导金融资源合理流动和优化配置的“指示器”作用也就大打折扣。也就是说，中国证券市场股票价格与公司业绩缺乏相关性。

前文我们已经讲到，价格机制主要是通过“用脚投票”和“经理激励”的方式发挥作用的。但是，价格机制的有效性是关键，中介机构又是重中之重。中介机构的有效性能够促使股票价格的波动与其企业的经营正相关，而中介机构的弱有效性就使得目前中国资本市场的股票价格波动与企业经营相关性很弱。中介机构与企业“共谋”造假所获得的收益也远大于风险，对信息进行虚假校验或不校验，自然构成了它们的占优策略。在约束机制没有得到根本改变的情况下，现在常用的处罚手段不可能战胜市场博弈的力量。既然中国证券市场的股票价格与公司经营相关性小，那么中国资本市场的股票价格与何种因素相关性强呢？

首先，中国证券市场股票价格主要与政府政策密切相关。长期以来，我国股票市场一直被冠以“政策市”的称号，从根本上说明管理层的决策信息对股票市场的影响远远大于其他信息，由于大量与股市相关的政策、监管变动缺乏规范的程序，难以进入人们的预期函数之中。这些信息一旦突然释放，就对股票价格产生剧烈影响。例如：1996 年 512 点时，强调发展；而当年 12 月 1258 点时，《人民日报》发表特约评论员文章，强调规范，把44倍市盈率说成是“危如累卵”、“严重的过度投机”。而1999年5月，《人民日报》又发表特约评论员文章，再度强调“发展”，把44倍市盈率说成是与当时银行利息一样地具有投资价值。2000年春节后，从香港请来了首席顾问，发表了《新千年开始之际的中国资本市场》，有关管理者也提出了“超常规发展中国证券市场”的口号。于是，发布了允许券商股票向银行贷款、允许三类企业进入股市这两个多年来被视为禁区的特大利好，众多代客理财的私募资金应运而生，人大《投资资金法》起草组官员多次强调，应让私募资金合法化，股市遂从1341点涨到2125点。2001年6月，再涨到2245点。但是，2001年，经济学家指责40—50倍市盈率是泡沫经济，管理层又从香港请来证监会副主席，来了一个超常规整顿规范证券市场，严查银行违规资金进入股市，并将私募基金贬为与非法集资同类，并超常规地“打假”、“挤泡沫”，造成了市场的恐慌和怀疑一切，希望在一个早上把中国股市的市盈率降低到成熟国家股市的水平，从一个极端走到了另一个极端。

其次，中国证券市场股票价格与庄家炒作关系重大，至于公司业绩则仅仅是昙花一现罢了。由于中国资本市场价格的无效性，造成中国众多的投资者进行股票投资的基点不是公司业绩而是是否有庄家追捧。中国资本市场投资者的结构以散户为主，对于众多的个人投资者而言，他们收集信息的边际费用远高于机构投资者、大户或庄家，同时缺乏知识技术优势。当信息收集与整理的费用高于可能的收益时，收集与整理信息成为非理性行为。因此，打探庄家信息、跟庄买进，被散户投资者认为是最明智的选择，也最实惠，这样就使得许多业绩很差但善于炒作自己的公司的股票成为市场上的抢手货。甚至在相当长的时期，中国股市上盛行“越穷越光荣”这样不健康的股市文化。至此，“用脚投票”并没有真正起到督促公司提升业绩的目的。

至于价格机制的经理激励的失败也因为类似的原因。目前，中国上市公司实行长期激励的并不多，但就是对实行长期激励的企业的高级管理人员而言，即使其拥有公司的股票，对于高管来说，辛辛苦苦工作一年未必会使得股票价格上涨。加之中国证券市场监管极为不规范，造假比比皆是，而处罚力度又微微弱弱，就使得高管们宁愿冒险去谎报业绩或者联合庄家炒作股票，而不愿扎扎实实地去提升公司业绩。

（三）中国资本市场与控制权争夺

证券市场作为一种公司控制市场（corporate control market），对经营者构成了一种外部约束机制。当企业经营不善时，对经营者无法实行直接监控的广大中小投资者只能采取“用脚投票”的策略，卖掉所持有的股票，由此导致二级市场上的股票价格下跌。股票价格的下跌首先会招致敌意兼并者的兼并，一旦敌意兼并成功，现行的经营者自然难以躲避被解雇的厄运。

对于那些无法直接监控经营者而又拥有较大股权的股东来说，有时“用脚投票”策略并非最佳的选择。为了共同的利益，这类投资者中的一些人会联合起来，利用手中的股权争夺董事会的席位或者联合成为最大股东，直接监控经营者的行为。这种争夺公司代理权的活动对经营者是一种潜在的威胁。

企业的最大股东（如果存在的话）一般不会采取“用脚投票”的策略。面对经营不善、股价下跌，他们会通过董事会的渠道直接罢免经营者，也就是说“用手投票”。和前两种方式相比，这是对经营者进行日常监控的最快捷和最有效的方式。

目前我国证券市场和上市公司的股权结构基本上排除了上述形式的监控机制。如上所述，国家股东持有绝对多数股权，况且是不可流通股权。首先，排除了通过证券市场敌意兼并的可能性。极少的敌意兼并只可能发生在为数不多的所谓的“三无概念”公司中。著名的“宝延收购”是其中一例。现行的并购大多是国有股东或法人股东在市场之外自愿转让的结果。其次，无控制权的大股东即使全部联合起来也无法在代理权争夺中获胜，况且这样做技术上还有很多障碍。最后的选择只能是求助于最大股东——政府，通过内部控制机制对经营者进行监控。尚未改制上市的国有企业现状便是这种监控的结果。

除了上述监控机制之外，理论上还存在着上市公司摘牌和破产机制。

关于上市公司摘牌的条件，我国目前的管理条例规定是连续三年亏损。实际操作过程中，只有PT水仙等几家上市公司因此而被摘牌，只有琼民源等几家公司因欺诈而被停牌。原因是上市资格是一个近乎免费的融资来源，地方政府、上市公司的母公司及其他公司都不会轻易地放弃这笔资源。这就是我国近年来证券市场上保护和买卖"壳资源"的真正动机。一旦某家公司接近达到了摘牌条件（如连续两年亏损），各方便会采取一切"措施"使其免遭劫难。最坏的结果也是为那些"借壳上市"的公司所购买。至于破产机制在证券市场上更不会存在。国有企业的破产在一定程度上是政府决策的结果。目前，某些上市公司理论上已经满足了破产的条件：资不抵债。可得到的惩罚也只是在其股票名称之前加上"ST"（英文的"特殊处理"缩写）而已。

由于证券市场与公司治理结构的脱节，公司上市对所有者而言不会有什么损失，他们仍然拥有对公司的控制权；对经营者而言同样没有什么损失，他们仍然可以免于证券市场的监控。

由此可见，我国目前的证券市场基本上只是一种融资的场所，而由于资本市场的制度缺陷，资本市场并没有产生公司治理的机制。这使得我国的资本市场在经济生活中的意义不但落后于美国，相对于资本市场不发达的德日也是不及的。

第七章

公司治理模式的演进趋势及后发优势的中国公司治理模式

前文我们已经提到公司治理是一个系统性的概念，我们从多个角度比较了英美模式和日德模式及中国公司治理模式的差别。我们发现，即使是同样的一种治理机制，在不同的国家还是会表现出不同的特征，进而出现不同的治理效率。随着全球化浪潮的到来，目前在公司治理领域人们提得比较多的问题是：在全球化下，公司治理是否会趋向某种治理模式，如英美模式或者是日德模式；中国是否能将西方成功的治理模式全部为我所用？其实，这就涉及到两个问题，第一，公司治理模式会趋同吗？第二，中国公司治理模式向何处去？本章我们就将对这两个问题进行研究，同时也对前文各章的研究进行总结。

第一节　关于公司治理模式发展趋势的争论

随着世界公司经营国际化、资本市场全球化、经济全球一体化和信息技术的发展，一些学者提出在全球化下公司治理将会趋向某种治理模式，如英美模式或者是日德模式；另一些研究者则将全球化看成是推进世界多样化而不是同质化的过程。在全球化浪潮日益高涨的 20 世纪 90 年代中后期，公司治理趋同论逐渐开始盛行。不同的治理模式真的会收敛于一种模式么？

一、支持公司治理模式趋同论的观点

（一）趋同于日德模式的观点

20 世纪 70 年代以后，以弗里曼（Freeman）、多纳德逊（Donaldson）、布莱尔（Blair）、米切尔（Mitchell）为代表的一批管理学家提出了利益相关者理论。他们认为，公司应该更有责任感，它的责任范围不应当仅仅局限于股东，它应该有利于更大范围的群体——所有与利益相关者，这些利益相关者包括公司雇员、债权人、所处社区成员等等。同时，公司也应该将其决策基于伦理、道德的考虑——保护生态环境，肩负社会责任。与股东不同，这些利益相关者与公司本身并没有契约关系，单纯追求股东利益的最大化可能会给他们带来负的外部性。因此，追求利益相关者团体总体福利的最大化应该将各种外部效应内部化。从公司治理的角度看，这一方面要求公司具有一个更加广泛的管理目标——最大化各种利益相关者团体的总体福利；另一方面则意味着利益相关者团体应该分享控制权。从全球各种公司治理模式所具有的特征和实际运作方式来看，日本和德国的公司治理模式更加接近于利益相关者模式。正是由于日本和德国经济在第二次世界大战结束后的废墟上迅速崛起，并在 20 世纪 70 年代以后相当长的时期内保持强大的竞争优势，才导致许多经济学家认为利益相关者模式比股东至上模式更有生命力，也是各种公司治理模式趋同的方向。

（二）趋同于英美模式的观点

从第二次世界大战后开始，美国公司一直主导着世界经济，特别是美国在 20 世纪 90 年代创造了新经济奇迹，越来越多的研究者认为英美模式是卓有成效的。英美模式派也称芝加哥派，代表人物为 Coffee、Aoki 等，该学派主张全球企业在未来所形成的统一公司治理模式便是英美模式，他们认为英美模式是现实中最成功的公司治理模式。[①] 这种模式的主要特征是：股权分散；对股东强有力的法律保障；对其他利益相关者的漠视；极少依赖于银行融资；并购市场运作活跃。

（三）趋同于混合模式的观点

该学派主张全球企业在未来所形成的公司治理模式，既不是英美模式，也不是内陆模式，而是两个模式中的精华部分组成的新模式，即复合模式。该学派的主要支持者有 Hulle、Handy、Evans 等。他们认为英美模式和日德模式都是有缺点的，应该将两种模式的某些方面进行结合。这种观点体现在 1998 年的 OECD 全球公司治理报告中。该报告认为，全球公司治理模式趋同的结果不是英美模式，也不是日德模式，而是股东至上模式和利益相关者模式的一种调和与折衷。持这种观点的学者普遍都认同以下两点：一方面，一个国家或者企业选择哪种具有效率的治理方式，最终是由市场力量来决定的；另一方面，这种选择具有路径专用性。

（四）趋同于未知模式的观点

该观点的支持者 Matthew Bishop 认为预测公司治理模式的趋势是一件棘手的事情。因为 20 世纪 80 年代的时候，日德模式是标榜的对象，而英美模式中外部治理的重要手段如敌意接管带来了诸多的负面效果。但是到了 20 世纪 90 年代，问题恰恰颠倒过来了。一些学者如查克哈姆认为在全球化的影响下，公司治理模式必将趋同，最佳的公司治理模式必将流行于全世界，只不过这种模式是什么不得而知罢了。

---

① KEONG. L. C，“Corporate Governance——An Asian-Pacific Critique，” Sweet&Maxwell Asia，2002.

二、反对公司治理模式趋同论的观点

（一）反对趋同论的法律观点

这种观点从法律的角度指出，某国的公司法不仅仅与社会习俗密切有关，而且与其他的法律如银行法、劳工法、税法、竞争法紧密相关。世界上不同国家复杂的法律和管制体系各有千秋，它们演进的方式具有路径依赖性和抵制变革的天性。LLSV在他们的论文中指出，世界上公司治理模式的多样性从根本上来讲是源自于股东试图克服法律对投资者保护的不足（LLSV，1998，1999）。股权集中是法律对投资者保护不足的一种补偿。英美法系注重对投资者的保护，所以股权结构分散；大陆法系忽视对投资者的保护，所以股权结构集中。哥伦比亚大学法律学教授M. Roe的研究也表明，美国公司治理模式源自这样一种特定的立法传统倾向：限制银行的活动、给予管理层对工人的控制特权、对交叉持股所获得的分红进行征税、对同一产业中的企业之间的合谋制定严格的限制条件。与此相反，德国和日本却拥有一套不同的法律体系和管制方法，它们更加支持银企之间建立密切的合作关系。因此，从法律的角度，反对趋同论的学者认为，“美国公司治理模式并非是必然的，其他的模式也是受欢迎的，并不存在着趋同……选择公司治理模式，必须考虑现有的法律传统”（Guillen，2000）。

（二）反对趋同论的政治观点

该论点认为各种不同类型的公司治理模式的形成与各国政治团体利益争斗息息相关。历史证据表明，20世纪50年代，美国通过马歇尔计划向德法传播美国模式，但美国公司治理模式之所以没有在德法盛行，是由于德国与法国的政客、实业家与工人领袖通过有效的政治活动抵制的结果。即使是在美国，公司治理的演变也往往伴随着政治斗争。20世纪90年代，在美国本土关于美国公司的所有权高度分散所产生的效率问题，形成了两种截然不同的观点。赞同股权高度分散的经济学家和否定股权高度分散的经济学家发生了激烈的争论，并上升到政治斗争的高度。同时，对于既定公司治理模式的调整可能会引起整个经济体系的震动，最后不得不陷入一种政治僵局。例如，克林顿政府在1993年曾经发起过一次旨在调整工人与管理人员关系的会议，但最终不了了之。那次会议本来是要推进劳工政策的现代化，以允许更多的员工参与企业活动，克服既有治理模式所产生的越来越多的利益冲突。但是，与会的员工代表、工会组织、管理人员、法律专家都反对对现有公司治理体系进行激烈的变更，最后只是形成了一些妥协性的推荐意见，并没有发生实质性的变革。

应该说，目前公司治理模式趋同论的观点是主流性的观点。的确，公司治理模式确实出现了一些共有的特征，如：在英美国家的公司，开始重视“用手投票”，占绝对控股地位的单一股东在高科技公司中出现，机构投资者持股比例不断上升并成为企业的大股东；在欧洲，公司的外部控制权市场发展迅速，收购大量出现，公司透明度增加；在日德企业中，直接融资比重增加，内部融资成为企业资本的重要来源之一，金融危机的阵痛使得企业和银行之间更加相互警惕，企业对银行资本的依赖明显减弱，主办银行的作用日益降低，交叉持股比例不断减少，持股结构不断被调整。但即使公司治理模式出现上述新的特征，难道就能据此认为，公司治理模式正在趋同吗？

第二节　耗散结构与公司治理模式的演进

公司治理制度系统是耗散结构，具有自稳定和自组织机制，所以公司治理制度能够随着环境的变化而演进，但是自稳定机制的存在又使得这种演进是带有历史痕迹的演进。

一、耗散结构

耗散结构是在远离平衡区的非线性系统中所产生的一种稳定的自组织结构。在一个非平衡系统内有许多变化着的因素，它们相互联系、相互制约，并决定着系统的可能状态和可能的演变方向。

系统的演进是以两种系统控制论为条件的：第一种系统控制论是维纳总结的以减小误差为结果的负反馈方式，它对于自稳定机制具有控制作用；第二种是马格纳总结的放大控制误差过程中的正反馈机制，它对系统内部的自组织起重要作用。这两种控制论对于分析系统内部的动态结构（dynamic structure）都是十分重要的，正是它们的存在使系统变为有序整体成为可能。

（一）公司治理制度系统的自稳定机制

如果在一个系统中存在一些恒定的力，使系统状态在这些力的控制下趋于某种稳定状态，那么这必然是负反馈对系统的控制的体现。在系统状态出现涨落时，在涨落的一定临界值内，系统内将存在消除涨落影响的力，使得涨落消除后系统回到原先的热力学平衡态，并且将克服涨落的过程信息写入系统，即使再次出现相同或相似原因造成涨落的情况时，该系统能以更小的幅度偏离稳定状态，从而使系统重组其固定力并获得新的稳定状态的参数。自稳定机制使系统对于环境变化造成的输入变化具有自我适应和自我调节性。如果没有自稳定机制的存在，系统将会在出现任何涨落的同时瓦解，自稳定机制是系统能够存在和进化的前提。

公司治理制度系统中就存在着这样的力，如文化，我们以日本为例说明这个问题。日本传统文化中一项重要内容即“岛国意识”规制下的集团意识，而日本作为一个典型的农耕民族，其“村庄”经济意识根深蒂固。因而，团体式运动和集团式运作行为，一直是日本人开展社会经济活动的突出特点。战后财阀解体在形式上瓦解了日本人的“村庄”经济体系，使化整为零的各经济实体曾在战后初期的一段时间一度活跃起来，并造就了一代新型企业家，推动了“个人资本主义”的发展，但日本人的潜在意识却很难适应“个人资本主义”的发展方式。于是，当社会环境略为宽松时，它们便首先以银行为中心，组建起以银行为主导的新型“银企”关系，为法人间相互持股关系的建立奠定了基础。当20世纪50年代初期相关法律解冻后，法人间立刻开始大规模地相互持股，多形态资本相互结合，于是以相互持股为手段的集团化组织系统迅速建立起来，进而又促成了系列化企业体系的形成。可以说这一过程的发展主要是日本人的传统文化理念在发挥作用，它是战后日本法人间相互持股制度建立的重要原因之一。外力强制可以建立某种治理模式，但是当这种强制力结束时，系统中恒定的力就会促使公司治理与这个力的方向相适应。这就是公司治理制度稳定性，不会完全趋同的重要原因。

（二）公司治理制度系统的自组织机制

然而，开放的、演进的系统并不仅仅简单地维持某种特定参数的稳定状态，它往往是在系统演进的不同时期内形成具有不同参数的稳定状态。系统对稳定状态是有所选择的，而后一种稳定状态较之前一种更能抗扰动。这就是正反馈控制的系统的自组织机制的表现。

宏观系统分为三种类型：一是孤立系统；二是封闭系统；三是开放系统。前两者在达到完全平衡时，不再随时间发生变化。而开放系统既与外界交换能量，又与外界交换物质。处于远离平衡态的开放系统是在随机因素扰动（即涨落）的诱发下，从不稳定态跃迁到一个新的稳定态的有序结构，在此过程中，其内部各要素之间必定发生非线性的相互作用，各要素之间产生相互效应，这能在多种演化的可能性中出现一个稳定的参量，从而自行产生一种组织性，这是一种自组织现象，而孤立系统、封闭系统只能走向“死寂”，不可能产生这种“活的”自组织现象。

制度环境发生了变化必然要对制度系统产生影响。由于制度环境的变化对制度系统性的影响将使得制度系统内部的无序性增加，也即制度系统中熵不断增加，如果制度系统不与外界进行物质和能量的交换，则熵将不断增加下去，直至整个制度系统灭亡。所以，为了保证制度系统的正常运作和不断进化，则必须与外界进行能量、信息交换，吸取负熵，以降低制度系统的熵值，从而使制度系统的有序性得到提高。

正是由于作为耗散结构的公司治理制度系统具有开放性的特点，随着全球化的发展，公司治理制度系统也要随之改变，这是保持系统有序性的重要条件。所以，我们就能看到大多数学者提到的所谓“治理模式趋同”现象。在我们看来，这谈不上“趋同”，只是各自公司治理模式随着环境的变化所进行的一些“微调”而已。这种微调是以不与原有制度系统的制度要素发生明显冲突为基准的。公司治理制度系统的原有制度要素使得公司治理制度演进具有路径依赖的特点。

二、公司治理模式的国际比较

下面，我们将具体考察“公司治理模式是否趋同”这样一个问题。

本文所选择的实证研究指标秉承 Guillen（2000）所提供的三个标准：一是这些指标都必须在前期公司治理理论研究的文献中已经得到充分讨论，能够较好地体现公司治理的多维度特征；二是这些指标必须是在公司治理模式趋同论的支持者和反对者的文献中详细研究过；三是只考虑那些至少能在两个时点上取得数据的定量性指标。据此我们选用了四个指标来研究 20 世纪 80 年代初期至 90 年代末期全球公司治理模式的演进趋势。

（一）不同类型的股东所持有的上市公司股票的比例

股权是集中在少数大股东手中还是由广大股民分散拥有，以及金融部门与非金融企业分别拥有多少股份是区别不同治理模式的出发点之一。

显然，表 7.1 中的数据显示，在股票持有形式上，英美模式与德日模式存在显著差异，而且这种差异并没有随着时间的流逝而变小。美国的股权分散持有在居民及机构投资者手中。德日国家的股权集中在非金融部门及银行手中，居民持有的比例仍然比较低。目前，在德国公司中，家族持股依然较突出，即便是在一些大型公司中也是如此（Bebchuk and Roe，1999)；在个人持股方面，尽管近年有所提高，但仍然较低，股东价值的最重要支持者——国外投资基金仅在一小部分（10%）大型上市公司中发挥显著作用，因而德国难以形成英、美那样的股东主义哲学（Lane，2003)。交叉持股、银行持股依然存在，德国公司中股权集中度依然很高（Jacoby，2001；Lane，2003)。根据现有的数据，我们仍然无法证明某种特定的公司股票持有形式将会主导未来公司治理模式的演进方向。

表 7.1　不同类型的股东所持有的上市公司股票比例　（单位：%）

股东类型	美国			德国			日本		
	1986	1993	1996	1985	1993	1996	1983	1993	1996
居民户	51	49	49	17	17	15	27	24	20
金融部门	28	46	47	15	29	30	42	44	42
银行	—	—	6	—	14	10	—	22	15
养老金	—	31	28	—	7	12	—	18	12
投资基金	—	11	12	—	8	8	—	3	—
其他金融企业	—	4	1	—	—	—	—	1	15
非金融部门	15	—	—	51	39	42	25	24	27
国家	0	—	—	10	4	4	0	1	1
外国部门	6	5	5	8	12	9	5	7	11
总计	100	100	100	100	100	100	100	100	100

资料来源：Guillan，M. F. 2000，“Corporated Governance and Globalization：Is There Convergence Across Countries?” Working Paper，The Wharton School，p. 47.

（二）长期激励手段在 CEO 薪酬结构中所占比重

公司治理问题的实质就是通过权利监督制衡解决代理问题，如何给予经理人员以恰当的激励，减少败德问题，是激励机制的关键。许多经济学家认为，为了解决委托—代理关系所产生的内部人控制问题，应该广泛采用期权、股权等长期激励手段，从而将经理人员的利益与企业股东的利益联成一体。而且在有些国家中，长期性激励形成的收入已经占到经理人员总收入中的相当比重。但是表 7.2 中的数据显示，在不同国家之间，对于 CEO 们采用长期激励手段事实上存在着极大的差异，而且只是在英美模式里才有运用这些长期性激励手段的强烈倾向。Sullivan（1999）的研究还表明，在德国模式里，尽管股东已经认识到这种激励方法具有重要作用但是极少对 CEO 采用期权、股权之类的长期激励手段。从表 7.2 的数据中我们可以发现，虽然从全球范围来看长期激励形成的收入占经理人员总收入比重的均值从 1988 年的 4.06%上升到 1998 年的 7.89%，但是各国运用这些长期激励方法的差别也同时在增大，这可以由标准差从 8.17%增加到 9.17%看出。因此，从 CEO 收入结构进行国际性分析，是无法得出公司治理模式趋同化结论的。

（三）各国敌意接管交易额占全世界总量的比重

公司控制权市场的争夺也许是最能体现出公司治理模式是否趋同的指标（Sullivan，1999）。从历史来看，英美模式更加允许敌意接管行为。整个 20 世纪 80 年代，英国和美国的股东行动主义的高涨和放松金融管制的政策导致了敌意接管行为急剧上升。但表 7.2 的数据显示，各国敌意接管的发生情况存在明显差异。按交易额来计算，从 1980 年到 1989 年，英国和美国公司作为接管目标企业的交易总额就占到了全世界接管目标企业的 94%；从 1990 年到 1998 年，占到了 79%。整个 20 世纪 80 年代和 90 年代，美国和英国公司作为接管企业的交易额占到全世界总量的 80%以上。德国的接管企业在 20 世纪 90 年代要比 80 年代更加活跃，但与英美国家比较来看的话，其绝对水平还是非常低的；在日本，敌意接管行为也处于一种停滞的状态。与 20 世纪 80 年代相比，90 年代期间不同国家之间敌意接管发生的差异略有下降（标准差从 11.7%降为 9.6%），但从接管企业的母国来看几乎没有发生变化（标准差从 10.06%降为 9.88%）。可以肯定的是，不管是从目标企业而言还是接管企业而言，敌意接管都并非是一种全球性的现象，而只是一种非常局限于盎格鲁—撒克逊国家的行为而已，断定全球性公司控制权市场的竞争对各种公司治理模式的趋同产生了压力是站不住脚的。

（四）银行对企业融资方式的影响

作为产业资金的提供者，银行对公司治理模式选择的影响直接表现为各国非金融企业资本结构的差异化程度，进而影响各国治理结构的选择。Guillen（2000）研究了不同国家非金融企业的债务—股权比率变化情况，发现德国、日本、英国和美国的非金融企业并没有显示出任何趋同的迹象。进一步比较各国从 1975 年到 1995 年 20 年间非金融企业的债务—股权比率的均值和标准差，可以发现 20 世纪 80 年代中期，均值曾经从 270％下降到 160％，标准差则大约从 160％下降到 100％左右。然而，从 1987 年以后，不管是均值还是标准差的变化都趋于平缓，尽管不同国家之间的贸易、对外直接投资和资本流动性迅速提高。表 7.3 中的数据是一些代表性国家从 20 世纪 80 年代中期至 90 年代中期自有资本与债务在非金融企业融资中所占比例。我们同样可以发现，日本、法国、意大利的企业负债传统明显高于其他国家，美国企业的负债比例始终在 50％—56％之间波动，英国企业的负债比例则在 46％—51％之间波动，相对比较稳定。但德国企业融资方式较为特别，其自有资本比例非常低，借贷比例也最低。究其原因可以发现，银行信贷只是德国企业融资的次要资金来源，各种内部资金是其主要的资金来源，这些内部资金包括公司内部留利、折旧、分摊等。与 1960 年相比，德国企业在 1992 年所提取的折旧和分摊资金增长了 15 倍，同期银行信贷从 285.6 亿马克增加到 3158.1 亿马克，即增加了 11.1 倍，而发行股份所获得的资金仅增长了 3.73 倍。这说明，各国银行体系的运作方式及其对公司治理模式的影响存在明显的差异。因此，很难断定全球化对非金融企业的融资模式产生了怎样的压力，从而使各种公司治理模式产生了怎样的趋同结果。

表 7.2 英美模式和日德模式在激励手段和敌意接管方面的比较

公司治理模式及其代表国家	长期激励手段在 CEO 薪酬结构中的比重			敌意接管交易额占全世界总量的比重			
				接管目标		接管者	
	1988	1993	1998	1980—1989	1990—1998	1980—1989	1990—1998
英美模式				96.9	89.0	90.4	88.4
美国	28	3	36	75.3	60.7	63.9	63.0
英国	15	15	17	18.4	18.2	18.6	17.5
德日模式				0.7	2.1	2.7	3.1
德国	0	0	0	0.2	1.8	0.2	2.2
日本	0	0	0	0.5	0.0	0.4	0.0
未加权均值	4.06	5.00	7.89	2.32	2.30	2.28	2.32
标准差	8.17	9.32	9.17	11.74	9.60	10.06	9.88

资料来源：Guillan，M. F. 2000，“Corporated Governance and Globalization：Is There Convergence Across Countries?” Working Paper，The Wharton School，pp. 42—50.

表 7.3 代表性国家非金融企业自有资本与债务在融资中的比例

	自有资本			负债		
	1985	1990	1994	1985	1990	1994
美国	45.8	39.8	37.4	50.3	55.5	54.9
英国	47.8	37.1	36.8	47.8	50.9	46.1
德国	30.3	26.6	31.6	39.3	38.6	34.3
日本	26.4	31.1	32.7	67.8	63.7	62.1

资料来源：贾生华：“全球化背景下公司治理模式的演进趋势分析”，《中国工业经济》2003 年第 1 期。

可见，公司治理模式趋同论是很偏颇的。当然，随着国家间交往的日益频繁，国家的制度环境不断改变，公司治理模式会有一些微调。但就目前来看，这些“微调”并没有使得公司治理模式的特征发生根本的改变，所以不能据此判断趋同。

虽然，无论英美模式还是日德模式都存在缺点，但是正如俗语所说“人无完人”，公司治理模式也没有绝对完美的。人的缺点可以改进，公司治理的缺陷也可以改进。俗语还说：“江山易改，本性难移”，也就是说人最根本的性格是改不了的，始终在人的行为中带有痕迹。同理，公司治理模式最本质的性质，也就是各种模式的精髓，也是改不了的。所以，所谓的趋同，只是浅层次的现象，而公司治理实质并没有趋同。特别是英美模式和德日模式，主要是德国模式，其治理模式是本源性的，不是后天袭来的，公司治理制度系统的有序性较高，对于这几个国家而言，公司治理模式的趋同不是可以看到的。

三、公司治理模式持久性的原因

无论是公司治理的外部控制模式还是内部控制模式，均表现出较强的持久性，两种治理模式的路径均没有发生根本性的变化。阻碍公司治理趋同、促使既有公司治理模式保持持久性的原因主要有：

（一）公司治理的路径依赖

所谓路径依赖，简单地说，就是人们过去作出的选择决定了其现在可能的选择（North，1994）。作为一种制度安排，公司治理的变迁具有明显的路径依赖特征。每个国家的模式或机制都是建立在其特有的文化、历史、技术因素基础上的，公司治理机制的差异反映了每个机制产生的路径。路径之所以不同是因为公司治理机制开始于不同的时间、处于不同的地点，并且每一个路径都反映了依据国家、社会、经济环境而作出的特定决策的总和。公司治理的路径依赖特征，决定一国公司治理的变迁是沿着其原先的路径不断演进、不断增强的，公司治理结构一旦形成，无论是什么原因（法律的、政治的抑或是社会的），就具有一定的固态性、稳定性和持续性，并且难以变更（Rubach and Sebora，1998）。由于路径依赖的原因，公司治理制度在演进过程中不可能完全脱离其原先的路径，除非用强大的外力去改变它。但是，在经济体制的进化过程中，即便受到震荡，由于制度、习惯做法等具有惯性，决定了其很难改变（青木昌彦和奥野正宽，1999，308 页）。因此，即使在经济全球化条件下，不同模式的公司治理会在一定程度上表现出趋近的趋势，但就具体的经济而言，其改革仍然会在其原先的轨道上进行，而不可能与原先完全割裂。

（二）制度互补性

所谓制度互补性是指，在一个经济体中存在多种制度（包括正式的和非正式的），这些制度相互适应、相互作用，共同形成一个有机的整体，不能够随意改变这些制度的组合。互补性的存在意味着富有活力的制度安排——在结合不同域的制度的意义上——构成一种连贯的整体，任何单个制度在孤立情况下都不会被轻易改变或设计（青木昌彦，2001，229—233 页）。互补性是公司治理机制的基本特性（Schmidt and Spindler，2002），由于不同国家相关的经济、法律、政治、文化制度存在较大差异，公司治理机制内部相关的元素也存在差异，因此公司治理制度移植和趋同带有很大的难度。例如，尽管在法律上并不存在障碍，但由于日本、德国、法国公司中存在交叉持股，使得这些国家不可能像美国那样发生较多的敌意接管，因为其所有权结构使得获取接管所需数量的股票变得十分困难（Allen and Gale，1998）。

（三）相关利益集团的政治寻租

公司治理作为一项制度安排，必然会对相关利益集团的利益分配产生影响，这些利益集团必然会围绕着公司治理展开博弈，以使最后的制度安排对自身有利。因此，政治力量对于公司治理变迁具有重要影响。公司治理趋同可能会触及部分利益既得者的好处，这些利益集团如劳工组织、银行、控股股东，将会阻扰和破坏公司治理改革，以避免其既得利益受到损害（Bebchuk and Roe，1999；Coffee，1999；Guillen，1999）。例如，在大陆法系国家进行股权改革，可能会使大股东丧失原先的控制溢酬，从而遭到大股东的反对。而德国立法者试图减小监事会规模的努力也遭到了来自工会的抵制。

第三节 中国公司治理制度系统性缺陷及改进措施

我国的公司治理模式是一个混合型的产物，具有英美模式、德日模式及转轨模式的痕迹，本身就是舶来的。相对于英美国家和德日国家，我们的公司治理模式的改革应该具有后发优势。但正如我们在前文分析过的那样，这种借鉴决不是简单的拿来主义，只要在他国有效，就可为我所用。目前我国公司治理制度低效的主要原因就在此。中国公司治理制度系统性缺陷主要表现为公司治理制度与公司治理制度系统中的其他制度要素之间的耦合性比较差。整个公司治理制度系统的无序性高，公司治理效率自然就比较低。

一、文化与公司治理

中国文化在素有礼仪之邦之称的中华大地上历经 2000 余年的发展，表现出三个最主要的特征：尚道德，讲伦理；血缘特殊主义，轻法制；集体主义，崇拜权威。这三个特征体现在中国人思想深处，表现出来的是中国人希望在人群中隐藏自己，不希望太落后，也不希望太招摇，中国有“树大招风”、“人怕出名猪怕壮”的古训，因为太突出会减少群体的认同感而无法再依赖群体。所以，中国人不喜欢张扬，认为大智若愚是处世的最佳方式。中国人的人际交往可以用“关系式”概括，人与人之间主要靠情感维系，爱面子，讲情面。人与人之间交往无论是工作还是私人场合都有浓浓的人情味，为了关系不惜牺牲物质利益。中国人优先考虑“仁慈、人道、友情”，其次为“习惯、传统、理性思考”，最后才是“规则和法律”。中国人含蓄内向，为了体谅对方，说话礼貌而模糊。中国人很少愿意当面提出反对意见，害怕得罪人，在表达立场的时候往往固守中庸、模棱两可。

（一）中国公司治理模式与传统文化之间的关系

目前，中国公司治理模式与传统文化之间存在三重关系。

（1）引进来的治理模式来到中国后被本土化了，以至于偏离了公司治理的本质，如公司内部的权利结构。我国文化是集体本位主义的文化，但是我国集体主义在发展过程中是和专制主义相伴而生的，这使得我国公司在决策过程中的决策权力往往掌握在单个人手中。自 2000 年开始，中国引入了独立董事制度。独立董事制度发源于英美，是与英美个人主义文化及股权高度分散的体制相适应的。美国的文化为独立董事的独立性提供了一定的支撑：奉行普遍主义人际关系的美国人往往公私分明，重视交往的物质合理性甚于情感。美国人最先考虑“法则和法律”，然后是“习惯和传统”，最后才是“仁慈、人道和友善”。美国人开朗外向、性格直爽，他们不喜欢拐弯抹角和周折，有什么建议想法，会不加掩饰地提出，立场鲜明，直截了当，决不吞吞吐吐，更不担心会引起他人的不快。这正是独立董事独立性的重要表现。而如上所说“关系式”的中国文化从本质上是没有为独立董事制度提供土壤的。从文化角度来看，中国的独立董事不会独立，也不会起到应有的效果，花瓶董事就成为一个必然。

（2）引进来的公司治理模式与传统文化并不兼容，耦合性差（比如激励机制），从而导致公司治理制度系统无序性增大。一方面，中国传统文化所倡导的“不患寡，而患不均”的思想尚深刻存在于人们的意识之中，仇富心态突出；另一方面，中国传统专制主义文化在薪酬设计方面的独断性，肆意扩大着没有业绩支撑的收入差距，使得人们的仇富心态更强。在西方，高层的薪酬是带有风险性的，是与企业的业绩相挂钩的；但是在中国，国有企业自不待言，就是非国有企业，大股东往往也可能是高管，其薪酬的制定也无从制衡。在这里，文化传统与激励机制之间的耦合性关联很弱，制度冲突特征明显。

（3）土生土长的治理模式虽然与传统文化相适应，但这种适应无疑是一种帕雷托低效的适应。以人才选拔机制为例，中国传统文化往往依据血缘亲情原则的本根至上性，将特殊性的血亲关系凌驾于普遍性的人际关系之上，使之享有道德领域内的特许豁免权，允许人们在特殊性的血缘亲情伦常中排斥那些普遍性的道德理性原则，奉行“内外有别”的多重性道德标准。其表现在人才选拔上就是任人唯亲现象突出，裙带之风盛行。在位者倾向于选拔那些与自己关系比较密切的人，在企业内部形成一些小团体，或者说利益集团。正所谓：“一人得道，鸡犬升天。”利益集团存在的目的就是要尽可能的为自己牟利，很多时候甚至不惜损害集体的利益。

所以，我们在进行公司治理改革的时候，引进的治理模式一方面应该与中华文化相适应，另一方面我们也要将文化置于一个开放性的系统之中，对于传统的不适应经济发展的文化，政府应该积极引导，使大众走出落后文化的桎梏。

（二）推进传统文化现代化

制度系统如果能够一直保持有序性，它必然是开放的。就文化制度系统来说，也应该是开放的。但由于文化变迁的渐进性、长期性和艰巨性使得各国公司治理制度系统之间即使在开放的系统中也差异显著。文化是历史的积淀，文化的变迁是缓慢的、渐进的、长期的，但并不是不可变的，青木就主张通过政府参与及与异文化的交流实现传统文化的改变。我们认为中华文化是博大精深的，其源发性的特征决定其变迁是更加艰难的，并且传统文化也是精华与糟粕并存的，我们变迁的思想是取其精华、去其糟粕：传统文化中不利于经济发展的要通过各种渠道努力抑止；适合经济发展的则要继续保持。这样，中华文化在可以看到的未来甚至更长的时间内还会保持自身特色，与西方文化还是有着天壤之别的。我们对西方的治理模式是不能采取“拿来主义”的，所借鉴的西方治理模式应该与中华传统文化相悖不远。

针对中国传统文化的特点及其对公司治理的影响，我们认为，应该在如下方面积极引导传统文化的发展。

首先，专制主义作为中国传统文化的特色之一，已经对经济发展产生了很大的负面效应，我们应该从各个方面倡导民主文化。当民主思想真正深入人心，公司治理中的“一言堂”现象就能在相当大的程度上得到抑止。

其次，特殊主义关系使得我们的做事原则往往是对人不对事，在选拔人才方面往往不是唯贤是举，而是唯亲是举。这样的选拔机制往往不能人尽其才，使得相当多的中国企业“人才匮乏”。所以，我们应该在社会生活中广泛宣传西方的普遍主义，使中国像日本那样从血缘特殊主义的局限中走出来。这样会产生两个比较明显的好处：其一是能够建立中国人才选拔的市场化体制；其二是“对事不对人”能够促进中国企业规范化运作。

第三，日本文化和中国文化都是以集体本位主义思想为核心，现在集体本位思想的日本经济成功实现了起飞，并且经济实力位居世界前列，可见集体本位思想并没有错，关键在于集体本位思想反映出什么样的意识。日本的集体主义思想体现出对组织的忠诚、成员关系的和谐；但是中国的集体主义则表现出从众心态，小团体主义，对组织的忠诚和成员间的和谐不够。所以，我们也应该向不断学习中国文化的日本学习，学习其文化中的“忠”、“和”、“诚”等思想，让企业员工真正对企业有主人翁责任感。

二、产权与公司治理

西方新制度学派普遍认为私有产权的效率是高于公有产权的。张五常更是极端地宣称，“私有产权是独步单方的”。

我们认为，新制度经济学的“私有产权拜物教”有相当大的局限。私有产权对于高效率来讲只是一个必要非充分条件，但就非排他产业的公司治理而言，私有产权的效率确实要高于公有产权的效率。制度系统论告诉我们公司治理制度系统中的各种制度安排协同性高，制度系统的有序性也就高，公司治理制度系统的效率就高。私有制与公司治理机制耦合性是高于国有企业的。公司治理的实质是通过监督制衡机制促进企业高效率的管理。相对于国有企业的所有者缺位问题，私有公司的股东更有动力监督企业，减少企业经营者的败德行为。

关于国有企业治理效率为何低下的问题，我们在第四章主要进行了委托代理链的分析。在此，我们将从其他视角进行分析。

（一）产权与国有企业低效[1]

1. 国有企业退出的“不可信威胁”

所有公司治理机制的有效性最终都取决于在市场竞争中失败成为一个可信威胁，而如果企业经营不存在失败，那么任何的积极进取似乎都是多余的。而国有企业的破产在很大程度上是一个行政过程，地方政府或者中央政府往往在企业遇到困难时会给予支持，所以“破产”对于相当多的国有企业来说，是一个不可信威胁。

科尔奈教授指出市场竞争失败能否成为可信威胁取决于多方面原因。第一，施加约束的人或机构的目标与动机。如果政府在乎就业或有其他的政治动机而非纯经济考虑，那么政府就更可能事后软化约束。第二，权力的结构。如果某人或机构的权力过大，他就有能力在事后重新谈判，这就导致约束软化。第三，资源的集中程度。当某人或机构控制的资金太多时，资金使用的灵活性会导致对他人预算约束的软化。第四，信息的集中程度。信息多有时会使约束软化，其基本原因是事后信息多使得事后的交易成本下降，从而使得事后重新谈判的空间增大，这就使得事先制定的约束容易被改变。约束的可信性由多方因素——动机、权力、资源和信息——来决定。研究表明，政府的政治动机往往使经济约束软化。

就国有企业的性质而言，政府是不希望国有企业破产的。国有企业与非国有企业不同，国有企业除了向财政缴纳税收外，还要向国家上交利润，哪一个所有者希望自己的企业破产？所以，国家想方设法尽量让国有企业存续下来。比如，在某些领域设置了进入壁垒，严防非国有经济越雷池一步。没有竞争，这些国有企业就不会失败，这些企业中的11家已经跻身于世界500强行列，市场竞争失败对其来说就是不可信的，而它承诺的对社会的贡献、对财政的利税也是不可信的，因为只有它一家生产者，这样的

① 韩晶、张仁德：“可信威胁，监督制衡与国有企业改革”，《财经问题研究》2003年第8期，第57—60页。

企业就是中国目前最具实力的行政垄断企业。当然，这些国有企业或者是关系到国计民生的，或者是曾经具有自然垄断性质的。而对于社会中大多数行业的国有企业而言，国家对其的支持主要还是表现在财政拨款、银行贷款、鼓励上市方面。就我国上市公司而言，首次公开发行的过程倾向于选择那些与地方政府关系密切同时与母公司界限不清的公司。可以说，国家对国有企业投入的越多，国有企业即使经营状况很差也不容易破产，因为“too big to fail”，意思是太大了所以不能让它失败。可见很多国有企业还存在着“退出壁垒”，市场竞争失败对于它来说自然是“不可信威胁”。

2. 监督制衡机制流于形式

监督行为之所以能够发生，在于监督者要比较他实施监督给他带来的收益和成本之间的关系，只有监督的收益大于成本的时候，他才会监督。

就国有企业的外部监督来说，银行和外部投资者缺乏足够的能力、动力和制度方面的支持来积极地监督和影响公司行为。国有企业的破产在很大程度上是一个行政过程，银行作为债权人在债务人无力清偿时所享有的有效权利很微弱。总体上看，国有商业银行也受困于国有非金融企业类似性质的公司治理问题：它们至多只有弱的利润动机。商业银行业务和投资银行业务的分离意味着银行不能用所有权来加强它们作为债权人的权利并对公司施加更大的影响。地方政府往往在企业遇到困难时会给予它们支持，这种做法使信贷决策更多地取决于或明或暗的政府支持而不是企业本身的优劣，从而弱化了银行评估和监督公司行为的动力。我们知道，由于上市公司股东众多，股东对上市公司的监督是“公共产品”或巴泽尔意义上的“公共域”，股东对上市公司行使监督权必须全方位搜集信息，这需要付出成本，但是一个股东对上市公司的监督所带来的利益会为所有的股东集体分享，因此单个股东并没有足够的动力来履行监督权。股东作为产权主体恪守用脚投票是“消极自由”，行使监督权是“积极自由”。由于监督的公共产品性质，中小股东监督上市公司的成本太高，因此中小股东除了消极地“用脚投票”外实际上别无选择，这一部分权利基本上无条件地放弃了，投资者更多地行使消极自由是理性选择。

从内部监督来看，对代理人行为的监督并不完善。一般说来，对代理人的监督应该由委托人来完成。国有经济的终极委托人——公众个人，没有任何剩余索取权，不会因为关心企业效率得到任何能感受到的经济回报，因而不可能有任何动力与代理人建立制衡关系。国有经济第二层次的委托人——政府，这种委托权最终要落到政府官员身上，他们掌握的最终控制权与剩余索取权并不对称，这时政府官员手中的控制权就成为一种“廉价的投票权”，经营者只要花一定成本就可以收买这种廉价的控制权。这就是一些政府官员在干预企业经济中只顾追求自身利益最大化滥用控制权的原因，同时也是对代理权监督力度不够的原因。

可见，就国有企业来说，无论是内部人还是外部人都有弱的监督动力，监督机制极不完善。如果我们再研究一下国有企业公司治理的制衡机制，这个问题就更加豁然开朗了。

西方的现代企业制度根植于其长期发展的民主制衡政治，其最主要的特点就是有效避免渎职。我国虽然积极进行现代企业制度改革，但实际上我国的现代企业制度与西方的现代企业制度的一个重要区别就在于缺乏制衡机制。一方面，在现有的公司法中，为了照顾国有企业的现状，增加了国有独资公司的规定。在国有独资公司中，规定其不设股东会，由国家授权投资的机构或者国家授权的部门，授权公司董事会行使股东会的部分职权，决定公司的重大事项。这就彻底打破了传统公司内部的股东会与董事会之间的权利制衡结构，为公司内部人控制公司提供了法律便利。另一方面，公司化和股权多元化为实行公司控制引进了新的制度形式，却没有取消原有的代表机构。新的公司治理体制和旧体制间的分工不够清楚，而且很多公司类似董事长兼任党委书记的做法使情况变得更为复杂。其结果是，关键的决策权力往往通过非正式机制发挥作用，而且某些机构如监事会差不多形同虚设。在上市公司，大股东常常可以越过股东大会和董事会对公司进行有效地直接控制。和其他国家相比，中国公司董事会的独立性较小，而董事会的某些权力实际上是由控股股东和政府机构来行使的，这当然与企业公有制的性质密不可分。

（二）产权改革的路径选择

从上文的分析中，我们很自然地得出一个结论：国有企业的低效与其独特的产权制度密不可分。国家所有制占主导地位倾向于弱化“市场竞争失败”这一对企业的现实威胁，弱化国家的监管能力。而所有公司治理机制的有效性最终都取决于在市场竞争中失败成为一个可信威胁，取决于监管能力。因此可以说，如果不对所有制结构进行根本性变革，公司治理的持续改善就难以获得。其实，在市场经济条件下，国有企业的功能只能是干预经济和弥补市场缺陷，国有企业只能存在于那些私人资本不能投资的或者不愿投资的行业和部门；而私有经济能投资的行业和部门，国有经济应该也必须撤出。国有资产分步骤、有条理、有规则地退出竞争性领域，这是改革的关键。

中国可以以更大的力度试验将政府控制权和现金流量所有权分离，这种分离是减少政府对公司政治控制的一种途径。政府可以在使用私人（包括国外的）机构投资者管理上市公司国有股份方面进行试点，以推行更为市场化和有利于价值最大化的方法。另一种途径是改变政府股权的性质，例如，把政府股权转变为没有投票权的优先股。这样就可以把政府的现金流量所有权变成类似某种赋税责任，从而统一政府在国有公司中的不同角色。这些措施都是有用的过渡机制，因为它们发出了强烈的信号，表明政府承诺不再干预市场机制的运行。

世界银行专家认为，中国国有资产应该从 16 万家中小企业中的绝大多数中退出。有很多方法可以用来逐步减少国有股权，例如国有股出售、股份回购、协议转让、拍卖、股权转债权等。一种有吸引力的做法是通过机构投资者来实现国有股的减持，因为这种做法正好与资本市场的发展和社会保障制度的改革相契合。国有资产应该流动起来，在一定领域也要退出，但不论是流动还是退出，其环节都必须规范。要有审计和评估，产权交易、产权转让必须公开透明，能够招标的一定招标，要展开竞价，最好避免一对一的内部交易。资产的交易跟一般的交易有一个共同的特点，即交易的结果对谁有利，取决于双方对交易的迫切程度。谁对交易的迫切程度高，谁就要承担交易过程中的损失，因为在谈判过程中急于成交的一方总要牺牲一定利益。而现在有的地方甚至定下指标，几年内把国有经济降到多少比例，在这种限时急甩的情况下很难说国有资产不会被低价转让，因此建立规则是国有资产流动及退出过程中迫在眉睫的问题。

所有制改革固然是提高企业绩效的一个途径，但是我们还应该看到，全世界各地私有企业的比重很高，但并不是所有私有企业的效率都很高。发达国家私有企业的运作效率要比发展中国家高，原因是什么呢？因为对于不存在企业所有制之争的国家来说，公司治理制度系统效率主要取决于文化、法律和资本市场与公司治理制度之间的耦合性。

三、法律与公司治理

（一）法系与治理机制的矛盾

法律是公司治理制度系统的重要构成要素。法律与公司治理制度之间存在着密切的关系，在不同的法律环境下，公司治理将呈现出不同的治理结构和治理效率。而如果法律的实质与公司治理制度不相适应，那么整个公司治理制度系统的无序性就会很高，制度之间存在着激烈的冲突，并且在很多方面存在制度真空，公司治理制度系统的效率就比较低。我国法律与公司治理之间的关系恰恰如此。

法律的渊源不同，对投资者保护的程度就不同。普通法系的国家对投资者保护的力度要大于大陆法系的国家。所以，普通法系的国家就有着众多的中小投资者进行投资，公司的股权结构比较分散，也就有着发达的资本市场；而大陆法系国家的状况则与此相反。

中国实施的是大陆法系，在对小股东权益的保护方面有一定的先天缺陷，我们不可能实现股权分散条件下的有效公司治理，而且以英美市场导向模式为目标的公司治理改革异常艰难。比如说，我们发现了现行的公司法或证券法中的某一规定不利于对小股东利益的保护，但如果要对该条款进行修改，需要经过全国人大的几次讨论方可，不仅程序复杂，而且时间周期很长。在资本市场，创新无处不在，新的现象层出不穷，法律永远落后于现实，这就是大陆法系的缺点。如果是英美法系，该问题就可以缓解，因为它可以根据现实的需要形成新的判例，新的判例形成之后就具有法律效力。

但是非常奇怪，我们的法源虽然是大陆法系，但是我们的治理机制借鉴更多的是英美法系的经验。我们在经济改革的开始就是以美国的市场经济为样板来设计中国的经济体制蓝图的，我们的股票市场同样是以美国的股票市场为样板来设计的。目前的趋势是中国的公司治理将更多地借助于市场的力量进行权利制衡，但是这需要一个最基本的前提，即资本市场的法规是健全的，对投资者的保护是比较全面的，而在我们国家这些条件还都不具备。

比如，关于资本市场发展的重要规制——禁止内幕交易及信息持续披露原则方面，我们都有很大的缺陷。我国《证券法》的一个重大立法缺陷就是没有规定关联人持股的问题，使得内幕交易有机可乘。关于公司收购的持股预警，我国《证券法》第79条规定：通过证券交易所的证券交易，投资者持有一个上市公司已发行的股份的5%时，应当在该事实发生之日起3日内，向国务院证券监督管理机构、证券交易所做出书面报告，通知该上市公司，并予以公告。在这条规定中，根本没有体现对关联交易的规制问题。而在我国的《股票条例》中只是规定为：任何法人直接或间接持有一个上市公司发行在外的普通股在达到5%时都有公告的义务。“间接持有”这一词就有很大的弹性和立法的模糊性，究竟何为“间接持有”在很多时候很难判断。

德日国家的资本市场规范度并不是很高（是指与英美国家相比），但是德日公司的治理效率同样很高，其关键在于德日国家的银行在公司治理中发挥着重要的作用，但是我国的银行在公司治理中没有起到应有的作用。

我国银企关系的制度设计是以防范金融风险为首要目的的，主张对企业经营行为的监督只能以外部监督为主，而反对银行对公司治理的内部参与，认为银行参与公司内部治理会引起更大的金融风险。我国银行对借款企业的“三查”制度、对国有企业的监事会制度、对企业的授信制度，都是强调从企业的外部对企业经营行为进行监督。这些制度中提及的银行对企业的监督制度都不是经常有效的制度，而更多的是随机性甚至随意性的，所以银行对公司治理的参与是一种消极的参与，它对公司治理效率的提升不可能起到很大作用。银企合作协议一般一年一签，难以体现银行与企业之间的长期稳定的合作关系，而且银行的贷款主要限于流动资金贷款，所以银行并不关注企业的长远发展。在这种制度下，银行仍然只是债权的消极防护者，只重金融服务而忽视监督机制的建立。

综合以上分析，我们认为，中国是大陆法系的国家，在对投资者保护方面比较不健全，但是我们的治理机制却大多是向英美法系的国家学习，这就导致了公司治理制度系统中法律与公司治理制度的冲突。同时，我们也应该意识到，我们和德日国家的法源相同，在公司治理上更应该借鉴它们的经验，让银行积极地参与到公司治理中去。毕竟我们与英美国家法系不同，是不可能完全发展成市场导向型治理模式的。但是，通过资本市场使得投资者能够参与公司治理从而加强对管理层的监督是很有必要的，而究竟有没有效果，要看资本市场是否规范，法律是否健全，执法是否严格。就目前中国关于资本市场发展的规制而言，漏洞很多，难以通过资本市场形成对中小投资者的保护机制，进而形成对管理者的监督制衡机制。

（二）加强法制建设，规范公司治理

我们认为当前从法律角度规范公司治理非常重要，而其中的重中之重就是在公司治理中要给予银行以恰当合理的地位。同时，还要规范资本市场，保护投资者利益，加强信息披露。

1. 明确银行在公司治理中的地位

目前《商业银行法》仍然规定商业银行不得向非银行金融机构和企业投资。但银行资本与其他行业资本的相互参股、控股在我国有其现实意义：一方面，资本短缺、负债过多、积累不足、银行债务难以清偿，仍将是未来较长时期内国有企业改革的一大难点。允许银行资本在一定程度上以直接投资方式（如债转股方式）介入企业，是银、企“双赢”的一项不可替代的重大措施，从长远看也是国有经济战略调整的一项重要手段。另

一方面，国家财政改革的公共化取向，使其今后不可能拿出更多的钱去补充国有非银行金融企业的资本，而金融企业的业务增长、风险防范都必须满足资本充足率的要求，这种情况下，其出路只能是社会资本（包括银行资本）的替代投入。现在这种只允许企业向银行投资、严格禁止银行对企业投资的政策是不妥当的。事实上，银行资本与产业资本融合的“不规范”方式在我国早已变相地存在着，只是现行法律和部门规章从未明确其法律地位罢了。笔者建议对《商业银行法》作出适当调整，消除法律障碍，规范和促进银行资本与产业资本的融合发展，使得商业银行能够以大股东的身份积极地对企业进行内部监管。

2. 加强投资者保护

溯本清源，投资者保护最根本的措施是必须赋予投资者、特别是广大普通投资者参与公司相关经营决策的方便和权力，使得投资者真正成为企业的所有者，对自身的投资具备真正的决策权和选择权，在自身利益受到侵害时能够拥有有力的武器保护自己，而不是单纯依靠股票二级市场上的“用脚投票”原则保守地保证自身的利益。网络投票、股东诉讼机制、民事赔偿责任是保护小股东利益的很好的办法。

目前，除了代表投票外，我国执行的是必须到股东大会现场才能进行投票的原则，这就在很大程度上限制了普通投资者实施参与公司决策的权利。因为单个的普通投资者投资数额相对较少，参加股东大会的一系列费用，如交通费、住宿费等，相对小规模的投资者显得成本太高；而且他们即使参加股东大会，由于自身投票权重太小，也无法对公司决策产生影响。这种普通投资者之间相互博弈、权衡的结果必然是不参加股东大会，最后公司的决策由大股东单方面决定，极有可能损害普通投资者的利益。

网络的发展使得小股东低成本投票成为可能。现在大多数证券公司早已开展网上申购等业务，也就是说网络投票不存在技术性的障碍，并且其成本低，方便、快捷。建议相关法规能够赋予小股东网上投票的权利，使得小股东也像大股东那样用手投票，自己争取自己的利益。

所谓股东诉讼，是指上市公司的中小股东对其持有股票的上市公司违反法规的行为可以提起诉讼，并要求公司赔偿损失。一般而言，如果某个股东起诉上市公司违规，一旦胜诉以后，则此判例适用于符合条件的所有股东，赔偿也适用于所有股东，由此引发的赔偿金额将是一个天文数字。股东诉讼机制的良好运作将让弄虚作假、违法违规的公司承担赔偿投资者及其他相关者的责任，将制约上市公司及其他证券市场参与者的行为。股东的诉讼意识已经被唤起，然而迄今为止，我国尚未有一个股东诉讼成功的案例。我国《公司法》及相关法规对股东诉讼制度的规定过于粗糙。从立法实践看，应加强和细化对证券民事责任方面的规定，建立和完善股东集团诉讼和股东衍生诉讼机制，明确不同违规行为所适用的司法程序。

针对上市公司法人治理机构不健全造成的一些董事、高级管理人员对中小股东的利益侵害，应通过法律途径追究公司董事及高级管理人员的责任，并进行必要的民事赔偿，这对于建立健全上市公司法人治理结构、强化董事会的外部约束机制、保障投资者利益、提高董事会的决策效率具有积极意义。世界各国公司法大都承认董事对公司应负民事赔偿责任。根据一般原则，董事只应向公司履行善良管理人义务和忠实义务，而不是向个别股东或某一类股东负此义务。因此，可由公司决定对违反义务的董事提起诉讼，此时，公司与董事处于利害相反的地位，不能由董事代表公司，而应由监事会成员或股东大会指定的人员代表公司提起诉讼。

3. 强化信息披露制度

上市公司信息披露违规行为的频频发生，严重影响了证券市场秩序，损害了投资者的利益。延迟披露和重大遗漏是上市公司信息披露违规的主要形式；信息披露不及时和不全面是上市公司信息披露违规行为中存在的主要问题。上市公司信息披露违规行为普遍存在于各个行业。在受到信息披露违规处罚的上市公司中，约21%的公司受到过不止一次的处罚，显示信息披露违规处罚的总体威慑性并不很强。统计分析结果表明：市场对上市公司信息披露违规处罚的反应程度（股价下跌）与处罚的公开性和处罚力度存在正相关，处罚的公开性越高、处罚力度越大，市场的反应就越强烈；以交易所内部批评为主的上市公司信息披露处罚方式没有对上市公司产生足够的威慑力，对违规公司的股价、再融资能力与机会等影响很小，这是我国上市公司信息披露违规行为屡禁不止的重要原因之一。

建议立法机关修改有关法律，适当区分证监会追究责任的形式，在行政处罚之外，再赋予证监会起诉违规行为人、追究其民事责任的权力。在我国现行的法律框架下，证监会的问责手段仅限于行政处罚一种，致使证券信息披露执法负担不轻，效果却不理想。发达国家证券监管部门的很大一部分处罚是以证券监管部门作为原告提起的民事诉讼。由证监会提起民事诉讼，通过法庭证实证监会基本认定的信息披露违法是否存在，可以提高证监会监管的效率，提高信息披露执法的公正性，还可以由法院判处败诉的信息披露违法人负担证监会的调查费用，是一种很好的制度设计。

同时，加大监管和处罚力度的关键在于综合运用法律、行政、舆论等各种力量提高失信成本，因为只有当失信成本高到足以令失信者痛时，才能有效地遏制失信行为的发生。具体措施包括：(1) 对上市公司进行以落实诚信责任为重点的巡回检查和专项核查，督促各有关方面切实履行诚信责任。(2) 利用新技术、新方法丰富监管手段，开辟更加畅通、便捷和高效的资信渠道，充分利用和发挥社会各界的监督力量，进一步加强对上市公司的一线监管，如建立上市公司资信信息网、上市公司失信举报电子信箱等。(3) 建立上市公司诚信评级和公告制度。根据上市公司的信息披露情况，将上市公司分为守信和失信两等，再根据守信和失信的程度划分为若干级别，并定期或不定期公告。(4) 建立诚信档案，实行“黑名单”制。为上市公司、中介机构、董事、监事建立诚信档案，详细记录他们在信息披露方面的行为，并将失信者列入“黑名单”。对列入“黑名单”的上市公司、中介机构和个人，应予处罚；情节严重的，予以行政处罚并公开曝光；触犯刑律的，依法移交司法部门处理。

四、资本市场与公司治理

资本市场对公司治理的作用主要体现在以下几个方面：一是资本市场的融资机制，使投资者有权选择投资的对象，从而改善和提高公司的治理结构；二是资本市场的价格机制，可使出资者了解公司经营信息，降低了股东对管理层的监控信息成本，降低了公司治理的成本；三是资本市场的控制权争夺，可以强制性纠正公司治理的低效率。其中，价格机制是核心，通过价格机制使公司的价值得到实时的反映，进而使公司的利益相关者对此做出及时的反应，导致成本降低，资本结构和股权结构发生相应的变化，从而调整公司的经营管理，提高公司的价值；控制权争夺实质上是对公司治理的一种优化，优化的结果是公司价值的提升；而融资机制是对控制权争夺的一种深化，融资机制的实施会改变公司的资本结构和股权结构，从而影响公司的治理结构和效果。

（一）中国资本市场参与公司治理的制度缺陷

从总体上来说，我国资本市场中存在的最主要的制度缺陷是中国特色太为浓烈。在我国的资本市场上，资本的本性不突出——资本不追逐利润或追逐利润的动能不强，市场的特点不明显——市场经济中因竞争机制的存在和作用而引起的价格形成→资源流动→优化组合功能发生了中断，资本机制与市场机制都被不同程度地扭曲，资本不是原本意义上的资本，市场不是具有完善功能的市场，这样一来，在实践中资本市场所具有的优化资源配置的功能和作用大打折扣，不能发挥其应有的作用。中国资本市场的制度缺陷主要包括体制缺陷、机制缺陷、功能缺陷及法律缺陷。由于行政权力和行政机制的大规模介入，我国资本市场被严重行政化了，已经成为“有计划”的资本市场。在这样“有计划”的资本市场上，资本市场参与公司治理的作用大打折扣。

1. 融资机制

在市场经济条件下的企业中，债务和股权不应仅仅被看作是不同的融资工具，而且还应被看作不同的治理结构（Williamson，1988）。设计合理的融资结构应能限制经营者以投资者的利益为代价，追求他们自身的目标。从资本结构的古典理论（早期的资本结构相关论）、新古典理论（MM 的资本结构无关论），到资本结构问题的现代理论（非对称信息、代理成本、控制权竞争和财务契约等），尽管对资本结构的研究越来越多，但对最佳资本结构的确定却一直未得到解决，无论股权融资还是债务融资都会对公司治理产生影响。

股权融资通过内部控制与外部控制对公司的治理施加影响。在内部控制中，其控制的有效与否与股票的集中程度、股东性质和董事会及有关法律法规规定的投票比例有关（袁国良，2000）。债务融资可在一定程度上抑制经营者的过度投资。但是，在我国股权融资和债务融资，无论哪种融资方式都不能很好地起到参与治理的作用。

本来在西方国家，股权融资成本高于债权融资成本已经成为一个共识；但是在我国，相当大一部分公司实际上是近乎免费融资。在中国，初次上市的公司倾向于选择那些与政府关系密切的企业，企业一经上市，利益就滚滚而来。上市企业一旦完成新股发行之后一般就不会再关注二级市场上其股价的变动，除非为了以高价格进行配股或者保证内部职工股顺利上市。从融资成本的角度来看，新股发行的市盈率相比市场市盈率是一个更符合实际的指标。2009 年 10 月 14 日公布发行价的 9 家公司中，宝德股份以 81.67 倍的水平成为 9 家公司中发行市盈率最高的公司，最低的是华星创业，发行市盈率为 45.18 倍。9 家公司共将募集资金 45.3096 亿元，其中华谊兄弟募集 12.0036 亿元，成为 9 家公司中募资最多的公司。假定上市公司上市前的盈利数据真实，或对未来的盈利预期符合实际的话，股息率大致在 1.22—2.21%之间。显然，这一水平低于借款利率。并且，几乎所有的地方政府都要对上市企业实行税收减免政策，其结果是客观上上市企业的税负低于非上市企业。综合起来看，上市公司并未承担额外的税负。再者，中国上市公司中的众多国有股是非流通的，希望在这种情况下通过股权融资参与公司治理显然是不可能的。

即使选择债权融资的企业，银行对他们的约束也是弱而无效的。中国目前的银行以国有银行居多，国有企业向国有银行贷款，最后钱还不上，最多也是“肉烂在锅里”，对有关责任人的处罚力度很弱，所以银行对国有企业的监督动力很小。对于非国有企业，由于国有银行的所有者缺位，国有银行对其监督也是乏力的，如周正毅事件中，国有银行被牵连的上百亿不良贷款。

2. 价格机制

价格机制主要是通过“用脚投票”和“经理激励”的方式发挥作用的。但是，价格机制的有效性是关键，中介机构又是重中之重。中介机构的有效性能够促使股票价格的波动与其企业的经营正相关；而中介机构的弱有效性就使得目前中国资本市场的股票价格波动与企业经营相关性很弱。

中国证券市场股票价格主要与政府政策密切相关。长期以来，我国股票市场一直被冠以“政策市”的称号，从根本上说明管理层的决策信息对股票市场的影响远远大于其他信息。由于大量与股市相关的政策、监管变动缺乏规范的程序，其难以进入人们的预期函数之中，这些信息一旦突然释放，就对股票价格产生剧烈影响。对于决策信息产生的扰动，投资者根本没有办法在事前消除。

3. 控制权争夺

证券市场作为一种公司控制市场（corporate control market）对经营者构成了一种外部约束机制。当企业经营不善时，对经营者无法实行直接监控的广大中小投资者只能采取“用脚投票”的策略，卖掉所持有的股票，由此导致二级市场上的股票价格下跌。股票价格的下跌首先会招致敌意兼并者的兼并，一旦敌意兼并成功，现行的经营者自然难以躲避被解雇的厄运。

目前我国证券市场和上市公司的股权结构基本上排除了上述形式的监控机制。如上所述，国家股东持有绝对多数股权，而且是不可流通股权。首先，排除了通过证券市场敌意兼并的可能性。极少的敌意兼并只可能发生在为数不多的所谓的“三无概念”公司中，著名的“宝延收购”是其中一例。现行的并购大多是国有股东或法人股东在市场之外自愿转让的结果。其次，无控制权的大股东即使全部联合起来也无法在代理权争夺中获胜，而且这样做技术上还有很多障碍。他们最后的选择只能是求助于最大股东——政府，通过内部控制机制对经营者进行监控。尚未改制上市的国有企业现状便是这种监控的结果。

除了上述监控机制之外，理论上还存在上市公司摘牌和破产机制。关于上市公司摘牌的条件，我国目前的管理条例规定是连续三年亏损。实际操作过程中，只有PT水仙等几家上市公司因此而被摘牌，只有琼民源等几家公司因欺诈而被停牌。原因是上市资格是一个近乎免费的融资来源，地方政府、上市公司的母公司及其它公司都不会轻易地放弃这笔资源。这就是我国近年来证券市场上保护和买卖“壳资源”的真正动机。一旦某家公司接近达到了摘牌条件（如连续两年亏损），各方便会采取一切“措施”使其免遭劫难，最坏的结果也是为那些“借壳上市”的公司所购买。至于破产机制在证券市场上更不会存在，国有企业的破产在一定程度上是政府决策的结果。目前，某些上市公司理论上已经满足了破产的条件：资不抵债，可得到的惩罚也只是在其股票名称之前加上“ST”（英文的“特殊处理”缩写）而已。

由此可见，我国目前的证券市场基本上只是一种融资的场所，而由于资本市场的制度缺陷，资本市场并没有产生公司治理的机制。这使得我国的资本市场在经济生活中的意义不但落后于美国，相对于资本市场不发达的德日也是不及的。

（二）变“行政化”的资本市场为“市场化”的资本市场

规范资本市场行政力量作为，由对抗市场机制转变为遵从市场规律。资本市场的发育过程，应是在市场内在力量推动下自然成长的过程。在资本市场历经十年发展开始步入市场化阶段的今天，再强调政策和行政作用是非理性的、有悖于市场发展客观规律的，应当由市场来决定谁可以进入，由市场来决定谁能够发展，由市场来决定谁应该被淘汰。一是股票的发行与上市必须回归市场原则。股票发行和企业上市的市场化进程不能仅仅满足于由审批制转变为核准制，必须不断向前推进，向成熟资本市场广泛实行的严格准则主义过渡。二是以市场选择机制取代资产重组中的行政选择机制。应加快现代企业制度建设，严格推行政企分开，剪断企业与政府之间的脐带，使企业真正成为资产重组中的市场主体，让市场在资产重组中发挥基础性调节作用。三是规定上市公司退市的硬性标准，从制度上消除行政干预退市的可能性。应细化退市规则，制定可操作性强的硬性财务指标和其他标准，并由媒体和中介机构实施严格监督，清除退市机制中的行政梗阻。四是尽快实施国有股权流通制度，使得代理权争夺能够真正展开。

第四节　构筑具有后发优势的中国公司治理模式

在新兴和发达市场都存在的公司治理不良行为说明世界上没有完美无缺的公司治理模型。一种有效的公司治理体系首先应该能在出现系统性问题前发现缺陷所在，能够从失败中学习，并且迅速地采取纠正措施。这样一个体系的最重要因素就是建立在市场参与者自身利益基础之上、具有制衡机制作用的有效监管体系。公司治理的制度性机制是一个体系，该体系可以动用相互可替代同时又相互补充的控制工具，实现改变公司行为的目的。有效的公司治理机制是能与公司治理制度系统中其他要素产生很强合力的机制。

我们认为，中华文化与英美文化有着本质性的区别，导致我们在所有制、法律、资本市场等诸多方面存在很大的差异。但是，目前我们的公司治理模式很大程度上是借鉴英美模式，这就导致公司治理模式和公司治理制度系统中的其他要素之间的冲突性很大，以至于整个制度系统效率低下。我们能够把英美模式中有形的制度移植过来，但是不能把其无形的制度移植过来。

中国的公司治理改革，应该说是站在巨人的肩膀上，我们应该看得更远，选择一种适应中国实际的、具有后发模式的治理方式。我们可以吸收英美模式、日德模式以及其他各种模式的优点，但更需要透彻理解各种模式生存的土壤环境，刻意去模仿甚至照搬某种模式是非常危险的。我们需要进一步规范证券市场，需要进行金融体制改革，需要引进机构投资者，需要培育并购市场，但这并不意味着我们需要选择英美模式。相反，从我国企业外部市场的发育程度、我国银行与企业的关系、我国的立法传统与社会文化习俗、转轨经济的路径依赖程度等维度来看，日本和德国的利益相关者模式也许能够给我们更多的启示。

一、完善公司治理的内部控制

公司治理系统的制约机制必须建立在整个公司治理环境之内，即内部控制的“控制环境”是整个内部控制系统的基石，制约着其他要素。如果法人治理结构不健全，公司必然缺乏一套行之有效的监督机制，使内部控制制度形同虚设；如果法人治理结构完善，内部控制制度就可以发挥其最大效用。

内部公司治理是由所有者、董事会、监事会和高级经理人员组成的一定的制衡关系，用来约束和管理经营者的行为的控制制度。内部控制是企业董事会及经理阶层为确保企业财产安全完整、提高会计信息质量、实现经营管理目标而建立和实施的一系列具有控制职能的措施和程序。公司治理解决的是股东、董事会、经理及监事会之间的权、责、利划分的制度安排问题，更多的是法律层面的问题。而内部控制则是管理当局（董事会及经理阶层）建立的内部管理制度，是管理当局对企业生产经营和财务报告产生过程的控制，属于内部管理层面的问题。内部控制解决的是管理当局与其下属之间的管理控制关系，其目标是保证会计信息的真实可靠，防止发生舞弊行为。换言之，内部控制是在公司治理解决了股东、董事会、监事会、经理之间的权责利划分之后，作为经营者的董事会和经理为了保证受托责任的顺利履行，而做出的主要面向次级管理人员和员工的控制。健全的治理结构关键在于股东大会、董事会、经理阶层和监事会之间的权力、责任和利益明确，以形成有效制衡的机制。组织结构的建设和权、责、利的分配是内部控制中控制环境的一个重要内容。

为了完善董事会的内部控制，首先，要完善董事会构建机制，使董事会真正成为独立行使权利和承担责任的机构。针对我国公司股权相对集中的特点，通过优化董事提名机制、董事会形成机制和董事责任追究机制等等，使董事会真正成为公司治理的独立履行权利、承担责任的机构。其次，割裂董事会与经理层的人员构成，保证董事会成员的相对独立性。董事会的重要职责之一在于选聘、考评高管人员、行使决策权并代表股东监督经理层。如果董事与经理层人员高度重叠，“自己监督自己、自己考核自己”，董事会与经理层的制约机制就名存实亡。最后，注重董事会专业委员会职能以及决策与监督程序，为董事会发挥其核心地位作用提供信息和技术支持。

完善内部控制可重点关注以下六条途径：（1）在加强董事会和监事会职能的同时，加强和重视企业文化建设，营造良好的企业文化氛围。企业文化是企业发展的内在驱动力，是企业持久竞争优势的源泉。作为一种无形的力量，企业文化影响企业员工的思维方法和行为方式，也不可避免地对企业内部控制环境产生重要的影响。（2）建立健全的反向控制机制。有关公司治理的政策法规和企业的章程应当明确规定总经理的职责，有效抵制董事会抽逃资本、利用关联方交易侵犯中小投资者利益等违法违规行为，从而在治理机制上建立健全反向治理机制。（3）建立独立监事制度。监事会必须是“有决定力量的群体”，其结构应该是1/3独立监事、1/3职工代表和1/3中小股东代表的三分天下模式，保证监事会决议的独立性并制衡各方利益，同时独立董事与独立监事相互配合形成“专家决策＋专家监督”的科学模式，真正起到保护中小股东和利益相关者的作用。独立监事应由财务会计、投资金融专家等专业人士担任，这是保障独立监事科学履职和设置监事会审计委员会等专门委员会的基础；独立监事的选任和罢免权应该属于非董事股东，保证独立监事代表的是中小股东的利益；监事会应下设以独立监事为主体（2/3以上，并且独立监事担任主任委员）的审计委员会，提高监事会对大股东、董事会和高管的监督能力；由监事会提名和选聘外部审计单位。（4）建立一套严密而科学的内部会计控制制度。内部控制的核心是会计控制，找出企业会计工作或管理工作中的关键环节，有针对性地设置相应的内部会计控制制度，主要包括：明确的授权控制，即明确规定会计负责人的职责权限，每位会计人员的责任与相应职权；岗位轮换和不相容职务分离，其体现为每项业务不仅要经过不同的部门而且还需经过上、下级不同人之手，形成下级受上级监督，上级受下级制约；严格的审核制度，主要包括真实性、合法性、完整性和正确性的审核。（5）建立有效的内部控制评价机制。评价机制的参考标准不仅可为企业自我评估和改进其内部控制提供依据，还可以通过评价机制对整个体系的运作状况进行综合评估，使公司高层管理层找到内部控制体系中的薄弱环节，以采取相应的改进措施，促进体系的不断完善。随着经济的发展和风险管理重要性的加强，内部控制的评价机制将向自我评估发展，它将内部控制由被动转为主动，体现了内部控制的完整性和有效性，进而实现对内部控制的“再控制”。（6）现在一些不公允的关联交易或者恶意通过委托理财方式违规操作股票等一些违规行为，可能最后都要落到赔偿上。引入控股股东赔偿机制，增大违规成本，才能对公司规范运作有一些帮助。为此控股股东股份锁定期定为 3 年。可以借鉴原来股改时的做法，如果控股股东确实不规范并给公司利益或公司其他股东利益造成损害，那么就有赔偿责任，并可以用股票进行追加赔偿。

二、大力发展机构投资者

机构投资者可以在积极利用公司治理机制方面起到催化剂作用，而且可以强化很多公司治理机制的有效性。在我国，机构投资者介入公司治理对于真正完善股东对公司经营者的激励机制和监督机制具有重要的现实意义。我国企业内部人控制所导致的严重侵害股东利益的现象比比皆是。国有资产管理部门作为国家股东的代言人对经理层实施监督是公司治理机制的题中之意，但其特殊地位又往往使这种监督带有行政色彩而导致对经营者的干预偏离市场化目标。要解决上述问题，使经理层受到来自有监督激励的股东的有效约束显得尤为重要。经验表明，最优的所有权结构（或有效的公司治理）是大股东（一定的股权集中）与众多小股东之间的某种组合。在我国转轨经济中，国有企业的经营者只具有较小的显性激励，缺乏既有能力又有意愿选择和监督公司经营者的大股东是导致“内部人控制”的重要原因。我们知道，对公众公司经理层的监督约束有公共产品性质，一般持有流通股的中小股东无动力也无能力去实施监督，而机构投资者由于持有公司大量股份，且具有专业知识背景的团队也能够对公司治理提出很专业的针对性建议，因此机构投资者介入上市公司治理具有积极的现实意义。

从美国的经验看，不同类型机构投资者的资金来源、入市顺序和发展规律都不一样。有鉴于此，发展我国的机构投资者，不仅要在存量上调整和扩充现有机构投资者的规模，更要在增量上全方位引入全新的机构投资者。一是扩充现有证券投资基金的规模，大力发展开放式基金。二是积极推动公益基金入市，使之成为主流的机构投资者。从美国经验看，养老基金和保险基金具有持股周期长、追求长期稳定收益的特征，而从国内资金结构的演化方向看，随着社保改革的深入，公益基金的潜力巨大。在条件成熟的情况下，应逐步引入包括养老基金、保险基金、社保基金以及退休基金等在内的各类社会公益基金，增加长期投资者的比例。三是通过多种方式，引入合格的外国机构投资者（QFII），进一步优化机构投资者队伍，规范投资行为。

统计显示，由于限售股的大量解禁，一般机构持有的流通股市值有较为明显的增加：2008 年末，包括证券投资基金、全国社保基金、QFII、保险公司、企业年金、证券公司、一般机构在内的各类机构投资者持有的已上市 A 股流通市值占比达到 54.62%，同比提高了 5.91 个百分点；相应地，自然人投资者持有已上市 A 股流通市值占比从 2007 年底的 51.29%下降到 2008 年底的 45.39%。

从客观上来看，机构投资者由于具有资金实力雄厚、抗风险能力强、投资理念成熟等特点，具有稳定市场的作用，以至于机构投资者被认为是稳定市场的定海神针，而培育机构投资者被当作稳定市场的利器。更为值得期待的是，机构投资者正发展成为推动 A 股上市公司治理的一个重要力量。在过去十几年的市场发展过程中，由于个人投资者、小投资者长期占据着市场的主要部分，使得上市公司治理的改善不是十分有效，大股东或者实际控制人经常会滥用权力虚假披露，导致小投资者利益受到损失。所以，这几年来，从证监会到交易所，一直都把推动公司治理作为一项非常重要的任务。目前，机构投资者虽然“绝对控股”流通股，但是较之于上市公司的控股股东，力量仍显薄弱，公司治理不尽如人意。在未来的市场发展中，机构投资者只有更加积极地参与上市公司治理机制的改革和完善，做一个积极的股东，才能支持未来市场的发展。在既有的上市公司案例中，也不乏机构与上市公司就分红回报股东、重组资产评估展开的精彩博弈。但值得一提的是，如今机构投资者虽然已经取得了长足的发展，但是我国的机构投资者总体上还存在着规模较小、产品结构不完善、组织结构单一，以及部分机构经营理念不成熟、风险管理能力不足等问题。近年来也曾经出现过机构“一拥而上”或“一拥而退”的局面。大力发展机构投资者，仍是资本市场相当长时期内改革和发展的战略内容。另外，2008年机构投资者占比大幅提升的主要原因是产业投资者持有的限售股解禁，而这些产业投资者的稳定性还有待于市场的进一步检验。

三、发挥银行和资本市场在公司治理中的合力作用

鉴于银行能在对公司经营者实行有效监控中发挥主导性作用，应当让我国的商业银行参与公司持股，而债转股将在这一进程中起到一定的阶段性作用。

银行持股有助于加快国有企业的改组。目前，高负债是制约国有企业发展的重要因素，而银行是国有企业的最大债权人，故改组国有企业不能绕过银行，更不能牺牲银行权益。债转股就是把国有企业欠国有银行的不良债款中的一部分，转化为国有银行对这些企业的股权。经过这种转换，原来的贷款就转化为企业的资本金，原来的贷款人就由债权人转化为股东，可派代表进入董事会，影响甚至控制企业的重大决策。由于债转股可以减轻企业过重的债务负担，又使企业受到金融机构的控制，因此类似于日本主银行对陷于困境企业的挽救和重组。目前，中国资产重组和兼并发展迅速，投资银行的业务很有潜力，让商业银行介入意义重大。首先，银行具有参与国有企业监控的能力。银行是企业资金的主要供给者，作为放款人，为了确保放款的安全性，银行股东自然要对公司进行监控，特别是银行常常可以通过向企业提供贷款而获取公司的经营信息，在对公司的经

营管理状况了如指掌的情况下，银行可以积极地介入企业运营，对企业运营进行事前、事中和事后的治理。其次，银行集股东与债权人于一身，有利于对公司经理阶层行使监督与控制。股权与债权二者处在分离状态下，往往难以构成对经理人员的强有力控制。单纯的股权控制受股份比例、信息量大小及决策能力的影响较大，控制效应差；单纯的债权控制具有浓厚的随意性，不利于对企业进行持续、深入的监控。股权与债权相结合的控制应是最佳的，这样可以发挥两种手段的优势，弥补各自的不足，从而对公司的经理层构成有力的控制。最后，银行依然是企业所需资金的主要供应者。银行是现阶段企业所需资金的无可替代的主要供应者，鼓励银行持股，可以在银企之间建立紧密的关系，确保银行对企业的资金供应和对企业经营的全面介入与有效监控。

我们为什么不赞同把资本市场当成中国公司治理的主导？市场导向型的美国公司治理模式借助于发达的证券市场，利用证券市场的收购兼并机制对经营者构成持续威胁，将其作为一种外部约束机制而起作用。美国式公司治理模式要求投资者比较理性，要求证券市场的股票价格能够比较准确地反映公司的业绩和现金分红情况，但如果证券市场炒作成风，股票价格就难以准确反映公司业绩。如果股票价格过高，证券市场的收购兼并机制就难以启动，证券市场对公司经营者的约束作用就难以实现。中国证券市场目前就存在上述问题，使证券市场无法准确反映公司业绩和对投资者回报状况。中国证券市场目前存在着对收购兼并的两大障碍：一是上市公司的国有股比重过大且不能流通，使得在证券市场上收购的股权难以达到控股的目的；二是由于投机炒作之风，股票价格过高，导致市场收购成本过高，这种情况使得有意收购者望而却步，也使得绩差上市公司无被收购之忧。只有解决上述问题，中国证券市场在公司治理中的作用才有可能发挥出来。目前，由于中国资本市场存在诸多缺陷，资本市场尚不能在公司治理中发挥主导性的作用，但是随着中国资本市场的逐渐完善，其参与到公司治理中的力量会越来越强。

四、建立复合型的激励机制

企业经理人处于企业日常经营管理的核心，对其恰当的激励，能够激发其积极性，减少代理问题的危害，提高公司治理效率。

根据中国企业的特点，我们认为，中国经理人的激励应该采取复合激励模式，即物质激励和精神激励相结合、长期激励和短期激励相结合的模式。

中国人是很爱惜自己的名誉的，“爱面子”是中国传统文化的重要特色。现今，很多企业的精神激励为什么作用非常小？关键在于这种激励的范围太小，不能为被激励者带来相应的利益；而相应的，经理人做得很差，精神处罚的作用范围也太小，经理人完全可以换一个地方重新再来。所以，精神激励并不是没有效果，关键是精神激励或者处罚的效果应该更规范，应该在更广的范围内宣扬。在很多时候，中国人在“名”与“利”之间会选择前者，精神激励最终是要与物质激励相挂钩的。经理人在业界的口碑很好，那么他的身价自然很高，而如果经理人的不良行为在业绩广为传播，那么其东山再起是很困难的。因此，笔者建议国家能够建立经理人评价指标，由独立机构对经理人的经营行为进行评估，通过媒体和网络向社会公布。

当然，物质激励也是不可缺少的。物质激励主要包括固定工资、奖金、股票期权。物质激励的实施应该是透明的，应该在监事会的主导下设立有效的绩效标准。绩效标准对经理人的行为具有导向作用和约束作用。奖金、股票期权的授予、执行都应和绩效标准挂钩，比如规定当绩效标准达到一定程度时，才可执行奖金和期权。市场表现的绩效标准虽然容易监督与观察，但是会促使经理人有投机行为而非真正的努力。基于公司价值驱动因素的绩效标准虽然在设置的时候有一定的难度，并且需要监督成本，但是可以促使经理人为公司真正的价值创造而努力。绩效标准对绩效结果的促进作用和绩效的监督成本之间需要权衡，只有采取那些收益大于成本的绩效标准，才会使激励机制发挥作用。

参考文献

一、英文杂志

1. Aghion P. and J. Tirole, "Formal and Real Authority in Organizations," *Journal of Political Economy*, 1997, p. 105.

2. Boyd B., "CEO Duality and Firm Performance: A Contingency Model," *Strategic Management Journal*, 1995, p. 16.

3. Diamond D., "Monitoring and Reputation: The Choice between Bank and Directly Placed Debt," *Journal of Political Economy*, 1991, p. 99.

4. Harris M. and A. Raviv, "The Theory of Capital Structure," *Journal of Finance*, 1991, p. 46.

5. Holderness C. and Sheenhan D., "The Role of Majority Shareholders in Publicly Held Corporations," *Journal of Financial Economics*, 1988, p. 20.

6. Holmstrom B. and P. Milgrom, "Multi—task Principal—Agent Analyzes: Incentive Contracts, Asset Ownership, and Job Design," *Journal of Law, Economics and Organization*, 7 Special Issue, 1991.

7. Hoshi Takeo, Anil Kashyap and David Scharfstein, "Corporate Structure, Liquidity and Investment from Japanese Industrial Groups," *Quarterly Journal of Economics*, 1991, p. 106.

8. Jensen M. , "Agency Costs of Free Cash Flow, Corporate Finance and Takeovers," *American Economic Review*, 1986, p. 76.

9. Jenson M. , "The Mordern Industrial Revolution, Exit, and the Failure of Internal Control Systems," *Journal of Finance*, 1993, p. 48.

10. Jensen M. and W. Meckling, "Theory of the Firm: Managerial Behavior, Agency Costs, and Capital Structure," *Journal of Financial Economics*, 1976, p. 3.

11. Kang J. and Shivdasani A. , "Firm Performance, Corporate Governance, and Top Executive Turnover in Japan," *Journal of Financial Economics*, 1995, p. 38.

12. R. La Porta, F. Lopez-de-Silanes, A. Shleifer and R. Vishny, "Legal Determinants of External Finance," *Journal of Finance*, 52 (3), 1997.

13. Levine R. and S. Zervos, "Stock Markets, Banks and Economic Growth," *American Economic Review*, 1998, p. 88.

14. Martin M. and McConnell J. , "Corporate Performance, Corporate Takeovers and Management Turnover," *Journal of Finance*, 1991.

15. Modiglianli F. and M. Miller, "The Cost of Capital, Corporation Finance, and the Theory of Investment," *American Economic Review*, 1958, p. 48.

16. Morck, Randall and Masao Nakamura, "Banks and Corporate Control in Japan," *Journal of Finance*, 1999, p. 54.

17. Myers S. , "The Capital Structure Puzzle," *Journal of Finance*, 1984, p. 39.

18. Rajan R. G. and L. Zingales, "Financial Dependence and Growth," *American Economic Review*, 1998, p. 88.

19. Sappington D. , "Incentives in Principal-agent Relationships," *Journal of Economic Perspectives*, 1991, p. 5.

20. Shleifer A. and R. Vishny, "A Survey of Corporate Governance,"

Journal of Finance, 1997, p. 52.

21. Shleifer A., "Corporate Ownership Structure and Performance," *Journal of finance economics*, 1990, p. 27.

22. Sheifer and Vishny, "A Survey of Corporate Governance," *Journal of Finance*, 1997, p. 2.

23. Tirole J., "Corporate Governance," *Econometrica*, 2001, p. 69.

24. Williamson O., "Corporate Finance and Corporate Governance," *Journal of Finance*, 1988, p. 38.

25. Yermack D., "Do Corporations Award CEO Stock Options Effectively?" *Journal of Financial Economics*, 1995, p. 39.

26. Yermack D., "Good Timing: CEO Stock Option Awards and Company News Announcements," *Journal of Finance*, 1997, p. 52.

27. Guillan M. F. 2000, "Corporated Governance and Globalization: Is There Convergence Across Countries," Working Paper, The Wharton School.

二、英文书目

1. Aoki Masahiko and Hugh Patrick, *The Japanese Main Bank System: Its Relevance for Developing and Transforming Economics*, New York: Oxford University Press, 1993.

2. Anderson P. W, K. Anow and D. Pines eds, *The Economy as an Evoling Complex System*, Santa Fe Institute Studies in the Sciences of Complexity, 1988.

3. Berle A., JR. and G. Means, *The Modern Corporation and Private Property*, Chicago: Commerce Clearing House, 1932.

4. Boyd R. and Richerson P. J., *Culture and the Evolutionary Process*, Chicago: University of Chicago Press, 1983.

5. Dawkins R., *The Selfish Gene*, Oxford University Press, 1976.

6. Day R. H. and Chen P., *Nonlinear Dynamics and Evolutionary Economics*, New York: Oxford University Press, 1993.

7. Donald H. Chew, *Studies in International Corporate Finance and Government System: A Comparison of the U.S, Japan, Europe*: Oxford University Press, 1997.

8. Hansnan H., *The Ownership of Enterprise*, Cambridge, MA: Belknap Harvard, 1996.

9. Hart O., *Firms, Contracts and Financial Structure*, Oxford University Press, 1995.

10. Mace M., *Directors-myth and reality*, Cambridge, MA: Harvard University Press.

11. Monks, Robert and Nell Minow, *Corporate Governance*, Mass: Blackwell Publisher Inc, 1995.

12. Stanley C. Vance., *Corporate Leadership: Board, Directors and Strategy*, New York: McGraw-Hill Company, 1985.

13. Tricker R., *International Corporate Governance*, Prentice Hall.

三、中文杂志

1. 陈青泰："公司治理：解开中国国企改革的关键一环"，《经济社会体制比较》2002 年第 4 期。

2. 范如国、黄本笑："企业制度系统的复杂性：混沌与分形"，《科研管理》2002 年第 4 期。

3. 高钧："美国银行业经营模式的发展"，《国际金融研究》2003 年第 1 期。

4. 韩朝华："明晰产权与规范政府"，《经济研究》2003 年第 2 期。

5. 韩晶："行政垄断的新制度经济学分析"，《管理现代化》2002 年第 6 期。

6. 韩晶："经济增长的制度因素分析"，《南开经济研究》2000 年第

4 期。

7. 韩晶：“诺斯悖论与行政垄断”，《经济学消息报》2002 年 12 月 13 日。

8. 韩晶：“诺斯制度变迁理论述评”，《经济学消息报》2000 年 8 月 4 日。

9. 韩晶：“论虚拟企业的运作模式”，《经济管理》2003 年第 11 期。

10. 韩晶：“诺斯的制度变迁理论及其现实意义”，《山东经济》2000 年第 4 期。

11. 韩晶：“东南亚国家金融危机后的金融改革与前瞻”，《亚太经济》2003 年第 4 期。

12. 韩晶、张仁德：“可信威胁：监督制衡与国有企业改革”，《财经问题研究》2003 年第 8 期。

13. 韩晶：“中国农村土地制度变迁的轨迹与改革思路”，《乡镇经济》2002 年第 2 期。

14. 韩晶：“信息化带动工业化的动力机制及实施方略”，《社会科学辑刊》2003 年第 5 期。

15. 华锦阳：“论公司治理的功能体系及对我国上市公司的实证分析”，《管理世界》2003 年第 1 期。

16. 贾生华：“全球化背景下公司治理模式的演进趋势分析”，《中国工业经济》2003 年第 1 期。

17. 刘汉民：“所有制、制度环境与公司治理效率”，《经济研究》2002 年第 6 期。

18. 刘人怀、叶向阳：“公司治理：理论演进与实践发展的分析框架”，《经济体制改革》2003 年第 4 期。

19. 刘勺佳等：“终极产权论、股权结构及公司绩效”，《经济研究》2003 年第 4 期。

20. 刘峰：“制度安排与会计信息质量——红光实业的案例分析”，《会计研究》2001 年。

21. 谢伏瞻：“优化股权结构规范上市公司治理”，《中国经济时报》

2001 年 6 月 5 日。

22. 秦晓："组织控制、市场控制：公司治理结构的模式和制度安排"，《管理世界》2003 年第 4 期。

23. 青木昌彦："什么是制度？我们如何理解制度？"，《经济社会体制比较》2000 年第 6 期。

24. 上海证券交易所："上市公司治理问卷调查结果与分析"，《上市公司》2000 年第 12 期。

25. 斯道延·坦尼夫、张春霖、路·白瑞福特："建立现代市场制度：中国的公司治理与企业改革"，《经济社会体制比较》2002 年第 4 期。

26. 石劲磊："上市公司股权结构与治理效率的实证分析"，《经济评论》2003 年第 4 期。

27. 王珺："论转轨时期国有企业经理行为与治理途径"，《经济研究》1998 年第 9 期。

28. 王珺："双重博弈中的激励与行为"，《经济研究》2001 年第 8 期。

29. 吴凤来："产权所有制性质与企业绩效实证研究"，《经济科学》2003 年第 3 期。

30. 徐传谌等："耗散结构、自组织与制度耦合"，《当代经济研究》2003 年第 2 期。

31. 闫伟："国有企业经理道德风险程度的决定因素"，《经济研究》1999 年第 2 期。

32. 姚伟等："公司治理理论前沿综述"，《经济研究》2003 年第 5 期。

33. 张仁德、韩晶："国有经济腐败的委托代理理论分析"，《当代经济科学》2003 年第 2 期。

34. 张仁德、李建标："论经济机制理论的范式、行为基础及方法"，《南开学报》2001 年第 6 期。

35. 张仁德、韩晶："金融全球化与发展中国家的金融风险"，《世界经济与政治》2003 年第 3 期。

36. 张仁德："生产社会化、市场化与产权主体分散化"，《天津社会科学》1998 年 3 期。

37. 张仁德："论国有企业改革的关键"，《南开管理评论》1999 年第 4 期。

38. 张仁德、段文斌："公司起源和发展的历史分析和现实结论"，《南开经济研究》1999 年第 4 期。

39. 张维迎："从公司治理结构看中国国有企业改革"，《企业理论与中国企业改革》1999 年第 8 期。

40. 郑振龙、林海："法律和投资者保护：国际比较"，《福建论坛》第 227 期。

41. 周建波、孙菊生："经营者股权激励的治理效应研究"，《经济研究》2003 年第 5 期。

42. 赵增耀："西方公司治理结构争论中的几个理论观点"，《经济学动态》1998 年第 10 期。

四、中文书目

1. W. 阿瑟·刘易斯著，梁晓民译：《经济增长理论》，上海人民出版社，1994 年版。

2. 埃德温·赖肖尔：《日本人》，上海译文出版社，1980 年版。

3. 巴林顿·摩尔：《民主和专制的社会起源》，华夏出版社，1988 年版。

4. 伯尔曼：《法律与革命》，中国大百科全书出版社，1993 年版。

5. 埃尔曼：《比较法律文化》，上海三联书店，1990 年版。

6. 本尼迪克特：《菊花与刀》中译本，浙江人民出版社，1987 年版。

7. 道格拉斯·C. 诺斯著，陈郁等译：《经济史中的结构与变迁》，上海三联书店、上海人民出版社，1991 年版。

8. 陈平：《文明分叉、经济混沌和演化经济学》，经济科学出版社，2000 年版。

9. 陈国富：《契约的演进与制度变迁》，经济科学出版社，2003 年版。

10. 陈耀先：《中国证券市场的规范与发展》，中国金融出版社，2001

年版。

11. 多恩布什·费希尔：《宏观经济学》，中国人民大学出版社，1997年版。

12. 道格拉斯·C. 诺斯、罗伯斯·托马斯：《西方世界的兴起》，华夏出版社，1999年版。

13. 邓正来：《法律与立法二元观》，三联出版社，2000年版。

14. 高毅：《法兰西风格：大革命的政治文化》，浙江人民出版社，1991年版。

15. 菲利普·巴格比著，夏克、李天纲、陈江岚译：《文化：历史的投影》，上海人民出版社，1987年版。

16. 费方域：《企业的产权分析》，上海人民出版社，1998年版。

17. 哈耶克：《个人主义与经济秩序》，北京经济学院出版社，1989年版。

18. 韩志国：《中国资本市场的制度缺陷》，经济科学出版社，2001年版。

19. 黄仁宇：《中国大历史》，生活·读书·新知三联书店，2003年版。

20. 贾根良：《劳动分工、制度变迁与经济发展》，南开大学出版社，1999年版。

21. 杰克·J. 弗罗门著，李振明译：《经济演化—探究新制度经济学的理论基础》，经济科学出版社，2003年版。

22. 蒋殿春著：《高级微观经济学》，经济管理出版社，2000年版。

23. 金重远：《炮火中的文化——文化和第二次世界大战》，浙江人民出版社，1991年版。

24. 剧锦文：《国有企业、上市公司与资本市场》，中国物资出版社，2002年版。

25. 康芒斯：《制度经济学》，商务印书馆，2001年版。

26. R. 科斯、A. 阿尔钦、D. 诺斯等：《财产权利与制度变迁：产权学派与新制度学派译文集》，上海人民出版社，1994年版。

27. 李维安等：《公司治理》，南开大学出版社，2001 年版。

28. 李维安等：《现代公司治理研究：资本结构、公司治理和国有企业股份制改造》，中国人民大学出版社，2002 年版。

29. 鲁桐主编：《公司治理改革：中国与世界》，经济管理出版社，2002 年版。

30. 马建堂等：《世纪之交的国有企业改革研究》，经济科学出版社，2000 年版。

31. 玛格丽特·布莱尔著：《所有权与控制》，中国社会科学出版社，1999 年版。

32. 《马克思恩格斯全集》第 1 卷，人民出版社，1956 年版。

33. L. F. 贝塔朗菲：《一般系统论——基础、发展、应用》，社会科学出版社，1987 年版。

34. 欧文·拉兹洛：《系统、结构和经验》，上海译文出版社，1997 年版。

35. 欧文·拉兹洛：《系统哲学引论：一种当代思想的新范式》，商务印书馆，1998 年版。

36. 普利高津：《从混沌到有序人与自然的新对话》，上海译文出版社，1987 年版。

37. 青木昌彦：《比较制度分析》，上海远东出版社，2001 年版。

38. 万解秋、郑红亮：《资本市场与投资分析》，复旦大学出版社，2002 年版。

39. 魏杰：《构建新的国有资产管理体制》，江苏人民出版社，1998 年版。

40. 斯道延·坦尼夫、张春霖、路·白瑞福特：《中国的公司治理与企业改革》，中国财政经济出版社，2002 年版。

41. 沈小峰等：《自组织的哲学》，中共中央党校出版社，1992 年版。

42. 孙永祥：《公司治理结构：理论与实证研究》，上海三联书店、上海人民出版社，2001 年版。

43. 小艾尔弗雷德·钱德勒：《看得见的手》，商务印书馆，1987

年版。

44. 夏建中：《文化人类学理论学派》，中国人民大学出版社，1997年版。

45. 休·塞西尔：《保守主义》，商务印书馆，1986年版。

46. 张仁德：《企业文化概论》，南开大学出版社，2001年版。

47. 张仁德等：《企业理论》，高等教育出版社，2003年版。

48. 张仁德等：《新比较经济学研究》，人民出版社，2001年版。

49. 何自力等：《比较制度经济学》，南开大学出版社，2003年版。

50. 张军：《现代产权经济学》，生活·读书·新知三联书店、上海人民出版社，1994年版。

51. 张维迎：《企业的企业家：契约理论》，上海人民出版社，1995年版。

52. 詹姆斯·布坎南著，平新乔、莫扶民译：《自由、市场和国家——80年版代的政治经济学》，上海三联书店，1989年版。

53. 朱谦之：《日本的朱子学》，三联书店，1958年版。

54. 谢德仁：《企业剩余索取权：分享安排与剩余计量》，上海三联书店、上海人民出版社，2001年版。